工业和信息化高职高专
“十二五”规划教材立项项目

职业教育财经类“十二五”规划教材

政治经济学教程

Political Economics Course

高凌云 董建文 主编

人 民 邮 电 出 版 社
北 京

图书在版编目（CIP）数据

政治经济学教程 / 高凌云，董建文主编. -- 北京 : 人民邮电出版社，2013.8（2015.1 重印）
职业教育财经类“十二五”规划教材
ISBN 978-7-115-32406-1

Ⅰ. ①政… Ⅱ. ①高… ②董… Ⅲ. ①政治经济学－高等职业教育－教材 Ⅳ. ①F0

中国版本图书馆CIP数据核字(2013)第150930号

内容提要

本书系统全面地讲解了政治经济学的主要内容，全书共有六章，分别讲述了导论、商品经济基本原理、剩余价值生产、资本运动、剩余价值分配及垄断资本主义的相关内容。本书编写过程中，在坚持马克思主义基本原理基础上，组织大量相关案例对内容进行讲解，尽量使理论通俗易懂。在每章最后，安排了阅读材料，对学习内容补充讲解，进一步加深对所学内容的理解。而且，为了让读者能够及时地检查自己的学习效果，每章后面还附有丰富的习题。

本书既可以作为高职高专各经济专业基础理论课程的教材，也可以作为相关课程教学的参考资料。

◆ 主　　编　高凌云　董建文
责任编辑　李育民
责任印制　沈　蓉　杨林杰

◆ 人民邮电出版社出版发行　　北京市丰台区成寿寺路 11 号
邮编　100164　　电子邮件　315@ptpress.com.cn
网址　http://www.ptpress.com.cn
北京天宇星印刷厂印刷

◆ 开本：787×1092　1/16
印张：12.25　　2013 年 8 月第 1 版
字数：313 千字　　2015 年 1 月北京第 3 次印刷

定价：29.80 元

读者服务热线：（010）81055256　印装质量热线：（010）81055316
反盗版热线：（010）81055315
广告经营许可证：京崇工商广字第 0021 号

前　言

政治经济学是马克思主义理论的重要组成部分，也是大专院校经济类学科的基础课程之一。长期以来，政治经济学教学中存在的最大困难是理论逻辑性强，学生学习兴趣不高。究其原因，是多方面的。本教程作为教学改革的成果之一，试图通过案例教学的形式来讲解繁杂的理论，使其浅显易懂，提高学生学习兴趣。本教程主要针对高职高专财经类专业学生编写，也可作为成人教学及其他教学的参考资料。本教程编写是建立在长期对教学实践改革摸索的基础之上，因此，最大的特点就是逻辑性强、实用性强、浅显易懂。在教程编写过程中，我们在遵循马克思主义政治经济学基本原理的基础上，吸收了其他经济学科新近发展的成果，并且引用了大量案例作为教学材料，增大了知识量。在此，对于这些案例和材料的原作者表示衷心感谢。

本书由高凌云负责全书统稿，撰写了第一章、第二章及第三章、第五章的部分内容，并对其他章节的案例、阅读材料和习题进行了补充；董建文负责章节设计及内容审定和修改，并撰写了第一章、第二章、第四章的部分内容；田素霞撰写了第三章、第四章、第六章的部分内容；王法珂负责全书校对，并设计和制作了部分图表。

本书在编写过程中参考了大量其他教材、经济学著作、文章及其他资料，并罗列在参考文献中，对这些文献的作者，在此也一并表示衷心感谢。由于编者水平和经验有限，书中难免有欠妥和错误之处，恳请读者批评指正。

编者

2013 年 6 月

目录

第一章

导论

学习目标

通过教授让学生了解政治经济学（经济学）的内涵、产生与发展过程，明确政治经济学的研究对象、意义和方法。

教学重点及难点

1. 政治经济学（经济学）的产生和发展；
2. 政治经济学的研究对象（生产力和生产关系的辩证关系）；
3. 政治经济学的研究方法。

政治经济学作为经济学体系中一门历史悠久的基础性学科，其产生与发展经历了重商主义思想的铺垫，古典政治经济学的创立，再到马克思主义政治经济学的升华，这样一个漫长的过程。自亚当·斯密《国富论》(《国民财富及性质的研究》) 起，“财富创造”成为政治经济学的研究主题。围绕这一主题，先是古典政治经济学形成了以“市场配置资源”为对象的研究体系，而后马克思将“生产关系”完善作为研究对象，并最终形成了马克思主义政治经济学的学科体系。就政治经济学的研究方法而言，起初以“逻辑抽象法”为主，后逐渐吸收“定量与定性”、“规范分析与实证分析”及“数理模型分析”等现代科学的先进方法，最终形成了比较丰富的学科研究体系。

第一节　政治经济学的产生与发展

概括地说，自从人类进入文明社会以来，在长期实践活动基础上逐渐萌发了一些经济思想和观点，探讨和研究了一些经济问题，并逐渐形成了一些看似简单的经济理论。但直到 14、15 世纪以前，这些思想或理论都没有形成比较系统和完整的经济学说。13 世纪文艺复兴兴起以后，“自由与科学”的思想沐浴着西欧社会，加之大航海带来的商机，商人阶层崛起，代表其利益的重商主义经济学派最终形成，西方也逐渐超越东方进入近代社会。17～18 世纪，随着西欧对外贸易的扩张和商品需求的不断增加，工业革命开始了，企业主（资本家）阶层出现，并在经济活动中逐渐居于主导地位，代表其利益的古典政治经济学由亚当·斯密最终创立。19 世纪，工业革命的逐渐深入使得工人阶层的力量逐渐壮大，欧洲工人运动风起云涌。1867 年《资本论》第一卷出版，标志着代表无产阶级利益的马克思主义政治经济学最终形成。

一、“经济”的含义

在《现代汉语词典》中，“经济”一词有 4 种含义：

① 生产、交换、分配和消费等活动；

② 物质资料生产中的生产关系；

③ 国民经济的总称；

④ 节约、节省。

“经济”一词在古汉语中最初代表的意思与现代的含义有所不同。“经”和“济”，最早出现于《易经》。“经”，同“径”，指阡陌，也就是田间的小路（见图 1-1），可引申为“管理”、“治理”；“济”为“渡”，渡水的意思，可引申为“帮助”、“拯救”。古人曰“经国济民”——即将国家治理的井井有条，拯救、帮助民众渡过难关——这就是“经”和“济”二字最初的含义。“经”、“济”两字合为“经济”一词，最早见于隋代儒生王通[1]所著《文中子·礼乐篇》中“经济之道”的说法，也就是治理国家、拯救黎民的道理。后来，杜甫诗作《上水谴怀》曰：“古来经济才，何事独罕有。”

图 1-1　田间的小路

古时人们对衣食住行、国家财政等方面的内容，用“食货”这个词来表达。例如《汉书·食货志》（见图 1-2）对食货做了解释：“食”指农业生产；“货”指农家副业布帛的生产以及货币。后来，相继出现了“理财”、“富民”、“货殖”等词。可见，在我国古代“经济”一词的含义与今天的含义有很大差别。

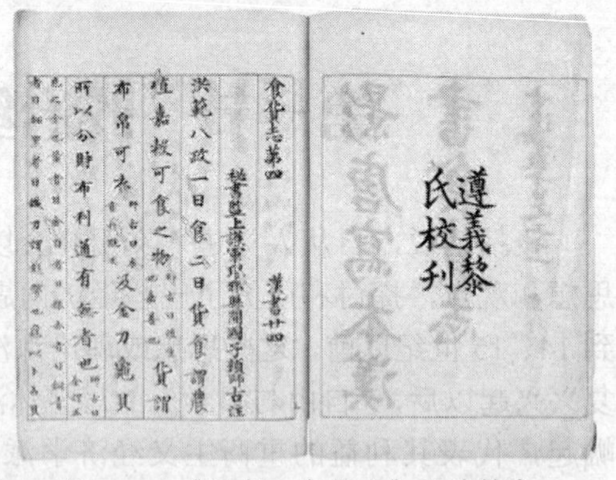

遵義黎氏校刊

食貨志第四　漢書廿四

秘書監上護軍琅邪縣開國子顏師古注

洪範八政一日食二日貨食謂農

殖嘉穀可食之物貨謂

布帛可衣及金刀龜貝

所以分財布利通有無者也

图 1-2　《汉书·食货志》部分篇章

在 19 世纪末，日本学者翻译西方经济学书籍时，借用了日文中的“经济”一词来译指“Economy”。辛亥革命后，孙中山先生建议国内沿用日本学者的译法，于是“经济”一词在我国被赋予了新的含义，并沿用至今。

那么，Economy 的含义是否也有变化呢？Economy 最初源于希腊语 oikonomia，意指“家

[1]王通（580—617 年），字仲淹，号文中子，隋朝河东郡龙门县通化镇人，著名教育家、思想家。王通死后，众弟子为了纪念他，弘扬他在儒学发展中所作的贡献，仿孔子门徒作《论语》而编《文中子》一书，用讲授记录的形式保存下王通讲课时的主要内容，以及与众弟子、学友、时人的对话，共为 10 个部分，包括王道篇、天地篇、事君篇、周公篇、问易篇、礼乐篇、述史篇、魏相篇、立命篇和关朗篇等。

庭管理”，也可译作“家政学”。这个词汇出现在古希腊著名哲学家、政治家色诺芬[1]的《经济论》中，oikonomia是关于oikia（家庭）行为的知识。在希腊，奴隶主家庭是基本生产单位。色诺芬用这个词来描述奴隶主在家庭范围内如何组织、管理奴隶进行生产。这种对于“经济（Economy）”一词的定义，因源于色诺芬的《经济论》，在经济学说史中被称为“色诺芬传统”，并延续了近2 000年。直到1615年，法国重商主义者蒙克莱田发表了《献给国王和王太后的政治经济学》，其“政治”（political）一词，源于希腊文的politikos，含有“社会的”、“国家的”、“城市的”等多种意思。将“经济”一词前用“政治”一词加以修饰，以示自己研究的经济问题不再仅仅局限于家庭范围，而是上升到了国家和社会的高度，从而拓展了经济一词的外延。1775年，卢梭为法国《百科全书》撰写了“政治经济学”条目，把政治经济学和家庭经济区分开来。在重商主义者蒙克莱田最先使用“政治经济学”这一名称时，政治经济学还只限于研究流通领域的个别经济现象，因而还没有形成为独立的真正的经济科学。17世纪中叶以后，首先在英国，然后在法国，资本主义工场手工业逐渐发展成为工业生产的主要形式。资产阶级为了同封建势力作斗争，必然要求从理论上说明资本主义生产、分配的规律，论证资本主义生产的优越性。这就产生了以亚当·斯密和大卫·李嘉图为主要代表的资产阶级古典政治经济学。古典政治经济学的兴起和发展，使政治经济学研究的重点开始转向生产领域和包括流通领域在内的社会再生产过程。从而使政治经济学作为一门独立的科学逐渐形成，并发展成为专门研究经济现象和经济过程规律的理论科学。所以说政治经济学作为一门独立的科学，是在工场手工业时期产生的。

二、经济学与政治经济学

1. 经济学

首先需要定义的是“学科”，何谓学科？简单说，学科是就某一领域而形成的一组知识的集合，这种知识集合是成逻辑体系的，目的在于帮助人们去发现、总结和应用该领域的客观规律，更好地为自己服务。例如物理学，研究的是物体运动规律，而化学则研究分子、原子的状态规律，历史学研究人类发展规律，等等。

那么，经济学是一门什么样的学科？为了解释这个问题，我们分三个层次来讲解：第一个层次，经济学是关于什么的一组知识集合。第二个层次，这组知识集合是基于一个什么样的研究动机或研究目的，而构成一个逻辑体系的。第三个层次，这个逻辑体系能够帮助我们发现什么样的客观规律？这些客观规律帮助我们解决什么问题，或者说怎样为我们服务。

就第一个层次，经济学知识涉及生产、交换、分配和消费等人类活动。例如厂家怎样调整生产才能实现成本最小、利润最大？消费者如何支配有限收入购买最需要的产品组合？市场通过何种规则决定商品交换比例或价格？工人生产出的价值（财富）按何种规则分配，以及这种分配是否公平有效？经济学研究的就是这些问题，它涉及生产者、消费者，甚至政府，如何进行生产、消费、投资及税收等诸多问题。

[1]色诺芬（Xenophon，约公元前427年—公元前355年），古希腊雅典人。苏格拉底的弟子。公元前401年参加希腊雇佣军助小居鲁士（Kurush，约公元前424—公元前401年）争夺波斯王位，未遂，次年率军而返。公元前396年投身斯巴达，被母邦判处终身放逐。著有《远征记》、《希腊史》（修昔底德《伯罗尼撒战争史》之续编，叙事始于公元前411年，止于公元前362年）以及《回忆苏格拉底》等。

那么，这些经济问题被一条什么样的线索串联起来呢？或者说，经济学研究的主题是什么？现代经济学之父，亚当·斯密曾在《国富论》中回答了这个问题，即经济学的研究主题是如何创造财富。斯密之后的古典政治经济学都把创造财富作为经济学研究的应有之义。后来，美国著名经济学家、诺贝尔经济学奖获得者、斯密思想的继承人保罗·萨缪尔森在其《经济学》教材中这样定义经济学：

由于资源是有限的，人的需求是无限的，经济学就是研究如何利用有限的资源来满足人类的无限需求。

这是一个以人为主的定义，指出了经济学研究的一条线索或动机，即如何利用有限资源创造最大财富，以满足人类近似无限的需求。所以，我们学习这些经济知识，目的就是为了解决这个问题。于是，针对这个问题的解决，生产、交换、分配和消费 4 个环节被串联起来，任何经济学分支学科都在试图解决这样一个共同问题，只不过采取的是不同角度。

最后，我们来阐述第三个层次的问题。经济学之所以属于科学关键在于它能够运用一定的研究方法去发现经济规律。研究方法我们放到后面去讲，这里可以列举一些熟知的经济学规律，如供求规律、价格规律、竞争规律等，以及一些低于规律层面的法则和定理，如投资学中的套利定价定理、CAPM 估值定理，以及波浪理论、趋势理论等。这些规律涉及不同领域，经济学就延伸出许多分支：研究市场价格和交换的西方经济学、研究经济制度的政治经济学、研究发展中国家如何发展经济的发展经济学、研究国民经济产业发展的产业经济学，以及一些部门经济学，如商业经济学、金融学、投资学、财政学、国际贸易学，等等。而“政治经济学”就是其中一个比较重要的分支，它试图从解释生产关系变革中阐述创造和增加财富（也就是促进生产力发展）的道理。这些涉及不同经济学领域的分支学科，指导着我们分析经济生活中遇到的问题，提出解决方案，并最终达到符合我们要求的经济目标。

2. 政治经济学

关于政治经济学，这里主要讲两点：第一是关于“政治经济学”和“经济学”这两个术语之间的关系；第二是关于今天的政治经济学。

前面讲过“政治经济学”一词，最早出现在法国重商主义代表人物蒙克莱田发表的《献给国王和王太后的政治经济学》一书中。蒙克莱田之所以在“经济学”前面加上“政治”二字，就是要表明：在这本书中研究的经济学，不再是色诺芬传统中有关家庭生产管理的学问，而是超出这个范畴来研究整个国家生产和流通管理的学问。而自古希腊以来，有关城邦（或国家）经济问题的研究都属于政治学范畴（如亚里士多德的《政治论》）。因此，蒙克莱田在经济前加上“政治”二字，从而拓展了“经济”的外延，这就是经济学史上的“蒙克莱田传统”。

蒙克莱田传统改变了人们对于经济和经济学的原有认识。此后近三百年的历史中，“政治经济学”一词被广泛使用，成为这门学科的名称。一些经济学者的著作均以此来命名，如让·萨伊的《政治经济学概论》（1803 年）、大卫·李嘉图的《政治经济学及赋税原理》（1817 年）、西蒙·西斯蒙第的《政治经济学新原理》（1819 年），直到约翰·斯图亚特·穆勒的《政治经济学原理》。但 1890 年，事情有了一些变化。经济学家阿尔弗雷德·马歇尔出版了《经济学原理》，这门学科的名称开始由政治经济学简称为经济学。但马歇尔认为，两者是通用的。因此，在 1890 年以前，政治经济学和经济学两个术语是一致的，经济学研究就是政治经济学研究。

关于今天的政治经济学。1890 年以后，也就是在马歇尔出版《经济学原理》之后，经济学研究领域也随之拓展开来。市场交换行为、价格理论和市场均衡理论成为新的研究重点，微积分等数学工具也被引入进来，为了与传统政治经济学的研究重心相区分（诸如价值、资本、利息、地租），经济学就陆续衍生出了众多新的分支。首先是市场经济学，也就是今天的西方经济学，或者叫作新古典综合派（例如萨缪尔森）。后来两种经济学科相互融合，交织发展，又演进出如发展经济学、产业经济学、商业经济学、金融学、投资学、国际贸易学、国际经济学、博弈经济学、计量经济学等诸多学科。经济学也从只有传统政治经济学一个主干，发展为包含诸多分支学科的“参天大树”。

本书所述内容大部分属于 1890 年前后传统政治经济学范畴，是以马克思主义政治经济学为主的政治经济学。更进一步说，马克思主义政治经济学是以马克思主义哲学原理为指导，从生产关系及其变化规律层面对财富生产和分配展开研究的学科。

三、马克思之前的政治经济学

财富（wealth），即能够节约未来人类劳动的有用物。其含义有两点：一是财富必须是有用物，能够满足人类某种需要，带给人类幸福感（happiness）；其二是能够节约人类劳动，这种节约可以是自然赋予的，也可以是以前劳动的凝结。如果分类的话，财富可以分为物质财富和精神财富，物质财富又可以分为自然财富和人造财富。商品经济条件下，货币充当一般等价物后，财富被分为了货币财富（金银）与商品财富。马克思之前，政治经济学思想的核心就是财富的创造和分配。下面我们遵循着财富的线索，将四段历史片段串联起来，讲述马克思之前的经济学历史。

1. *古希腊经济思想*

古希腊（公元前 5 世纪—公元前 3 世纪）是西方奴隶制文明发源地（见图 1-3）。历史学家阿尔布莱特说：“自公元前 5 世纪以来，没有人发现人类思维模式的最高成就有什么基本变化，这本身就意味深长。在过去 2 500 年中，文明人以基本相同的方式思考问题。”公元前 5 世纪以后，爱琴海的居民们凭借他们的智慧和生产生活的经验，不仅践行了人类最早的民主政治体制（城邦制），而且提出并系统梳理了人类最早的经济思想。“系统”就是指古希腊的经济思想以财富为中心，涉及财富生产、交换与分配等方面。

图 1-3 古希腊文明遗迹

在财富生产方面，奴隶主庄园是基本农业生产单位，负责生产并向市场提供产品。奴隶主庄园实行奴隶制，即奴隶主拥有众多奴隶并指挥和监督奴隶从事生产活动（见图 1-4）。这就提出了一个难题：奴隶、农具和土地是有限的，如何利用有限的生产资源，合理配置，最大限度生产财富？这对于奴隶主的智慧是个考验。于是，大奴隶主兼思想家色诺芬写了一本书《经济论》，讲述奴隶主如何组织和管理家庭生产。经济一词，被局限于家庭管理和组织生产的范畴（色诺芬传统）。色诺芬在《经济论》中提出“分工”思想。他认为，分工可以提高产品质量，而分工程度取决于市场范围。他说：一个人不可能精通一切技艺，大城市的分工程度明显要比小城镇深。柏拉图[1]则认为：分工源于人类才能的单一性与需求的多样性之间的矛盾，分工可以显著提高生产效率，分工的原则应基于人的禀赋或专长。

图 1-4　古希腊奴隶劳作场景

财富交换也是古希腊经济思想的重要方面。当时，古代希腊是由一个个城邦构成的，政治上属于城邦制或邦联制。“城邦经济”和“海上贸易”成为那个时代财富交换的关键词。城邦内部，由于分工单一性和需求多样性之间的矛盾，产品交换是经常发生的。城邦之间，希腊城邦与其他地区之间，由于自然禀赋和生产效率不同，海上贸易日益繁荣。色诺芬提出，物品具备“己用”和“他用”(即交换)两种功能。亚里士多德[2]认为，交换源于生产剩余，交换的基础是物品所包含的“劳动”，交换也受到双方主观评价的影响。在产品交换过程中，货币出现，金银成为最早的货币。货币作为产品交换的润滑剂，起到了促进产品生产和交换的关键作用。古希腊人对于货币的认识也日益深刻。色诺芬注意到人们对于白银的偏好。他说：人们对于白银总是不厌其多，喜欢贮藏白银不亚于喜欢使用白银。亚里士多德将财富分为货币财富和物质财富，并认为对于后者的追逐是自然的，因为这会增加社会物质财富总量；而对于货币财富的追逐（意指经商和放贷行为）是反自然的，应该加以限制。

---

[1]柏拉图（公元前 427 年—公元前 347 年）本名亚里斯多克勒斯，“宽”之意，他也是苏格拉底的弟子，他出身贵族，母亲是梭伦后代。年轻时柏拉图作过角斗士，还曾想成为诗人，一日听苏格拉底演讲而改学哲学，建立欧洲哲学史上第一个唯心主义哲学体系，政治上他追随苏格拉底。公元前 399 年苏格拉底因反对雅典民主制度被处死刑，柏拉图受牵连而外逃。11 年后回到雅典，创办 academy 哲学学园，主要著作是《理想国》。在这本著作里，柏拉图从他的唯心主义理念出发，提出了要按与人类理性相一致的正义原则来组织一个能消除贫富对立和社会矛盾的所谓理想共和国的主张。

[2]亚里士多德（公元前 384 年—公元前 332 年）是柏拉图的弟子，马其顿帝国亚历山大大帝之师。马克思称他为最伟大的古典思想家，恩格斯说他是古希腊哲学家中最博学的人。他对众多学科如政治学、经济学、历史学、论理学、逻辑学、地理学、动植物、生理学、医学等有极深造诣。经济思想主要体现在《政治论》和《伦理学》中。

2. 古罗马、中世纪的经济思想

古希腊文明因连绵不断的战争而湮没在历史长河中。在欧洲大陆，下一个登上历史舞台的是古罗马文明（公元前1世纪—公元5世纪）。与古希腊人擅长思考不同，古罗马人擅长军事和法律。这一时期，经济思想几乎没有取得更大的进步。古罗马人的功绩在于将古希腊人提出的诸多经济思想法律化、制度化，通过颁布各种法典来规范经济行为，如通过法律来确定人的身份和他所应从事的职业分工，通过法典来规范货币使用和高利贷水平，通过法律来保护公有及私有财产等。他们是思想的践行者，这种践行本身就是一种经济行为的尝试，对于以后经济思想的发展大有裨益。

中世纪的欧洲，被史学家称为“黑暗的中世纪”，以此表明宗教神学对于那个时代人们追求科学、艺术、哲学、政治及经济思想自由的挤压和排斥。中世纪西欧是一个漫长的封建时代，封建庄园是自然经济条件下基本生产单位。在中世纪后期，手工业、商业得到一定发展，城邦逐渐变大形成城市。教会僧侣处于社会上层，他们不仅通过宗教来控制社会思想文化，同时也是封建大地主。这种特殊的状况决定了当时的经济思想必然是僧侣和牧师的产物，并形成了一个著名学者团体——“经院学派”。经院学派遵循这样的方法论（研究方法）：先提出一个观点，然后对该观点做肯定或否定的评论说明，最后按所谓“权威”（大多是著名僧侣或牧师）的说法，给出一个最后定论。这是一种客观唯心主义的方法论，结论不是来自于实践而是先知或权威的某种说法。这种思路决定了经院学派的许多理论在科学上是错误的，包括其经济理论在内。当然，我们不能全盘否定中世纪经院学派对于经济思想发展的贡献，他们中的个别人物，例如托马斯·阿奎那[1]的经济思想仍然值得今天的人们去研究。

托马斯·阿奎那（公元1225年—1274年）是中世纪经院哲学派的典型代表，被教会奉为“神学泰斗”，他在论证问题的时候，除了援引宗教信条，还广泛引用亚里士多德的学说。他的经济思想涉及财产所有权、价格、货币、商业和利息等诸多方面，下面简略说明。

① 竭力推广私有制，反对公有制。他认为人是有私心的，如果责成每个人去关心他自己的东西，社会秩序将更容易管理，并能保证社会稳定。

② 关于价格，提出“公平价格”的重要思想。他从亚里士多德的理论出发，提出生产物品所耗费的劳动量相等时的价格称为“公平价格”，并将公平价格作为商品交易的基准。

③ 关于货币，阿奎那认为货币是人们在交换中为了共同利益而发明出来的，铸造货币和规定货币购买力是统治者的权力，稳定的货币币值利于商业活动。

④ 对于商业和利息，他从教义出发，认为不值得提倡，但同时也承认这些都是人们生活必不可少的行为。

3. 重商主义经济学派

中世纪经院哲学无疑是黑暗的，这种黑暗遮挡了经济思想发展，而重商主义经济学派兴起为经济思想继续发展提供了新的曙光。“重商主义”（mercantilism）一词最初由法国重农主义经济学者米拉波在1763年定义，用来描述从16世纪初到17世纪下半叶一些主张重视商业和贸易的经济思想体系。准确地说，重商主义是西欧封建社会瓦解和资本主义制度

[1]托马斯·阿奎那（Thomas Aquinas，约1225年—1274年3月7日）是中世纪经院哲学派的哲学家和神学家，他把理性引进神学，用 “自然法则”来论证“君权神圣”说。死后也被封为天使博士（天使圣师）或全能博士。他是自然神学最早的提倡者之一，也是托马斯哲学学派的创立者，成为天主教长期以来研究哲学的重要根据。他所撰写的最知名著作是《神学大全》(Summa Theologica)。天主教教会认为他是历史上最伟大的神学家，将其评为33位教会圣师之一。

准备建立时期反映商业资本利益的经济思想和政策体系。重商主义经济学派产生有其深刻的历史背景。文艺复兴，它解放了禁锢世人千年的“经商可耻”的观念，第一次使得经商成为光荣之事，从而激发了民众的经商热情。大航海，在拓展人类地理活动范围的同时，也为殖民贸易和商业资本主义发展提供了广阔空间（见本章材料三）。

文艺复兴和大航海之后，欧洲商业资本崛起。作为新兴生产力载体，商业资本极大促进了各国国内市场的统一和世界市场的形成，推动着国内贸易以及对外贸易的迅速发展。在追求商业资本增加、货币积累这股强大潮流冲击下，西欧社会的经济形式和社会阶级关系也发生了深刻的变化。旧式贵族变成了真正的商人，他们迫切需要社会的尊重和承认。同时期在西欧国家普遍建立起的中央集权国家，为了增强财力，争夺霸权，也纷纷出台政策措施鼓励、支持商人和商业资本的发展。重商主义继承了同时期“文艺复兴”的思想解放传统，抛弃了西欧封建社会经院哲学的教义和伦理规范，开始用世俗眼光，依据商业资本家经验去观察和说明社会经济现象，并以此来指导社会大众的实践行为。

重商主义的理论认为，金银（见图 1-5）才是真正的财富（而非土地），一国财富多寡取决于金银的积累。因此，一切经济活动的最终目的就是为了获取金银。而除了开采金银矿以外，对外贸易是金银财富的主要来源。重商主义金银财富观颠覆了几千年封建社会形成的土地财富观。

在经济政策上，重商主义者主张国家积极干预经济活动。在贸易政策上，应多出口、少进口，保持贸易顺差，发展对外贸易垄断，以保证金银净流入；在国内经济领域，政府应加强对农业、商业和制造业的管制，以提高本国竞争力；在税收政策上，应通过高关税率及其他贸易限制来保护国内市场；在殖民政策方面，国家应积极开拓殖民地，利用殖民地为母国制造业提供原料产地和商品销售市场。从实践效果看，重商主义的经济政策极大促进了当时西欧商业的繁荣（见图 1-6）。

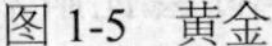

图 1-5　黄金

图 1-6　1494 年威尼斯繁荣的贸易场景

重商主义主张政府应该控制国家的经济，以便损害和削弱对手实力，增强本国实力。15 世纪初，正当文艺复兴运动进入初期发展阶段之时，重商主义兴起。从时间上看，重商主义可以说与文艺复兴运动同步，这种同步产生两种新兴的社会思想——“人文主义”和“重商主义”。到了 17 世纪，随着文艺复兴的衰落，重商主义也逐渐开始衰弱。1776 年，亚当·斯密在其著作《国富论》中抨击了重商主义，提倡自由贸易和开明经济政策。斯密的理论政策主张反映的正是另一个新兴阶级——资产阶级的利益诉求。虽然此时重商主义已经成为历史桎梏，不再符合时宜，但直到19世纪中叶，英国才废弃以重商主义哲学为基础的经济政策，转而投入自由经济的方向。

【例1-1】雅各布·富格尔——以钱生钱的商人、银行家

在雅各布（1459—1526，见图1-7）之前，财富创造主体并不是商人和资本家。1000年前，掠夺是获取大量财富的基本手段，生活在阿富汗境内的大强盗马默德，依靠掠夺印度成为那个时代的富人，而中国的成吉思汗则依靠征服其他民族和国家成为时代的富人。从12~14世纪，掠夺已过于危险，合法贸易和正统宗教成为财富之源。统治北非的穆萨一世（死于1332年）依靠垄断地区贸易（黄金和盐）成为财富面前左右逢源的人，而教皇亚历山大六世（1431——1503年）依靠出卖“赎罪券”成为欧洲大陆最富有的人。

图1-7 雅各布·富格尔二世

早在死前20年，雅各布（或称“富翁富格尔”），就为埋葬自己的教堂支付了订金。在闪着大理石和黄金光芒的墓碑上，镌刻着他自己撰写的墓志铭：“雅各布·富格尔，在占有巨额财富方面首屈一指。他在一生之中无人可及，所以死后也不会位列平庸之辈。”雅各布·富格尔作为最早、最有成就的财富推动者，促进了商业、银行业、风险投资、公司和卡特尔的发展。在中世纪晚期，一个人能够不诉诸武力而变得富有并拥有权力，这是史无前例的。雅各布最爱说的一句话是：“国王当权，银行掌权。”

雅各布的家族公司经营大量商品，最重要的是麻纺布，他的家族从地中海地区收购棉花，用骡子运至奥格斯堡，再发放给织布作坊。然后，再从织布作坊收购成品，分销到欧洲各地。后来，富格尔家族还经营金属、香料、丝绸、草药，甚至珠宝、胡椒。为了确保财富源源不断地流入，富格尔和其他商人开始建立一个大规模、多种经营的商业帝国。他们把目光投入到了银行业。

雅各布生活的年代，几乎所有欧洲大银行都始于小规模的商品贸易，包括布匹、香料、酒类、瓷器等几千种商品。大航海时代的来临，海外贸易规模的急剧扩大，使得商人走得越来越远。远程贸易风险巨大，但利润丰厚。能干的商人手头总有现金，而其他商人则需要募集资金远征。这里面存在巨大的机遇，于是一些商人就开始专门经营这部分业务。欧洲好战的君主们越来越依赖于银行来给他们放贷，因此雅各布能够越来越多地影响政治决策，这种权力原来完全属于贵族阶层。雅各布·富格尔和其他城市商人代表了一个新兴的、从事经营的财富阶层。人们将富格尔这样的新兴银行家称为商业巨子，认为他们未采取暴力就发达起来。他们手中大量的现金给他们以勇气，他们成为骄傲自大的精英阶层、趾高气扬的商人。

雅各布的商业王国不仅仅包括这些，采矿业和货币兑换是当时欧洲为数不多的几个快速致富的领域。富格尔与瑟佐家族通过联姻共同投资矿山，采用现代先进采矿技术，大幅提高了采矿效率，采矿生意也成为富格尔家族巨大财富的主要来源。到1501年，整个家族已在德国、奥地利、匈牙利、波西米亚和西班牙经营着9个矿区，严格控制了每个地区铜的产出，并形成卡特尔矿业垄断组织。货币兑换业务主要是帮助商人进行跨国商业贸易，富格尔公司在欧洲各地设立营业处，为旅行者和商人兑换现金。

在雅各布最后的岁月中，他成为最尊贵又最具有争议的德国公民。雅各布死于1526年，他死时身价 7500 万美元。在此前 17 年里，他的公司的利润平均每年增加 54%。他的家族还曾经是西班牙的最大债主。在死后的遗嘱中，雅各布首次安排为穷人修建 50 座村舍，这些村舍被称为 Fuggerei，现在仍矗立在原地，荒谬地提醒人们：那个人的垄断行为给德国工人带来了好运。雅各布的公司在他死后传给了他侄子继续经营，1640 年家族公司最终破产清算不复存在。

4. 工业革命与古典政治经济学——经济学体系建立

重商主义经济政策的施行促进了商业资本主义发展，海外贸易对商品的巨大需求如黑洞般增长，传统手工工厂生产模式，即原工业化的生产模式（见图 1-8）已明显滞后，这种供需矛盾在 18 世纪初的棉纺织业中，显得尤为突出。

图 1-8 原工业化时期家庭作坊式的手工工场

一位乡村棉纺场主从他伦敦的代理人那里收到一封信，信中说：无论你有多少布，好的，亦或是坏的，我都要。海外贸易需求的急剧增长不仅推动着技术进步，还推动着生产模式由分散手工工厂向集中机器工厂过渡。也是在同一时期，伴随着圈地运动的深入，农业生产的规模不断提升，生产效率不断改善，大量劳动力从农业中解放出来，投入到工业生产中去。伴随着劳动力转移，集中的机器大工业生产模式最终形成，西欧社会城市化水平不断提高，社会产生了两大新兴阶级——以企业主阶层为主的资产阶级和以工人阶层为主的无产阶级。两大阶级为维护各自的经济利益，提高各自的社会地位，形成代表各自诉求的经济学——古典政治经济学和马克思主义政治经济学。

（1）工业革命与新兴社会阶层的涌现。

“工业革命”（The Industrial Revolution）一词最早由英国政治经济学家阿诺德·汤恩比[1]于 1880 年在牛津大学授课时提出。他认为，工业革命不仅是技术革新，其实质是以竞争取代中世纪控制财富生产和分配的各种规则。很多历史学家认为，工业革命是一种进化，是渐进的过程而非跳跃式的质变。在这一过程中，技术的革新是第一层次的变化，而生产组织的革命则是第二层次变化，人们思想意识和生活方式的改变则是第三层次变化。

工业革命的变化首先体现在技术革新的层面。历史证明，1760 年—1830 年的英国是这

[1]阿诺德·汤恩比（1852.8—1883.3）英国著名经济历史学家，曾因关心工人阶级生活状况而闻名。

场革命的诞生地，纺织业成为工业革命的试验田。纺织业实际上包含两个环节：“纺”，将棉花纺成棉纱；“织”，将棉纱织成棉布。纺织业的技术革新始于织布。1733 年，兰开夏一名叫约翰·凯伊的机修工发明飞梭（见图 1-9）以后，织布的效率大大提高，一时对于棉纱需求的压力骤增。1760 年，英国皇家艺术协会悬赏重金鼓励制造纺纱机者。1764 年，哈格里夫斯发明了“珍妮纺纱机”（见图 1-10），并于 1770 年注册专利，纺纱效率得以提高。

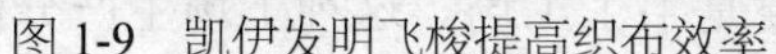

图 1-9 凯伊发明飞梭提高织布效率

图 1-10 哈格里夫斯发明珍妮纺纱机

1769 年，理查德·阿克莱特申请了水力纺纱机的专利，并成为纺织业中最成功的商人。水力纺纱机必须用水力驱动，体积笨重造价不菲，这促使纺织业由分散手工作坊转向集中工厂制，阿克莱特也成为最早的一批企业主。这些新兴工厂因需水力作为动力源而多傍河流而建，地处偏远郊区，称为 Mill 工厂（见图 1-11）。纺织业最重要的创新是克莱普顿发明的走锭纺纱机，又称“骡机”。此种纺纱机在 1774—1779 年期间日臻完善，并于 1790 年左右开始采用蒸汽机驱动。骡机适用于在煤价便宜、劳动力充裕的大城市开设大型工厂，曼彻斯特在 1782 年仅有两家棉纺厂，但 20 年后已有 52 家。新式纺纱机的改良对于纺纱与织布行业的需求压力发生了逆转，这促使人们为解决机器织布的难题而进行不断的努力。1785 年，一名叫做卡特赖特的传教士为一台动力织机申请了专利。直到 19 世纪 20 年代，夏普与罗伯茨在曼彻斯特的机械工厂建成了经过改良的动力织布机，机器才开始代替手工织布工人。

图 1-11 阿克莱特及其 Mill 工厂

工业革命其他行业的重大的发明还包括：1782 年，瓦特改良蒸汽机，为煤矿开采和工业生产提供了新的动力（见图 1-12）。1814 年，斯蒂芬孙发明蒸汽机车。1807 年，富尔顿制造出用蒸汽机作为动力的汽船。这些都解决了工业革命过程中大量产品的运输问题。

图 1-12　詹姆斯·瓦特和他那台改变世界的改良蒸汽机

工业革命的变化还体现为企业生产组织的革新，即从手工工场向机器工厂的过渡。工业革命前和工业革命初期，手工业生产的组织形式主要是手工工场。这种工场生产分散，缺乏高效组织管理，生产效率低下。工业革命过程中，机器被大量使用，新的生产组织形式出现了，阿克莱特建立了第一批集中管理的 Mill 工厂[1]。后来，英国还在制度上进行了改革，为工厂的大规模设立提供了资金基础。南海股票泡沫事件后，英国议会于 1720 年通过了《反泡沫公司法》，规定在制造业中成立公司是违法行为。因此，业主制和合伙制是工业革命初期企业的主要组织形式。但这两种制度的缺陷也很明显，那就是筹集资本的规模不足。随着工业革命的进行，大规模的工厂建设、铁路建设都需要巨额投资，这就迫使英国议会修改了相关法律，公司制企业重新登上历史舞台。与传统手工工场相比，大规模机器工厂的优势不仅体现在技术层面，还体现在管理层面，企业主（企业家）的管理才能被充分调动起来，以往手工工场时期懒散的生产模式不见了，取而代之的是高效、严谨甚至苛刻的生产方式，这大大提高了企业的劳动生产率。

工业革命的变化还体现在人们的思想意识和生活方式层面。工业革命以前，大部分人口居住于乡村，过着悠闲封闭的生活。即使是从事手工业生产的家庭，由于采用代理制，其产品由商人包销，因而也缺乏竞争观念。可以说，这时人们的思想意识和生产方式是悠闲而自然的。工业革命后，英国城市化进程大大加快。大批劳动力涌入城市，进入工厂成为产业工人，集中严格的工厂管理，残酷的市场竞争，使得人们的思想意识逐渐由自然经济状态下的封闭转向开放与合作。“挣工资”的生存模式改变了人们的生活方式，悠闲自然的生存状态没有了，取而代之的是紧张繁忙的生活方式，人们不得不为获得更好的生活而拼命工作。

工业革命过程中，两大社会新兴阶层出现了，这就是代表企业主的新兴资本家阶级（见图 1-13），以及代表工人的无产阶级（见图 1-14）。企业主作为新兴阶层，投资设立企业，购买原材料和机器设备，雇佣劳动力进行生产，获取利润并持续进行资本积累，其敢于冒险的精神和精打细算的管理经验为资本主义社会带来了巨大的财富。为了争取自己的利益，提升自己的社会地位，资本家阶级开始创立、发展并宣扬自己的经济理论，最终形成了古典政治经济学。古典政治经济学的代表人物主要有：威廉·配第、亚当·斯密、大卫·李嘉图、让·萨伊、约翰·斯图亚特·穆勒等，下面我们以经济学之父亚当·斯密为例来介绍古典政治经济学的主要内容。

[1]Mill 英文原意指河流边的磨坊，因那时工厂多依河流而建，利用水力作为动力进行生产，因此称为 Mill 工厂。

图 1-13 1846 年英国资产阶级议会废除《谷物法》

图 1-14 1830 年工人阶级举行宪章运动

（2）亚当·斯密与古典政治经济学。

亚当·斯密（1723 年—1790 年，见图 1-15），被称为“现代经济学之父”。有人评价斯密是经济学历史上的一座高峰，一座灯塔，指引着经济学研究的方向。斯密出生于苏格兰海关官吏家庭，天资卓越。他 13 岁就进入格拉斯哥大学，学习文学、数学、哲学，在著名哲学家哈奇逊指导下形成自由主义思想；17 岁，斯密进入牛津大学。学成后，斯密回故乡苏格兰任教，先后就职于爱丁堡大学（教授英国文学史）和格拉斯哥大学（教授伦理学和道德哲学——政治经济学包括在其中）。

图 1-15 “经济学之父”亚当·斯密

1851 年，斯密发表了人生中第一部重要的著作——《道德情操论》。此书获得学界广泛声誉，斯密也成为享誉欧洲的一流学者。1764 年，斯密辞去教授职务，以私人教师的身份，随青年贵族布莱克公爵到欧洲大陆游历。其间，斯密结识了法国著名学者伏尔泰、魁奈等。尤其是斯密与重农学派学者魁奈的接触，推动他开始系统研究经济学，着手撰写《国富论》草稿。后来，斯密担任过海关官员，以及格拉斯哥大学校长。1776 年，斯密的著作《国富论》出版。《国富论》的问世是经济学说史上一件划时代的大事，它第一个建立了完整而统一的经济学体系，这标志着政治经济学作为一门独立学科的诞生。由于斯密的影响，政治经济学成为那个时代的显学，成为贵族招聘私人教师的一个标准，也成为那个时代与哲学、文学、历史学地位相同的重要学科。斯密对于经济学的贡献主要体现在以下几个方面。

① 建立了第一个政治经济学理论体系。斯密之前，经济学或政治经济学的研究是凌乱而不成体系的，思想家们分别研究经济学各个领域的问题，没有形成一个逻辑严密的研究体系。另外，经济学研究还没有专业化，而是作为其他学科研究的一种副业，冠名“经济学”的成果往往是理论上的大杂烩。而在《国富论》中，斯密不仅研究了经济学领域的广泛问题，而且建立起一个完整的体系，确立了经济学的概念体系、研究对象、研究范围和研究方法，使得经济学或政治经济学成为一门独立的学科。

② 在经济学研究方法上，找到了“经济人”假设这个理论体系的逻辑起点。逻辑演绎是经济学的基本方法，即：前提条件→逻辑演绎→结论。斯密之所以得以建立政治经济学的严密体系，就在于为逻辑演绎找到一个坚实的逻辑起点——经济人。社会科学虽然都以人作为研究的逻辑起点，但不同学科对人有不同的假设，例如政治学的“政治人”（亚里士多德：“人是一种政治动物”。），社会学的“社会人”，等等。亚当·斯密将经济学中的人假设为“经济人”，即利己的、理性的人。在斯密那里，利己但不损人，同时能够运用理性—成本收益法则来分析问题。

③ 主要经济理论。

a．关于分工和交换。亚当·斯密认为财富的增长与两个因素有关，一是从事生产的劳动数量，二是劳动的效率，而后者又是关键。提高劳动效率除了提高劳动者技能外，就是合理地进行分工。而分工必然引起交换，交换就会形成市场，市场上进行的交换带来的是互惠互利和整个社会福利的提高。

b．关于货币的起源。斯密认为货币是人们为了客服交换的不便而随身携带的在交换中普遍接受的物品，也就是说货币是交换媒介，它的出现降低了人们的交易成本，是一种科学的制度安排。

c．关于价值。斯密区分了商品的交换价值和使用价值，认为前者与供求有关，后者与物品的效用有关，后者并不能决定前者。他举例说，水的用途很大，却没有交换价值；而金刚钻几乎没有使用价值，却有很高的交换价值，这就是斯密的“价值悖论”。

d．关于收入的分配。资本主义社会初期，社会分成了三个阶层，资本家、工人和地主，他们的基本收入分别是利润、工资和地租。斯密首先分析了工资，他看到了当时劳资双方在利益上的对立，并分析了两个阶层斗争。他认为工资应该等于维持工人本人及家属最起码的生活费用，这一点被马克思所吸收。他还注意到了劳动力市场的供求对于工资波动的影响。关于利润和地租，斯密认识到利润和工资的总和增长与社会经济发展密切相关，而两者之间却是相互排斥的，利润增加往往意味着工资水平的降低；对于地租，斯密认识到地租的高低与土地肥沃程度和距离市场远近有关，这一点被马克思发展成为级差地租理论。

④ 主张自由放任的经济政策，提倡“看不见的手”的作用。斯密的时代，重商主义影响还有残余，他们所倡导的国家对经济生活的干预不利于新兴资产阶级的利益。如为维护

地主阶级利益而实施的“谷物法”，限制粮食进口；而英国由于手工业的发展，农业衰落，粮食价格上升，成本增加，削减利润。此外，许可证制度、特许制度等，阻碍了统一市场的形成和价格机制的作用。资产阶级迫切需要符合自身经济利益的经济理论，这就是斯密所倡导的“一只看不见的手”的经济自由理论，它的基本原理在于：

人的自私和理性→价格和供求波动→经济要素合理配置→生产最大化→社会利益的实现→实行自由放任的政策

这是一个逻辑严密的推理路径，“看不见的手”被认为是斯密最大的历史功绩。经济政策上的斗争，历来是“政府干预”和“自由放任”的斗争，斯密的自由放任主张一直是经济自由主义的最有力的武器。斯密一生高举“自由放任”的大旗，直到今天仍然是经济自由主义者顶礼膜拜的对象。

四、马克思主义政治经济学

马克思、恩格斯研究政治经济学的最初动因，是为了解决实际经济问题，捍卫劳动人民的物质利益，也是为了探索人类社会的发展规律，揭示阶级斗争和党派斗争的根源。19世纪中叶，资本主义生产方式已在西欧主要国家和美国占据统治地位，资本主义的基本矛盾日益暴露，无产阶级作为独立的政治力量登上历史舞台。马克思和恩格斯总结无产阶级革命运动实践经验，用无产阶级世界观批判地吸收资产阶级古典政治经济学的研究成果，创立了马克思主义政治经济学。马克思主义政治经济学的产生是政治经济学史上的伟大革命。“它使社会主义者早先像资产阶级经济学者一样在深沉的黑暗中摸索的经济领域，得到了明亮的阳光的照耀。科学的社会主义就是从此开始，以此为中心发展起来的。”[1]

今天，学习马克思政治经济学理论的现实意义有以下几点。

首先，马克思主义政治经济学从工人阶级的立场——这一崭新角度来看待资本主义生产方式。在古典政治经济学看来，资本主义生产方式是不可变动的理论基石，所有理论都在私有制的前提下展开。而马克思主义政治经济学试图在批判私有制基础上，为人类社会的生产组织行为提供新的方式——公有制，这是马克思主义政治经济的理论创新。

其次，马克思的政治经济学，集中体现在《资本论》这本书中。这部著作是马克思历经十几年钻研英国古典政治经济学的成果，它体系严谨、内容丰富，学习它可以更好地理解与认识古典政治经济学。

最后，坚定社会主义市场经济信念。我国正在进行的社会主义建设，是社会主义市场经济体系的建设，可以说前无古人。如何在这样一个崭新的经济背景下看待社会经济问题，需要一个坚实的理论起点和理论积累。学习马克思主义政治经济学，有利于我们认识和处理遇到的经济问题。

1. 关于马克思

马克思主义政治经济学是来自客观世界的、完整的经济体系，而创立体系的人就是卡尔·亨利希·马克思（见图 1-16）。卡尔·亨利希·马克思（1818—1883 年），出生于德国特里尔城（见图 1-17），逝世于英国伦敦。伟大的哲学家，革命理论家，经济学家，政治家，马克思主义的创始人，《资本论》和《共产党宣言》的作者。

---

[1]恩格斯，《反杜林论》，《马克思恩格斯选集》第三卷，第 243 页。

图 1-16　卡尔・马克思

图 1-17　德国，特里尔，马克思故居

马克思 1818 年 5 月 5 日，生于德国一个犹太家庭，父亲是一个非常有名的律师。母亲罕丽・普列斯堡是荷兰人，贤淑善良，善于持家，对马克思父亲的工作帮助很大。在马克思的家里，有较为富裕的条件和充满文化气氛的环境。

马克思从小勤奋好学，善于独立思考。1835 年夏天，马克思即将从特里尔中学毕业，他的一篇作文《青年在选择职业时的考虑》引起了他的老师的注意，文中有一段这样写道："如果人只是为了自己而劳动，他也许能成为有名的学者、绝顶聪明的人、出色的诗人，但他绝不能成为真正的完人和伟人。如果我们选择了最能为人类福利而劳动的职业，我们就不会被它的重负所压倒，因为这是为全人类所做的牺牲，那时，我们感到的将不是一点点自私而可怜的欢乐，我们的幸福将属于千万人，我们的事业并不会显赫一时，但将永远存在。"

1835 年，马克思中学毕业后，父亲把他送到了当时著名的波恩大学去学习法律，父亲也想把儿子培养成律师。可马克思到了波恩大学后，生活很惬意。除了喝酒、决斗之外，还写了大量的诗，但也欠下一些账，最后，父亲对他进行了严厉批评，并将其转学到柏林大学。1836 年，马克思转入柏林大学学习。柏林大学在当时不仅学习气氛浓厚，而且学术方面在思想学术领域都处领先地位，如"青年黑格尔派"和"老年黑格尔派"的对垒，就促进了思想运动的发展。马克思在柏林大学学习过程中，加入了"青年黑格尔派"，积极参与他们的活动，这使他更多地吸收了该派的民主思想成分，为他以后的思想发展、理论建树奠定了基础。可以说，这几年的学习，使马克思开阔了眼界、增长了知识、丰富了思想、奠定了理论基础，为以后进行革命工作打下了牢固的基础。1841 年，马克思在大学毕业论文中引用了希腊神话中普罗米修斯为了人类而宁愿牺牲自己的话语，表现了自己决心为改造人类世界而进行坚持不懈的斗争。他说："你知道得很清楚，我不会用自己的痛苦去换取奴隶的服役，我宁愿被缚住在岩石上，也不愿作宙斯的忠顺奴仆。"因为这篇论文，马克思被耶拿大学授予博士学位。

1842 年，马克思大学毕业后，本想当一名教师，可最终没有实现，被聘为《莱茵报》主编。这时，马克思正好借《莱茵报》来宣传革命思想，所以这份报纸成了马克思毕业后进行革命工作重要的第一步。在《莱茵报》担任主编期间，马克思一直关注社会正义事业。有一次，德国巴伐利亚州的伐木工人与当地政府发生纠纷，诉至法院，没有人敢替这些工人辩护。马克思义无反顾做了这些工人的辩护律师，但由于缺乏经济方面的知识，官司败诉了。但这刺激了马克思学习经济理论和知识的决心。1844 年，马克思开始研究政治经济学，着手编写《资本论》。在此期间，1845—1846 年马克思与恩格斯合写《德意志意识形态》，第一次系统地阐述了唯物史观。这一伟大发现揭开人类历史发展之谜，为科学共产主义奠定了牢固的哲学基础。

经过长期艰苦条件下的钻研，1867 年 9 月，《资本论》第一卷德文版在德国汉堡出版发行，这标志着马克思主义政治经济学理论体系的形成。政治活动以及反动势力的疯狂迫害，极端贫困的生活条件，极度紧张的忘我劳动，严重损害了马克思的健康。他晚年常被病魔缠身，但仍然为完成《资本论》第二卷和第三卷，继续收集和研究各种资料，不断发展政治经济学理论。1881 年 12 月和 1883 年 1 月马克思的妻子和长女相继去世。1883 年 3 月 14 日，马克思逝世，葬于伦敦海格特公墓（见图 1-18）。马克思逝世后，恩格斯整理出版了《资本论》第二卷（1885）和第三卷（1894）。另外，马克思的著作都被收录在《马克思恩格斯全集》中。

图 1-18　英国伦敦汉普斯泰德丘陵高处的海格特公墓的马克思墓

2. 马克思主义政治经济学的创立

马克思主义政治经济学的创立既有深刻的时代背景，也与马克思、恩格斯个人努力分不开。

（1）马克思主义政治经济学产生有深刻的物质动因。19 世纪中叶，资产阶级工业革命中的资本主义已经发展到机器大工业时代，工人阶级作为一个独立的阶级发展壮大，并登上了历史舞台。随着资本主义社会各种矛盾的深化和无产阶级生活的贫困化，无产阶级迫切需要自己的理论武器来维护自身利益，进行阶级斗争。这些都为马克思主义政治经济学的诞生奠定了阶级基础和物质条件。

（2）马克思、恩格斯辩证唯物主义和历史唯物主义世界观的形成，使他们能够运用宽广的视角和科学的思维方式来考察当时资本主义生产关系。科学哲学作为正确的方法论基础推动了马克思主义政治经济学产生。我们可以这样说，如果没有唯物辩证法和唯物历史观，就不可能形成马克思主义的政治经济学，在这个学说体系中所贯穿的生产力决定生产关系，生产关系反作用于生产力就深刻反映了这一点。

（3）亚当·斯密、大卫·李嘉图和威廉·配第为代表的英国古典政治经济学的丰富理论和以傅里叶、圣西门和欧文为代表的法国空想社会主义的美好理想，是马克思政治经济学直接的理论来源。在马克思主义政治经济学体系中，它的架构和对客观经济现实的描述和解释，大部分来源于英国古典政治经济学，例如价值学说、货币理论、资本积累理论等，这些在古典政治经济学中都有经典的论述，只不过马克思进行了部分的创新。马克思在用自己的理论体系证明了资本主义经济制度的基本矛盾，指出它必然灭亡的前途后，他批判地继承了法国空想社会主义理论，为资本主义社会灭亡后的人类社会走向找到了方向，并进行了论证。

（4）马克思、恩格斯深入经济生活，曾先后参加巴黎公社运动，并主持第一国际工作多年。可以说，马克思和恩格斯亲身参加社会实践，潜心社会调查，用科学的研究方法分析研究调查资料，他们的刻苦实践和严谨的治学精神是马克思主义政治经济学得以创立的主观条件和实践基础。

第二节 政治经济学的研究对象与研究方法

一、政治经济学研究的出发点

1. 物质资料生产是政治经济学研究的出发点

物质资料生产是以一定生产关系联系起来的人们，利用生产工具改变劳动对象、创造适合自己需要的物质资料的过程。

物质资料的生产是人类社会存在和发展的基础。我们知道，人们要生存，就要吃饭、穿衣、住房，就需要各种生活用品，但是，要得到这些东西，就要经过人们的生产活动，正如马克思所说："任何民族，如果停止了劳动，不用说一年，就是几个星期，也要灭亡。"所以，物质资料的生产是社会生活的基础，也是社会存在和发展的基础，只有在这个基础上，人们才能从事政治、科学、艺术等其他方面的活动。这就是说，人类的一切活动都依赖于生产活动，人类的生产活动是最基本的实践活动，是决定其他一切活动的东西。而在进行物质资料生产的过程中，人们就必然结成一定的社会关系。因此，物质资料的生产就是政治经济学研究的出发点。

2. 物质资料生产的三要素

物质资料生产包括人的劳动、劳动对象和劳动资料三个要素，劳动资料和劳动对象又统称为生产资料。

① 人的劳动，就是指劳动者运用自己的体力和脑力改变自然使之适合人类需要的活动，或者可以说是劳动力的支出，也可以说是人的脑力和体力的耗费。这一要素是进行生产的主观条件。

② 劳动对象，指的是人们把自己的劳动加工于其上的东西，或者说是劳动加工的对象。劳动对象分为两类：一类是没有经过人类劳动加工的自然界原有物品，如地下的矿藏、草原、原始森林、海洋等；另一类是加工过的物质资料，例如纺织用的棉纱、建房用的砖瓦、炼钢用的生铁等，这类生产物通常被称为原材料。随着科学技术不断发展，劳动对象范围越来越大，品种越来越多，使劳动对象大大超出了原有物质资料范围。

③ 劳动资料，即劳动手段，是指人们在生产过程中用以改变和影响劳动对象的一切物质资料和物质条件，包括生产工具、生产场所、道路、运河等。其中最重要的是生产工具。它是社会生产力不同发展水平的最主要标志。例如，物质资料生产的历史，可以划分为"石

器时代"、"青铜器时代"和"铁器时代"，这就是按生产工具来划分的。正如马克思所说："各种经济时代的区别，不在于生产什么，而在于怎样生产，用什么劳动资料生产。"[1]所以，劳动资料，特别是生产工具，不仅是人类劳动力发展的测量器，而且是劳动借以进行的社会关系的指示器。另外，一种物品表现为劳动对象，还是表现为劳动资料，是按照它在生产过程中的地位和所起的作用来区分的，如牛在耕地的时候是劳动资料，而所处肉食牛在饲养过程中就是劳动对象。

人的劳动、劳动对象和劳动资料三者在生产过程中必须有机结合才能发挥各自的作用。劳动者主导物质资料生产过程，他选择什么样的劳动资料作用于劳动对象，其劳动结果和劳动效率是不同的。任何一个生产过程，都是人使用劳动资料，对劳动对象进行加工的过程。

二、政治经济学研究对象

马克思主义经典作家对于政治经济学的研究对象曾做过多次阐述。马克思本人虽没有明确论述过广义政治经济学的研究对象，但他在《资本论》开篇提到："我要在本书所研究的，是资本主义生产方式及其与之相适应的生产关系和交换关系。"[2]恩格斯认为，政治经济学是研究人类各种社会生产和交换并相应的进行产品分配的条件和形式的科学。从以上论述中我们可以看出，马克思主义政治经济学的研究对象就是生产关系，但又不能孤立的研究生产关系，而是要联系生产力和上层建筑研究生产关系。

1. 生产关系

所谓生产关系，就是指人们在物质资料生产过程中结成的社会关系。生产关系也叫经济关系，它是一切社会关系中最基本的关系。马克思指出，人们如果不以一定方式结合起来共同活动并相互交换其活动，便不能进行生产。因此，生产在任何时候，任何条件下都是社会的生产，人们只有首先发生相互之间的联系，而后才能同自然界发生联系。

生产关系包括 3 个方面具体内容：生产资料的所有制形式、各种社会集团在生产过程中的地位和交换关系、产品的分配形式。其中，生产资料的所有制形式是生产关系最基本的方面，是全部生产关系的基础，它规定着生产关系的性质，决定着生产关系的其他内容。

物质资料的生产是人类社会存在与发展的基础，而物质资料的生产又是不断进行的社会再生产过程。这一再生产过程包括生产、交换、分配、消费 4 个环节，社会再生产过程是这 4 个环节的辩证统一过程。社会生产关系就是人们在社会生产和再生产过程中结成的生产、交换、分配、消费的社会关系的总和。在这一整体中，起决定作用的是生产。所谓生产是指以一定关系结合起来的人们改造自然、创造物质资料的过程。

首先，生产决定分配，有什么样性质的生产关系，就有与其相适应的分配形式，分配的结构决定于生产的结构，它体现人们对产品的所有权关系。第一，被分配的产品只是生产的成果,因而生产的发展水平决定了可分配的产品的数量。第二，生产的社会性质决定了分配的社会形式。

其次，生产决定交换，交换包括人们在生产过程中发生的各种活动和能力的交换，以及一般产品和商品的交换。前者属于直接的生产过程，后者则是联结生产、分配、消费的中间环节。没有生产发展和社会分工，就没有交换。生产资料所有制的性质决定交换的性质，生产发展的水平和结构决定交换的深度和广度。同时，交换对生产也有反作用，交换

---

[1]马克思,《资本论》(第一卷)，人民出版社 2004 年第二版，第 204 页。

[2]马克思《资本论》(第一卷)，人民出版社 2004 年第二版，第 8 页。

的发展也可以促进生产的增长和社会分工的发展。

最后，生产决定消费，生产为消费提供对象，而且决定消费的方式和消费的性质。生产的最终目的是为了消费，生产关系的性质和生产的目的不同，人们在消费过程中体现的消费资料所有制、消费结构和消费水平也就不同。反过来消费关系有对生产关系具有反作用，这主要表现在消费不仅使产品成为现实的产品，而且还创造出新的生产的需要成为生产发展的动力；还不断生产出生产的主观因素——劳动力。所以，生产关系和消费关系互为条件，互相依存，互相转化，生产是起支配作用的要素，一定的消费关系是一定生产关系的一个方面的体现。

2. 生产力

生产力是人们征服自然、改造自然获取物质资料的能力。它反映的是在物质资料生产过程中人与自然界之间的关系。

生产力包括劳动者、劳动资料和劳动对象三个要素。劳动者是具有一定的生产能力、劳动技能和生产经验、参与社会生产过程的人，既包括体力劳动者，也包括以各种方式参与物质生产过程的脑力劳动者。生产力从来都是指社会的生产力，它与劳动力的根本区别在于，前者是社会的机体的功能或能力，后者是人的机体的能力或功能。

随着社会生产力的发展，科学技术在生产中的作用日益增大。科学技术本身就是一种潜在的生产力，它进入生产过程，同劳动资料和劳动力这些生产力基本要素相结合，就能转化为巨大的物质力量，转化为现实直接的生产力。因此，邓小平提出了“科学技术是第一生产力”的观点。而在当今社会中，人们普遍认为除了科技因素以外，管理因素已经成为生产过程的第二大主要因素。这两大因素都通过附着在劳动、资本等传统要素上发挥作用。

3. 生产力和生产关系的辩证关系

生产力和生产关系是社会生产的两个方面，二者的有机结合就构成了一定社会的生产方式。所谓生产方式，就是指人类社会为了生存和发展而谋取物质资料的方式。生产力是生产方式的物质内容，生产关系是生产方式的社会形式。生产力和生产关系的既相互对立又相互统一的矛盾，就构成了生产方式的内部矛盾。这一矛盾的发展变化，导致生产方式的发展和变革。生产力和生产关系的辩证关系是：生产力决定生产关系，生产关系反作用于生产力。

（1）生产力决定生产关系，这主要体现在两个方面。

① 有什么样的生产力，就有什么样的生产关系。人类社会各种不同性质的生产关系的变更和发展最终都是生产力发展的结果，都是由生产力决定的。

② 在同一社会状态下，生产力发展状况不但决定着社会生产关系的存在和发展，而且决定着该社会生产关系的成熟和完善程度。正如马克思所说：“手推磨产生的是封建主为首的社会，蒸汽磨产生的是工业资本家为首的社会。”

（2）生产关系对于生产力具有反作用，这种反作用表现在：当生产关系适应生产力发展需要时，它就会促进生产力的发展；反之当生产关系滞后或超越生产力发展状况时，就会阻碍甚至束缚生产力的发展。同生产力不相适应的、陈旧的、起阻碍作用的生产关系不能过分长久地落后于生产力，它或迟或早要被能适合生产力要求的新的生产关系所代替，新的生产关系一旦建立起来，就能成为一种积极的能动力量，促进生产力的迅速发展。

生产力决定生产关系，生产关系反作用于生产力，生产关系一定要适应生产力，这是人类社会发展的最基本和最普遍的经济规律。所以，政治经济学将生产关系作为研究的对象，就不可避免地要研究生产力。政治经济学不是孤立的研究生产关系，而是在生产力和生产关系的矛盾运动中研究生产关系。

4. 经济基础和上层建筑

经济基础即社会的经济结构，是指一定社会中占统治地位的生产关系各方面的总和。上层建筑是指建立在一定经济基础之上的社会意识形态以及相应的政治法律制度、组织和设施的总和。特定的经济基础与上层建筑统一构成特定的社会形态。

经济基础与上层建筑是对立统一的辩证关系：一方面，经济基础决定上层建筑。经济基础决定上层建筑的产生；经济基础的性质决定上层建筑的性质；经济基础决定上层建筑的变革。另一方面，上层建筑反作用于经济基础。这种反作用集中表现在为自己的经济基础服务。上层建筑通过法律、经济、思想等手段的调控来为经济基础服务，保护和促进自己的经济基础的巩固和发展，同时排除反对自己的对立物。当上层建筑适合经济基础需要时就会促进经济基础的发展，推动生产力的进步；当上层建筑不适合经济基础需要时就会阻碍经济基础的发展。

生产力和生产关系、经济基础和上层建筑的这种辩证关系，决定了政治经济学必须在生产力和生产关系的辩证关系之中，在经济基础和上层建筑的辩证关系之中去研究人们在物质资料生产过程中结成的社会关系，即生产关系。因此政治经济学就是研究生产关系及其发展规律的科学。

【例 1-2】 家庭联产承包责任制

安徽省凤阳县小岗村 18 位农民签下“生死状”，将村内土地分开承包，开创了家庭联产承包责任制的先河（见图 1-19）。当年，小岗村粮食大丰收。该“生死状”现藏于中国国家博物馆。

1978 年 11 月 24 日晚上，安徽省凤阳县凤梨公社小岗村西头严立华家低矮残破的茅屋里挤满了 18 位农民。关系全村命运的一次秘密会议此刻正在这里召开。这次会议的直接成果是诞生了一份不到百字的包干保证书（见图 1-20）。其中最主要的内容有三条：一是分田到户；二是不再伸手向国家要钱要粮；三是如果干部坐牢，社员保证把他们的小孩养活到 18 岁。在会上，队长严俊昌特别强调：“我们分田到户，瞒上不瞒下，不准向任何人透露。”1978 年，这个举动是冒天下之大不韪，也是一个勇敢的甚至是伟大的创举。

图 1-19 当年农民积极承包土地的场景

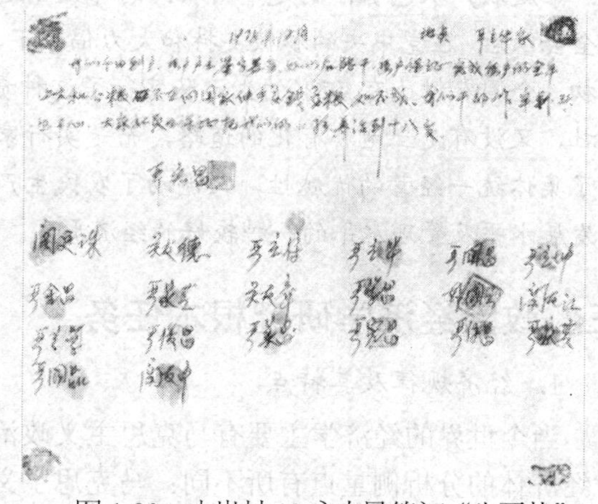

图 1-20 小岗村 18 户农民签订“生死状”

1979 年 10 月，小岗村打谷场上一片金黄，经计量，当年粮食总产量 66 吨，相当于全队 1966 年到 1970 年 5 年粮食产量的总和。

从 1958 年人民公社化以来，在关于农村的文字中，“包产到户”是个出现频率很高的词汇，也是常被质疑和批判的。即使在小岗村获得丰收的 1979 年，批评“包产到户”的声音也是不绝于耳。

1980 年 5 月 31 日，邓小平在一次重要谈话中公开肯定了小岗村“大包干”的做法。当时国务院主管农业的副总理万里和改革开放的总设计师邓小平对这一举动表示的支持传达了一个明确的信息：农村改革势在必行。

1982 年 1 月 1 日，中共中央批转《全国农村工作会议纪要》，指出目前农村实行的各种责任制，包括小段包工定额计酬，专业承包联产计酬，联产到劳，包产到户、到组，包干到户、到组等，都是社会主义集体经济的生产责任制；1983 年中央下发文件，指出联产承包制是在党的领导下我国农民的伟大创造，是马克思主义农业合作化理论在我国实践中的新发展；1991 年 11 月 25～29 日举行的中共十三届八中全会通过了《中共中央关于进一步加强农业和农村工作的决定》。《决定》提出把以家庭联产承包为主的责任制、统分结合的双层经营体制作为我国乡村集体经济组织的一项基本制度长期稳定下来，并不断充实完善。家庭联产承包责任制作为农村经济体制改革第一步，突破了"一大二公"、"大锅饭"的旧体制。而且，随着承包制的推行，个人付出与收入挂钩，使农民生产的积极性大增，解放了农村生产力。

家庭联产承包责任制是指农户以家庭为单位向集体组织承包土地等生产资料和生产任务的农业生产责任制形式。其基本特点是在保留集体经济必要的统一经营的同时、集体将土地和其他生产资料承包给农户，承包户根据承包合同规定的权限，独立作出经营决策，并在完成国家和集体任务的前提下分享经营成果。一般做法是将土地等按人口或劳动力比例根据责、权、利相结合的原则分给农户经营。承包户和集体经济组织签订承包合同。具体包括以下内容。

① 包干到户。各承包户向国家交纳农业税，交售合同定购产品以及向集体上交公积金、公益金等公共提留，其余产品全部归农民自己所有。

② 包产到户。实行定产量、定投资、定工分，超产归自己，减产赔偿。

目前，绝大部分地区采用的是包干到户的形式。家庭联产承包责任制是我国农村集体经济的主要实现形式。主要生产资料仍归集体所有；在分配方面仍实行按劳分配原则；在生产经营活动中，集体和家庭有分有合。

家庭联产承包责任制是中国农民的伟大创造，是农村经济体制改革的产物。党的十一届三中全会以后，在党中央的积极支持和大力倡导下，家庭联产承包责任制逐步在全国推开，到 1983 年初，全国农村已有 93%的生产队实行了这种责任制。家庭联产承包责任制的实行取消了人民公社，又没有走土地私有化的道路，而是实行家庭联产承包为主，统分结合，双层经营，既发挥了集体统一经营的优越性，又调动了农民生产积极性，是适应我国农业特点和当前农村生产力发展水平及管理水平的一种较好的经济形式。

三、政治经济学研究根本任务

1. 经济规律及其特点

当今世界的经济学主要有马克思主义政治经济学和西方经济学两大体系，这两大体系对经济体的分析侧重点有所不同：马克思主义政治经济学偏重的是对本质层次的分析，及对生产关系的分析；而西方经济学则偏重的是对经济运行层次的分析，及对微观与宏观经济运行中各种变量之间关系的分析。当然，马克思主义政治经济学也会涉及经济运行，但他的重点是分析生产关系在经济运行中的作用和调整；西方经济学也会涉及经济制度的分析，但它是把资本主义作为永恒的社会制度而分析其具体体制的。

马克思主义政治经济学的任务就是要揭示经济过程的本质联系及其运动的客观必然性，即揭示客观的经济规律。马克思主义认为，世间一切事物都是按一定的规律发展变化的，规律就是指事物内部具有的、本质的、必然的联系。所谓经济规律就是经济现象和经济过程中内在的、本质的、必然的联系，它体现着经济过程的必然趋势。例如，在商品经济条件下，商品价格时高时低，商品供应时多时少，商品生产者有的发财，有的赔本，其原因就在于这些经济现象背后，有一种内在的、本质的必然的东西在起作用，这种东西就是经济规律。

同自然规律一样，经济规律也具有客观性。它的客观性在于：经济规律是不以人们的意志为转移的。它在一定的经济条件下产生并发生作用。有什么样的经济条件，就会产生与它相适应的经济规律，并发挥其作用。所谓经济条件，主要是指一定的社会生产力状况。人们既不能消灭、废除和改造经济规律，也不能创造或制定经济规律。任何人违背或是臆造经济规律，都会无一例外地遭到无情的惩罚。

2. 经济规律的类型

经济规律可以分为 3 种类型。

（1）共有经济规律。是指在所有社会经济形态中都起作用的经济规律。如：生产关系一定要适合生产力发展的经济规律，不论什么社会都存在。

（2）部分共有经济规律。是指在几个社会经济形态中存在的经济规律。如：价值规律是商品经济社会中存在的规律。

（3）特有经济规律。是指在某个特定的社会经济形态或某一社会经济形态的某一发展阶段存在并发生作用的经济规律。如剩余价值规律，按劳分配规律等。

正因为经济规律有这样几种不同的类型，各个社会形态不仅以自己特有的经济规律而彼此区别开来，而且以一切社会形态共有的经济规律相互联系着。人类社会经济制度的发展，已经经历了 5 种社会制度，各种社会经济制度的性质不同，生产关系发展的规律也不同，所以，我们不能把一切历史时代的生产关系都看成是一样的，不加区别的进行研究，我们应该根据生产关系发展的不同历史阶段，揭示出各个社会特有的经济规律，然后才能在这个基础上揭示出各个社会共有的最普遍的规律。

3. 经济规律能够被人们认识和利用

承认经济规律的客观性，并不意味着人们在经济规律面前是无能为力的，人们可以通过充分发挥自己的主观能动性，来认识和利用客观经济规律，并利用经济规律来能动地改造世界，即根据客观规律的运动趋势和要求，制定经济工作的方针和政策，安排自己的经济活动，从而在实践中达到更好地实现经济利益的目的。政治经济学的任务就是揭示客观经济规律，为人们提供认识问题和解决问题的依据和方法。

四、政治经济学研究方法

1. 政治经济学研究方法的框架（Framework）

任何一门学科，要从生动具体的研究对象中形成科学的思维和结论，都必须具备一定研究方法（methods）和分析工具（instruments），前者侧重思想和思路，而后者侧重将思想和思路转化为解决现实问题的途径及可以利用的技术。

对于自然科学研究来说，实验法是普遍使用的方法。科学家往往先通过观察提出某种理论假设，然后建立实验环境，在实验室里借助仪器、设备来重复自然现象，进行可控制的实验，并从实验结果中验证或者修正自己提出的理论假设，最后得出结论，例如著名的牛顿观察苹果落地而发现地心引力。

而对于社会科学，特别是经济学来说，研究对象是人类社会的经济活动，这种活动往往是包含人的心理在内的多种因素共同作用的结果，研究者往往无法对心理要素进行有效控制，或将其中的某个因素分离开来进行单独分析。因此，对于社会经济现象的研究，古典政治经济学认为只能依靠“科学抽象”法，即通过前提假设、演绎推理、定量定性等方法进行研究。由此看出，传统社会科学的研究方法与自然科学相比，有很大差别。

但近年来，随着心理学、数学、统计学的发展，以及计算机工具的广泛应用，社会科学研究有了新的分析工具，而社会科学研究也开始尝试类似于自然科学的研究方法，即通过合理假设外生变量，对数据进行统计分析，寻找影响因子，预测结果。社会科学找到了逻辑推理之外的第二种研究模式，这使得社会科学研究取得了很大的发展。

本节对于政治经济学研究方法的论述分为两个层次：首先，总结传统古典政治经济学及马克思主义政治经济学的研究方法，包括哲学方法和逻辑思维的一般方法两个层面：前者是马克思主义唯物辩证法，为根本方法，而后者是社会科学传统的研究方法。然后，简单介绍经济学在研究方法上的创新，即经济学新的分析工具——模型分析法（或数理分析法），以及实证分析和规范分析。

2. 马克思主义唯物辩证法是根本方法

唯物辩证法是马克思主义哲学的方法论基础，包括对立统一规律、量变质变规律和否定之否定规律。运用唯物辩证法来从根本上重建政治经济学，列宁认为是马克思和恩格斯的一个重要贡献。

（1）对立统一规律。任何事物都充满矛盾，事物内部的矛盾推动着事物的运动、变化和发展。事物内部的矛盾是不平衡的，有主要矛盾和次要矛盾；即使在同一矛盾的两个方面，也分为矛盾的主要方面和次要方面。这就是矛盾分析的基本方法论。马克思在分析商品二因素的时候就运用到了矛盾分析法。

（2）量变质变规律。任何事物都是发展变化的，从产生到灭亡都有一个过程。而这个过程也就是从局部量变到局部质变，再到整体质变的过程。一种经济制度从产生到灭亡，无疑就是一个从部分量变到局部质变，最后到整体质变的过程。马克思在分析剩余价值生产时指出，工人的必要劳动时间必须得以延长，才能生产出剩余价值，剥削的生产性质才能最终体现出来，这就是量变质变规律的体现。

（3）否定之否定规律。任何事物内部都包含肯定方面和否定方面，肯定方面是事物中维持其存在的方面，否定方面是事物中促使其灭亡的方面。事物发展经历两次否定（否定和否定之否定）和三个阶段（肯定、否定和否定之否定），吸收了前两个阶段的优点，成为更高级的新东西。否定之否定规律揭示了事物发展的趋势是波浪式前进或螺旋式上升。事物发展总方向是前进的、上升的，但事物发展具体道路则是迂回曲折的。马克思主义政治经济学对于社会形态演变过程的分析，就是否定之否定规律的运用。

3. 逻辑思维一般方法

（1）科学抽象法。马克思说：“分析经济形式，既不能用显微镜，也不能用化学试剂；抽象是唯一可当作分析工具的力量。”科学抽象法是传统社会科学研究中运用的主要方法。

就经济学意义来说，抽象分析法就是对普遍存在的经济现象和经济过程进行分析时，撇开次要的非本质因素，深入、广泛的分析研究、判断、推理，揭示出隐藏在经济现象和经济过程内部的、必然的和本质的联系。简单说就是从现象中去总结规律。从具体路径上看，科学抽象法包括从“具体到抽象”和从“抽象到具体”两个阶段。第一个阶段在占有大量实证资料的基础上，运用科学抽象法，将感性认识上升到理性认识，揭示事物或过程背后的规律；第二个阶段是运用已有的理性认识或规律，来指导和认识现实中的复杂现象和过程。

其实，科学抽象法之所以被称为科学，是因为它的基本路径是正确的，或者说是符合科学的，关键的缺陷是“如何从具体到抽象”，是单单依靠人的思维进行逻辑推理，还是借助数学、心理学的方法和工具进行实验？很明显，现代经济学走的是第二条道路，而传统经济学走的是第一条，包括马克思主义政治经济学在内。

（2）逻辑和历史相一致的方法。所谓逻辑方法，是指研究经济现象和经济过程时所运用的思维推理的方法；所谓历史方法，就是在研究经济现象和经济过程时，按照它的历史发展过程来进行研究的方法。从根本上看，人们思维逻辑进程要符合和反映经济现象的历史发展过程，或者说逻辑方法必须以历史为基础，这就是逻辑与历史相一致的方法。简单点说，就是逻辑推理必须与历史事实相互印证。

马克思在论述货币产生时，分析了“偶然价值形式→扩大价值形式→一般价值形式→货币形式”这一逻辑历史过程，既遵从了人类交换和货币产生的历史，又说明了价值形式每次变化其内在的逻辑原因。例如，从偶然价值形式到扩大价值形式是由于分工带来的剩余产品种类增多，使一种商品与多种商品交换成为可能。

（3）定性分析与定量分析相结合的方法。哲学上讲，任何事物都是质和量的统一。质是事物的本质，是一个事物区别于其他事物的内在规定性；量是事物的规模、发展程度和速度以及它的构成成分在空间上的排列组合等可用数量表示的规定性。任何事物发展变化都是从量变开始，最后引起质变。因而对于经济现象的研究，不仅要考察质的规定性，还要注重量的规定性。定性分析就是从质的角度去分析事物及其过程，而定量分析就是从量的角度来考量事物的变化及其过程。例如在分析商品二因素，使用价值和价值的时候，使用价值反映的就是商品间质的差别，而价值体现的是商品同质条件下量的差别。

4. 现代经济学研究方法

现代经济学的研究方法是基于实验法而衍生出的新方法，在传统经济学逻辑推理分析方法的基础上，现代经济学引入了数学、统计学和计算机技术发展的最新成果，通过建立数理模型，统计分析实际数据的方法进行实验，检验假设结论的正确与否。这种数理分析法已经成为现代经济普通使用的方法。（具体见本章阅读材料五）

还有人提出“作为政策顾问的经济学家”的观点，主要涉及的是实证分析和规范分析的问题。实证分析是就某个经济问题来叙述事实，分析原因，预测趋势，就是完全的去反映这个经济问题，不涉及价值判断。材料五中的案例就是实证分析的范围，也有这样的例子：为什么医生比看门人赚钱多？自由贸易提高了还是降低了美国人的工资水平？增加税收对经济的影响是什么？而规范分析是在实证分析的基础上，做出一个结论：好，还是不好？对，还是不对？支持，还是反对？诸如此类。例如，穷人必须工作才能得到政府的帮助吗？房价是应该上涨还是下跌？等等。

其实，就实证分析和规范分析而言，前者相对简单，经济学家们容易达成共识。而对于后者，由于涉及价值判断，而每个人的判断标准又不尽相同，因此得出的结论有时会大相径庭。在当今世界，能够深刻影响人们价值标准的莫过于宗教了，在一些宗教国家，人们往往依据教义来做价值判断，因此宗教对于规范经济分析的影响是深远的。另外，对于价值判断起重要作用的是道德。所以，很多经济学家目前正在致力于研究宗教和道德对于经济学的影响。

材料一　亚当·斯密之前的古典主义经济学者——威廉·配第

威廉·配第（1625 年—1687 年）是古典主义经济学发轫时期著名的代表人物，他在亚当·斯密前，也是历史上最富传奇色彩的经济学家之一。威廉·配第出身于英国一个裁缝家庭，上过两年小学，13 岁由于家境贫穷而外出谋生，在一艘商船上当服务生。船行法国期间威廉·配第受伤，因祸得福的他在教会帮助下进入法国卡昂大学学习，毕业后靠当家庭教师和做首饰买卖谋生。20 岁时的威廉·配第经历了人生中的一次转折，他在巴黎结识了经验主义大哲学家霍布斯并担任其秘书，霍布斯的经验主义哲学对他产生了毕生的影响。后来，在大学工作的业余时间，配第自学医学、解剖学、音乐学，并成为大学教授。1640 年—1688 年，英国开始了资产阶级革命，善于冒险的配第参加了革命，由于医术高超而得到克伦威尔的赏识，担任侍从医生，革命后被任命为负责爱尔兰土地分配的总监。这期间，他通过土地投机，成了一个拥有 5 万英亩土地的大地主。1660 年，封建王朝复辟，配第由于追随革命受到政敌攻击，为保住地位和财产，配第公开效忠查理二世。此后的配第，一边经营财产，一边进行科学研究。他一生的研究涉及宗教、医术、哲学、政治、经济、军事。马克思评价他是“现代政治经济学的创始者”，“最有天才和最有创见的经济研究家”，“政治经济学之父，在某种程度上也可以说是统计学的创始人”，一个“轻浮的、掠夺成性的、毫无气节的冒险家”，“既能在克伦威尔的盾的保护下掠夺爱尔兰，又能为这种掠夺向查理二世跪求必要的男爵称号”。威廉·配第一生的主要著作有《赋税论》、《献给英明人士》、《政治算术》、《爱尔兰的政治解剖》、《货币略论》等。配第对经济学的贡献主要有如下几方面。

① 对政治经济学进行了广泛的研究，开辟了政治经济学研究的新领域。实际上，威廉·配第的研究几乎涉及了政治经济学研究的所有领域，包括生产、分配、交换、消费，工业、农业、商业、对外贸易、金融等，并取得了一些有价值和影响的成就。如，对货币职能的认识，提出货币具有价值标准、交换媒介、价值储藏的职能；对价值问题，提出“土地是财富之母，劳动是财富之父”，第一次有意识地将价值归结为劳动，若一个人在生产一定量小麦的时间将一定量黄金从秘鲁开采并运到伦敦，后者就是前者的价值。地租理论，提出级差地租理论，并分析了级差地租第二形态。

② 配第是第一个有意识研究政治经济学方法的人，其最大的贡献就是开创了政治经济学研究的新的方法——“政治算术”。此前占主导地位的是亚里士多德的“假设、推理、结论”的三段论方法，其缺陷是对现实的脱离。受霍布斯的影响（经验主义强调来自感觉的知识是唯一可信的，而感觉又来自观察和实践。），配第提出“政治算术”的方法，即“用数字、总量、尺度的词汇来表达自己想说的问题”。这是一种实证主义的方法。配第还首先提出了科学的非道德化命题。即将科学研究同道德问题分开。总的来说，威廉·配第是一位理论家，不过他属于这么一类理论家：对他来说，科学实际上就是测量，他创造出处理数据的分析工具，而从心里鄙视其他任何工具；他们概括出的规律就是数字与推理的联合产物，绝不允许把数字与推理分开。

威廉·配第的经济理论比起前人无疑迈出了一大步，并为政治经济学作为一门学科的创立准备了充分的条件，但他的理论还没有一个完整的体系，而这一体系是由亚当·斯密开创的。在亚当·斯密之后，古典经济学得到了迅速的发展，涌现出了大卫·李嘉图、马尔萨斯、萨伊、西斯第蒙、约翰·穆勒等一批经济学家，他们不朽的思想在滋养着经济学这颗健壮的树木不断成长，也为后人指引着研究的方向。

材料二　马克思之后经济学的发展

人们普遍倾向于将约翰·斯图亚特·穆勒（1806——1873 年）作为古典主义经济学派的一个集大成者，他的著作《政治经济学原理》被看作是古典经济学的收官之作。在约翰·穆勒的经济学思想以后，经济学在数学指引下进入了新的发展阶段，奥地利的一帮经济学家开始用数学中的微积分来处理经济学问题，这就是所谓的“边际革命”，这个学派被称为奥地利学派。奥地利学派对于经济学的突出贡献就是为经济学引入了边际分析这样一种数学工具，边际分析的引入，大大证明了经济学的科学性，并为微观经济学的发展提供了新的思路。

阿弗里德·马歇尔的著作《经济学原理》的问世，标志着传统的古典主义经济学蜕变成为现代意义上的经济学。《经济学原理》的最大贡献就在于奠定了如今西方经济学的微观经济学部分的基本框架，包括需求理论、供给理论、均衡价格理论以及垄断理论等，后来的经济学家又相继加入了消费者理论、厂商理论、一般均衡理论，并对马歇尔的理论进行了改进，形成了今天微观经济学的研究体系。其中，诺贝尔经济学奖得主保罗·萨缪尔森的《经济学》一书是微观经济学的经典之作，今天的西方经济学教材中微观部分都是以此书为蓝本而改写的。

马歇尔之后，相继出现了研究经济制度演进的制度经济学（凡勃伦），研究社会福利的福利经济学（庇古），研究货币的货币经济学（费雪），以及关注发展中国家经济发展的发展经济学（熊彼特）。可以说，这时的经济学作为一门独立的学科，已经取得了丰富的成果。但现代经济学所取得的下一个伟大成就来自著名的英国经济学家约翰·梅纳德·凯恩斯，他的经济理论挽救了 1929 年——1933 年世界经济大危机。在他的著作《就业、利息和货币通论》中，他提出的 IS-LM 模型证明了财政政策和货币政策的有效性，为政府通过扩张性财政政策或积极货币政策来克服危机、拯救经济提供了理论上的证明，并且在实践上也是成功的。凯恩斯的理论将西方经济学从微观经济引入到了宏观领域，开创了宏观经济学，这也是这位经济学家在理论上的主要贡献。

凯恩斯之后的经济学仍然欣欣向荣的向前发展，在 20 世纪 70 年代的石油危机中，西方国家出现了所谓的滞胀，凯恩斯的经济学治理经济危机的功效突然消失了。经济学者们开始反思其中的原因，理性预期学派和货币学派兴起。其中，货币学派的代表人物是诺贝尔经济学奖得主弗里德曼，他的关于通货膨胀的货币理论与凯恩斯是截然相反的，他认为政府人为的货币政策和财政政策只会加大经济的波动，而定量的货币增长是抑制通货膨胀和保持经济稳定的关键所在。理性预期学派则从人们对于政策预期的角度来进行分析，认为政府策略的可预期性会抵消政策的实际效果。这一时期，信息经济学、博弈论以及计量经济学也蓬勃发展起来。

材料三　文艺复兴与大航海

1. 文艺复兴

文艺复兴（意大利语：Rinascimento，由 ri-“重新”和 nascere“出生”构成），14 世纪初在意大利佛罗伦萨兴起，于 16 世纪盛行欧洲的一场思想文化解放运动。文艺复兴是西欧历史上重要的科学与艺术革命时期，揭开了西欧近代历史的序幕，被历史学界认为是中古时代和近代的分界。

西欧中世纪是个特别“黑暗的社会”，基督教教会是当时封建社会的精神支柱。教会建立了一套严格的等级制度，把上帝当做绝对权威，一切遵循基督教的《圣经》，否则就要对其进行制裁，甚至处以死刑。在严密管制下，中世纪的文学艺术死气沉沉，科学技术毫无进展。

历史的转折发生在中世纪后期。1345 年，在克里米亚半岛，蒙古大军正在围攻意大利商人建立起来的边防城市卡法。这场因意大利商人和穆斯林商人争端而引发的战争，已经持续了一年多。卡法始终没有被蒙古大军攻破。这时，蒙古军队染上了黑死病，这本应该使蒙古王子退兵。可蒙古军队出其不意将感染病毒的腐尸投入到卡法城中，卡法不攻自破。仓皇逃回意大利的商人并没有获准登陆，但船上老鼠已将病毒带到了岸上。之后，黑死病在整个欧洲大陆传播。这在一定程度上为文艺复兴提供了精神土壤和物质条件。首先，黑死病在精神上打击了活下来的人，使得他们坚固的宗教信仰开始松懈；其次，黑死病使得欧洲人口急剧下降，大量无主土地被重新分配，活下来的人生活变得富裕起来。人们不再艰苦劳作，而是拥有更多闲暇，自由思想开始萌芽，除了生产以外，人们拥有了更多时间来享受生活，文学、艺术逐步繁荣。

14 世纪末，信仰伊斯兰教的奥斯曼帝国入侵，东罗马（拜占廷）的许多学者，带着大批古希腊和罗马的艺术珍品和文学、历史、哲学等书籍，纷纷逃往西欧避难。这些学者在意大利的佛罗伦萨创办了一所叫“希腊学院”的学校，讲授希腊辉煌的历史文明和文化等。这种文明和文化的“自由”精髓与资本主义萌芽产生后，人们试图追求的精神境界是一致的。于是，许多西欧的学者要求打破宗教束缚，恢复古希腊和罗马的文化和艺术。这种要求就像春风，慢慢吹遍整个西欧，文艺复兴由此兴起。文艺复兴是对古希腊、古罗马文化的全面“复兴”。这种复兴表面上看体现在艺术内容层面上，更深刻的是烙印在精神层面，即新兴资产阶级阶层对于自由的思想诉求。如拉斐尔的名作《雅典学院》（见图 1-21）就反映了古希腊自由的学术气氛。在古希腊和古罗马，人们可以毫无拘束地自由发表学术思想，这与“黑暗的中世纪”的思想桎梏是个鲜明的对比。

图 1-21　拉斐尔《雅典学院》

在文艺复兴过程中，不仅诞生了以但丁、彼得拉克以及薄伽丘为代表的“文学三杰”，达·芬奇、拉斐尔以及米开朗琪罗为代表的“艺术三杰”，而且在天文学、数学、建筑学、物理学以及地理和音乐领域，人类文明均取得了跨越式的发展。

文艺复兴的核心思想是提倡“人文主义”，体现在经济层面就是关心自我、重视私利。文艺复兴前，宗教思想警告人们追求利润和商业利益是可耻的。文艺复兴则将矛头对准了宗教神学，商业实践成为世人推崇的中心，经商不再是可耻行为，世俗利益取代了圣经规范，赚钱成了合理需求，利息成为正当收入，金钱也取代了上帝在人们心中的位置。在莎士比亚的名作《威尼斯商人》（作于 1596 年—1597 年）中，作者刻画了一个正直勇敢的威尼斯商人安东尼奥。这正是那个时代社会对于商人及商业行为渐趋推崇的一个写照。还有许多画作反映当时经商实践的社会现实，例如马苏斯的《银行家和他的妻子》（见图 1-22）、克里斯蒂的《圣埃利焦在他的工作室》（见图 1-23）。这两幅画作分别反映了高利贷者和金匠工作的场景，这在宗教统治的中世纪是不可能出现的。可以说，文艺复兴在思想上解除了宗教神学加在世人身上的沉重枷锁，商业实践和商业行为得到推崇，西欧社会普遍进入到商业资本主义时代。

图 1-22　《银行家和他的妻子》

图 1-23　《圣埃利焦在他的工作室》

2. 大航海

文艺复兴在主观上改变了欧洲人的思想，激发了他们商业实践的热情。可当时欧洲的高端贸易，如胡椒（见图 1-24）、茶叶、丝绸及瓷器等，这些奢侈商品却紧紧掌握在“奥斯曼土耳其”帝国手中，欧洲人要想掌控高利润的东方贸易几乎不可能。奥斯曼土耳其帝国占据着小亚细亚和巴尔干半岛，控制传统欧亚商路。帝国对过往商品征收重税，使运抵西欧的货物不仅量少，而且比原价高 8～10 倍。大航海时代的开启，在结束了该帝国垄断欧洲贸易的历史同时，也加速了欧洲商业资本主义的发展。

图 1-24　胡椒粒

大航海，又称“地理大发现”，指 15 世纪末到 16 世纪初由欧洲人开辟的横渡大西洋到达美洲、绕道非洲南端到达印度的新航线以及第一次环球航行等一系列航海活动。伴随着新航路开辟，东西方之间的文化、贸易交流大量增加，殖民主义与自由贸易开始蔓延。欧洲则在这个时期快速发展并最终赶超亚洲。

说起大航海缘起，还与两部书有关，一部是《马可·波罗行记》，另一部是托勒密的《地理学指南》。1275 年夏，威尼斯人马可·波罗（Marco polo，1254—1324 年），随父亲、叔父来到中国，受到元世祖忽必烈的盛宴欢迎，并在中国居住、为官 17 年。1295 年，回国后他发表了《马可·波罗行记》（又名《东方见闻录》由马可·波罗口述，比萨人鲁思梯谦整理成书）一书。书中描写北京的宫墙、房壁和天花板涂满金银，日本的金子多得无数用来盖房，而且声言绝对确实可信。这本书广泛流传，使西欧人垂涎三尺，决心远渡重洋、到富庶的东方去。1406 年，要没千年的托勒密著作《地理学指南》被安杰勒斯由希腊文译为拉丁文，该书将世界画在了27张地图上，其中欧洲画了10张，亚洲画了12张，非洲画了4张。托勒密画每张地图时，总是将地图正上方定为正北，这便是现在地图上北下南、左西右东的由来。在书的最后，托勒密列出了地图上所有的地名以及它们的经纬度。该书是当时世界地理的最佳指南。据说，哥伦布在开始他那改变人类历史的远航之前，曾细心阅读过《地理学指南》，哥伦布的地理思想主要来自托勒密。哥伦布相信通过一条较短的渡海航线，就可以到达亚洲大陆东海岸，结果在他设想的亚洲东岸位置上发现了美洲新大陆，尽管他本人直到去世时仍认为发现的正是托勒密地图上所绘的亚洲大陆。《地理学指南》一书的重新问世，为勇敢的人们开启大航海时代提供了行动指南。

大航海时代最伟大的三次航行分别是：1498年，葡萄牙人达·伽马到达印度卡利卡特，开辟了印度航路。1492—1504年，意大利人瓦斯科·哥伦布率西班牙船队四次向西航行到达美洲。1505—1521年，葡萄牙人费尔南多·麦哲伦进行环球航行。

大航海的历史意义是多方面的。就经济方面来说，大航海促进了欧洲殖民贸易发展和商业资本主义繁荣。在这个时期，西欧商人资本与国家政权相结合，大力开拓殖民地，攫取当地丰富的原材料，进行工业品倾销，压榨殖民地人民。商业资本也在这个时期完成了最初的原始积累。特别是西班牙、葡萄牙对美洲金银的掠夺，使大量金银涌入欧洲，直接促进了欧洲商业繁荣。所以说，大航海为西欧资本主义商业开拓了广阔市场空间，为商人资本家阶层的崛起提供了施展才能的历史舞台。

材料四　原工业化与圈地运动

18世纪初叶，西欧乡村工业已呈现出颇具规模的集中发展趋势。“原工业化”（pro-industrialization）一词最初用来描述英格兰北部“兰开夏”地区（见图1-25，兰开夏位于英格兰中西部，有大量牧羊草场，是当时英国毛纺织中心）的棉纺织业。当时的生产模式是城市商人组织分散的乡村劳动者，给他们提供生产原料，甚至提供织布机或纺车，然后从这些家庭按件收集成品，并负责销往远方市场。这种乡村工业正好填补了农民们冬季无事可做的闲暇时间，而且投资不大。随着时间推移，有些村庄成为纺织中心，技工们有时聚集在作坊里工作，近似于手工工场。原工业化的生产模式有两个缺陷：一是农户的劳动时间，农户还要进行农业生产以获取食物，无法将全部时间用于手工生产，这限制了棉线和棉布的产量；二是农户的工作热情，多数纺纱工或织布工只要有足够的生活所需就满足了，达到一定收入水平，他们宁愿选择闲暇而非劳动赚取更多收入。

图1-25　兰开夏郡

18 世纪后半叶，海外贸易的不断扩张使得对纺织品的需求大大超出这个行业的生产能力。纺织业急需新模式来扩大生产规模。在技术革新实现突破之前，一场旨在提高农业生产率、释放劳动力的运动正在悄然进行，这就是圈地运动。

中世纪封建社会，英国就曾出现过大规模的圈地潮。不过那时的圈地仅仅为的是扩大农业种植面积。15 世纪新航路开辟后，英国毛纺织业跨越发展，使得羊毛需求剧增。“圈地养羊”成为再一次圈地运动的直接动机。在工商业发达的英国东南部农村，地主和贵族纷纷圈占公有土地，后来又圈占小佃农租地和公簿持有农的份地(见图 1-26)。史上最出名的圈地运动发生在 1760 年起至拿破仑战争结束期间，期间英国议会通过的《公有地围圈法》将圈地运动引入了高潮，最终约 1000 万英亩土地被圈占（见图 1-27）。而进入 18 世纪，再一次圈地高潮兴起的深层原因，是城市工业发展对于农产品和劳动力的巨大需求。

图 1-26 有关英国圈地运动油画

图 1-27 被圈占耕地今天的场景

16 世纪，英国从荷兰引进芜菁（见图 1-28）、苜蓿（见图 1-29）等饲料作物，进行了“轮换式耕作法”的农业革新。具体做法是在种植大田作物的间隙，临时播种饲料作物，这样既可以增加土地肥力，提高农业产量，又可以扩大牲畜饲养的数量，产生更多粪肥，提供更多肉类、乳制品和羊毛。可传统的分散耕作方式涉及众多利益主体，轮作很难达成一致。土地兼并解决了这个难题。随着圈地运动的进行，昔时四周土地环绕村庄的景观消失了，取而代之的是围墙、栅栏和树篱围城的整齐划一的农场，面积多在 100～300 英亩。农业生产方式发生了改变，农业生产渐趋商业化。农业经营者支付租金租入土地，支付工资雇佣无地农民从事生产。新的农业经营方式使得英国农业生产率不断提高，不仅能够养活迅速增长的城市非农业人口，而且使其营养条件不断改善。

图 1-28 芜菁

图 1-29 苜蓿

这次圈地运动不仅直接导致农业生产率的提高，还为工业革命释放了大量劳动力，无地无事的农民涌入小城镇或大城市，为工业发展提供了富裕的劳动力（见表 1-1）。这些离开乡村的劳动力再也无法通过耕种、打猎或饲养牲畜而存活，而不得不出卖劳动力给工厂，挣取工资来购买这些原本自己劳动就能获取的产品。正如一位牧师所言：大批原来出于半依附状态的人口被迫成为前途叵测的雇佣劳动者。很多人理解了通过出卖劳动力挣工资生存的概念。

表 1-1 英国工业革命时期三次产业就业比率表

年 份	农 业	工 业	服 务 业
1700	56%	22%	22%
1820	37%	33%	30%
1890	16%	43%	41%

材料五 现代经济学的数理统计分析法

关于现代经济学的研究方法，我们从一个实际的案例——次贷危机（subprime crisis）出发来说明。说到次贷危机，就不能不提次级抵押贷款债券（subprime mortgage bonds）。最初，美国各家商业银行对于以房产按揭的借款人是要按违约风险的高低划分等级的。对于信用良好、违约风险低的借款人，商业银行会把这些贷款作为优质资产自己经营，而将借款人信用不佳、违约风险高的住房抵押贷款做成债券在金融市场上进行出售，这就是抵押贷款支持债券——债券本金以贷款本金为担保，而债券利息以按揭贷款利息为担保。这些债券的利率比较高，因此在美国经济和房地产市场持续繁荣的背景下，吸引了大量国际投资者，包括外国的大银行，而持有此类债券最多的机构是——房地美和房利美，两家美国政府经营的、最大的抵押贷款机构。

次级抵押贷款债券最初的设想是很好的。一方面，发行债券的银行可以获得持续放贷的资金；另一方面，债券持有者可以获得高于美国国债的利息收入，而且债券有抵押贷款支持，抵押贷款又有房产作为抵押。在美国经济持续繁荣，借款人收入持续增加和房产不断升值的背景下，这些债券几乎是安全没有风险的。可后来发生了什么，今天大家都知道了。美国经济由于自身问题陷入了衰退，借款人收入降低，违约增加，房产价值大幅缩水。债券由于没有足够付息和足值房产的支持，而大幅下跌，持有债券的金融机构亏损严重，包括倒闭的雷曼兄弟、被拯救的贝尔斯登，甚至波及了我们国家的银行。

好了，我们这里不是介绍这场危机。关于危机发生的原因，建议大家去看诺贝尔经济学奖获得者，曾成功预言 1997 年亚洲金融危机的经济学家保罗·克鲁格曼的《萧条经济学的回归和 2008 年经济危机》。这里要分析的是一个关于次级贷款客户的违约风险识别的问题。不同的人去银行借款，银行怎么判断哪些是优质客户，哪些又是次级客户呢？下面，来看这样一个研究实例：

第一步，提出假设。建立一个函数，这个函数的因变量 Y 是“是否违约”，我们假设 1 是违约，0 是不违约。同时假设，影响违约风险的因素，即自变量是一个集合 $(x_1, x_2, \cdots, x_n)$，这些自变量分别代表我们可以想象到的影响借款人违约的因素，例如年龄、职业、婚姻状况、信用记录、户籍、健康状况，甚至性别，等等。

第二步，建立函数模型。假设自变量对于因变量的影响是线性的，即变量之间不存在数学上的自相关性，那么就可以构建数学模型如下：

$$Y = \alpha_0 + \alpha_1 X_1 + \alpha_2 X_2 + \cdots + \alpha_n X_n$$

这里的 α_0 代表除了列举的因素之外，其他因素都看作外生变量，它们对于是否违约的影响都通通包含在 α_0 中。而 $\alpha_1 \cdots \alpha_n$ 是列举的各项影响因素的影响程度，这个在构建模型的时候是未知的，而下一步的任务就是确定它们的数值。

第三步，回归模型。将现实中的数据带入模型，运用统计学的线性回归方法，借助计算机统计软件（如 SPSS），对这个函数进行回归，最终确定了各个因素前面的系数 $\alpha_1 \cdots \alpha_n$。

第四步，检验和修正。对得到的函数进行检验和修正。具体方法是带入另外的数据进行检验，看看这个函数对于数据的判断正确率有多少，如果正判率在一定数值之上，就可以基本接受这个模型函数，并用于实际借款人信用的判断。我们可以把 Y 值接近于 0，即违约风险较低的客户定义为优质客户，提供给他们优惠的利率；然后把 Y 值接近于 1 的客户定义为次级客户，把这些贷款做成抵押债券，或者拒绝给他们放贷。

现在我们对照上面的实例来总结一下现代经济学的这种方法。这种方法，是不是很像科学家在做实验？提出假设，建立数学函数，代入数据，检验模型，其路径就是，观察——理论——进一步观察，而且在整个过程中运用了假设和经济模型。这种方法称为“模型分析法”或“数理统计分析法”。

本章小结

（1）作为一门研究财富生产的学科，经济学产生和发展经历了古希腊经济思想的萌芽，古罗马和中世纪经济理论的停滞，重商主义经济学派的创新，最终发展成为古典政治经济学。1867 年《资本论》的出版，标志着马克思主义政治经济学体系的形成。马克思主义政治经济学，是在批判和继承资产阶级古典政治经济学基础上发展起来的、代表无产阶级利益的政治经济学。

（2）马克思主义政治经济学的研究对象是生产关系，其通过研究生产关系的完善来促进生产力的发展。生产力决定生产关系，但生产关系反作用于生产力。政治经济学研究方法包括哲学方法、逻辑思维一般方法及现代经济学的研究方法三个层面。

习题

一、选择题

1. “经济”一词的色诺芬传统是指________。

A. 节约、节省　B. 国民经济　C. 经济关系　D. 家庭财富管理

2. 第一次在“经济”一词前面加入“政治”的是________。

A. 亚里士多德　B. 色诺芬　C. 蒙克莱田　D. 亚当·斯密

3. 重商主义经济学派将________视作财富唯一的形式。

A. 土地　B. 资本　C. 金银　D. 科学技术

4. 古典主义政治经济学强调________对经济的调节作用。

A. 看不见的手　B. 看得见的手　C. 国家政策干预　D. 经济学者

5. ________出版标志着马克思主义政治经济学的创立。

A.《国富论》　B.《献给国王和王太后的政治经济学》

C.《经济论》　D.《资本论》（第一卷）

6. 政治经济学的研究对象是________。

A. 生产力　B. 生产关系　C. 生产力和生产关系　D. 生产方式

7. 政治经济学是从________角度来研究财富生产和分配的。

A. 完善和改革生产关系　B. 如何促进生产力发展

C. 市场配置资源　　D. 实施经济计划

8. 我们假设公司今天是否亏损与它先前的财务状况有关，并将“资产负债率”、“存货周转率”、“流动比率”、“主营业务利润率”和“净资产收益率”作为影响因子来建立模型，然后引入数据进行回归，最后进行检验。这种分析方法称为________。

A. 逻辑与历史相一致的方法　　B. 规范分析法

C. 定性分析法　　D. 模型分析法

二、简述题

1. 试析重商主义经济学派与古典政治经济学在理论政策上的主要分歧。

2. 简述马克思主义政治经济学产生和发展的条件。

3. 马克思在《资本论》开篇提到：“本书所要研究的是资本主义生产方式及其与之相适应的生产关系和交换关系。”这句话如何理解？

4. 马克思说：“分析经济形式，既不能用显微镜，也不能用化学试剂；抽象是唯一可当作分析工具的力量。”谈谈你对这句话的理解。

5. 提出一个经济现象，并尝试用模型分析法来分析这个经济现象产生的原因。

三、材料题

阅读下列有关土地承包流转的材料并回答问题。

一号文件鼓励承包土地向大户流转　家庭农场乃必然

据经济之声《央广财经评论》报道，备受关注的2013年中央一号文件昨天发布。2013年的中央一号文件对“加快发展现代农业、进一步增强农村发展活力”做出全面部署，要求围绕现代农业建设，充分发挥农村基本经营制度的优越性，着力构建集约化、专业化、组织化、社会化相结合的新型农业经营体系。

在农村经营体制改革中，土地流转一直是市场关注的重点。2013年的中央一号文件要求，“鼓励和支持承包土地向专业大户、家庭农场、农民合作社流转，发展多种形式的适度规模经营。”这是“家庭农场”这个词首次出现在一号文件中。这一表态不仅代表未来土地政策的导向，也明确了培育和扶持新型经营主体的要求，专业大户、家庭农场和农民合作社将成为政策扶持的重点。清华大学中国与世界经济研究中心研究员袁钢明对此作出评论。

记者：2013年的中央一号文件中明确提到鼓励和支持承包土地向专业大户、家庭农场、农民合作社流转，“家庭农场”这个词首次出现在中央一号文件中。农业部总经济师毕美家曾经多次强调，农业部门下一步要加大土地流转的力度，大力扶持一些种粮大户。结合目前我国农业发展的实际情况来看，为什么“大农户”、“家庭农场”是下一步我国农业发展的一个趋势？

袁钢明：这是我国发展的必然趋势，而且是形势所迫。我们国家人口众多，土地也很辽阔，但是我国长期历史形成一种家庭的小面积的耕作，这种小面积的耕作形不成大规模的种植效益。粮食一般单价比较低，如果只是一家一户人均只有1亩地的情况下，再多也就是几百元钱，不可能再多。所以小面积的小规模种粮经营方式不适应我国未来的发展。所以我们国家必须走世界上很多国家已经实现的道路，就是种粮方面要实行大规模经营，种粮已经可以实现机械化或规模化耕作，使很少的人可以种很大面积的粮食。这样农户种粮收益足以支撑生计，而且生产经营也可以得到收益，得到持续的发展，所以这是种粮必须走的一条道路。

记者：事实上，我国各地已经出现了一批专业大户。不久前，江西南昌安义县种粮大户凌继河向农民发放140万元年终奖的新闻轰动了全国。凌继河承包了1.5万亩稻田，聘请100多个农民帮他管理，每个农民每月能领到 2 500 元钱工资，到年底还有年终奖。听上去，种粮农民的收益确实比较可观。根据您了解到的情况，目前我国“家庭农场”处于什么样的发展阶段？

袁钢明：我国家庭农场已经有很多成功的例子。新疆地广人稀，这个土地可以经常一家一户种到几百亩甚至上千亩，这种情况下就可以实现规模经营效益。新疆已经得到成功，新疆在过去生产建设兵团连队机械化耕作的基础上把它改革成家庭联产承包制，家庭变成了农场，而家庭本身作为主要的生产劳动者，同时还可以雇佣一些多一点的劳动力来参与到规模化经营效益中。江西也是这样，有上万亩农田，然后以它为主，再雇佣一些农民，农民可以在大规模农田上耕作实现规模效益，规模效益就可以变成农民的劳动报酬，同时又能够支持粮食生产的持续发展，这是一个重要的成功模式。

记者：家庭农场和我们过去所说的建设兵团农场不一样，以家庭为单位，但是和家庭承包也不一样，因为它有一种企业化或有独立核算的现代化经营体制。所以家庭农场结合了我们国家家庭承包的优越性和现代经营体制的优越性，两种优越性来实现规模经营的一种组织方式。家庭联产承包责任制在中国农业、农村的发展中居功甚伟，但也带来了分散经营、资源浪费、效益低下的弊端。“家庭农场”、“专业大户”的生产经营形式能够为农民带来哪些实际的好处？

袁钢明：家庭农场指的都是规模经营，适合于粮食这种能够批量、大规模、而且农田人工的操作相对较少的农作物工作，不适合蔬菜或精耕细作的某些农产品的种植。我国虽然已经实现九连增，但是仍然存在着隐忧，因为粮食毕竟单位收入较低，所以不可能持久，必须要实现大规模经营。国家在这种情况下，要想保持粮食规模效益和持续的增长，采用这种家庭农场非常有意义。

记者：一号文件中提到的问题是中央全年需要重点解决，也是当前国家亟须解决的问题，更从一个侧面反映出解决这些问题的难度。具体分析一下，当下我国在“鼓励和支持承包土地向专业大户、家庭农场、农民合作社流转”中，在实际操作层面还面临哪些困难？

袁钢明：关键是土地的流转。土地流转就是要流转的双方满意，转让土地出去的人愿意转出去，而接受土地的人愿意接受、能够接受，成本不过高，转出去的农民没有土地不再经营土地了，但是可以获得一些补偿，这种补偿可以在转出去的土地上继续进行劳作或耕种。我见到过这样的例子，一些农民连人带土地一起进入大规模家庭农场以后，在这个大规模的土地上进行劳动，从农场中得到更多的收入，比自己单独经营土地得到的收入更高，这样土地就实现了集中化的流转。反过来，农场把土地集中起来后，因为它有种植优势，一般向有种植经验的有能力的农户集中，这样这个土地集中规模以后效益就更高，土地规模又更大，使用的人配置也更加合理有效率，所以既能够土地实现规模经营，而且人劳动的报酬也能实现增长。这种土地的流转是最关键的，要使土地流转双方都能够得到效益，实现一种有意义的集中和规模的配置，所以我们说最重要的是土地的流转要实现平稳的有效率的交换。

记者：如何探索改革，形成适合中国特色的土地流转制度是否是关键点，也是最大难点？

袁钢明：对。现在我们已经实现了，在慢慢探索、推动，比如很多地方土地在流转过程中，如何进行确权或划清楚土地的面积、收益、质量、报酬，这一系列工作要做的很细、很准确，要定好契约合同，要对未来做好一些准确的预测，还要管理好，我们还要制定好制度，要有政府的一些重要的保障。这些东西要在制度上和我们自己的研究方面、做法实施方面更加落实到位和更加精细合理，这样我们就能够推动土地合理的流转，推动前进。

问题：结合材料，从生产关系与生产力辩证关系的角度，谈谈你对“农村土地流转政策”和“家庭农场”模式的看法。

第二章

商品经济基本原理

学习目标

通过学习本章内容让学生了解和掌握马克思的劳动价值论、货币理论和价值规律的基本内容。

教学重点及难点

1. 商品二因素；
2. 商品价值量变化规律；
3. 货币职能；
4. 货币流通规律与通货膨胀、通货紧缩。

资本主义经济是高度发达的商品经济。在商品经济条件下，商品生产，即为交换而生产是社会生产的主要形式，商品也成为社会财富的基本细胞。本章从商品开始，通过分析商品及其二因素来阐述马克思劳动价值论的基本内容，涉及形成价值的抽象劳动、价值量决定及变化规律等。商品价值并不能自我表现，货币充当了表现商品价值的客观材料，是商品价值形式发展的完成形式。货币出现后，使用价值与价值的矛盾外化为商品与货币的对立。货币形式的演变是商品生产和商品交换长期发展的结果。价值尺度和流通手段是货币的两大基本职能，而贮藏手段、支付手段和世界货币这三大衍生职能随着商品经济的发展相继出现。货币流通规律包括金属货币流通规律和纸币流通规律，违背该规律则会导致通货膨胀或通货紧缩。价值规律是商品价值决定和价值实现的规律。

第一节 商 品

马克思在《资本论》中提到："资本主义生产方式占统治地位的社会财富，表现为'庞大的商品堆积'，单个的商品表现为这种财富的元素形式。因此，我们的研究就从分析商品开始。"[1]这句话充分表明，马克思研究资本主义生产关系的运动规律是从研究商品入手的，商品是资本主义社会最简单的经济现象，是资本主义社会财富的最基本细胞。另外，从马克思劳动价值论角度分析，马克思所要阐述的"价值"概念，恰是商品所独有的，论述"价值"必须从研究资本主义经济最基本的经济概念——"商品"开始。

商品在自然经济状态下就出现了，而其真正成为社会财富的主要载体，却是在商品经济确立以后。

---

[1]卡尔·马克思，《资本论》（第一卷），人民出版社 2004 年第二版，第 47 页。

一、商品经济

作为与自然经济相对的概念，商品经济，是指生产直接以商品交换为目的、社会经济关系商品化的经济形式，包括商品生产和商品交换。在商品经济中，生产者进行生产的直接目的是为了满足交换的需要。从社会历史过程来看，自然经济和商品经济是人类社会迄今为止经历的两种基本经济形式，自然经济产生要早于商品经济，商品经济是从自然经济中脱胎演变而来的，要了解商品经济的产生和发展，需要从了解自然经济开始。

自然经济是一种生产直接满足生产者自身需要的、自给自足的经济形式。在自然经济中，几乎全部生产都在生产单位内部进行，生产规模狭小，排斥社会分工和专业化，生产力发展缓慢。原始社会氏族部落（见图 2-1），就是典型的自然经济形态。随着人类社会生产力发展，自然经济中的自然分工渐渐向社会分工转化，而人类社会经历的三次社会大分工为商品经济产生创造了条件。

图 2-1　亚马逊流域原始部落狩猎图

1. 从自然分工到社会分工

分工是人类在经济领域中为进行合理劳动而使劳动专业化的做法。简单来说，分工就是一种劳动专业化的做法。这种专业化可以理解为一种“专职”行为，从原始社会自然经济状态下就开始了，那时的专职是按性别、年龄、能力等自然因素划分的，因此称为“自然分工”。自然分工，即在生产单位内部依据个体的自然专长而形成的分工。例如，部落首领依据氏族成员的特长，让他们分别从事渔、猎、采、耕等不同工作；部落之间也有差异，依据各自生存环境，有的主要从事狩猎，有的从事捕捞，有的从事农耕……这种自然分工即使到今天依然存在，如护士、幼儿园教师、军人这些职业大多按性别特征划分。

随着生产力进步，自然分工逐渐导致了生产专业化。生产专业化的出现有两个原因：一是交换行为本身（主观条件）；二是劳动技艺的传承和改进（客观条件）。关于第一个原因，亚当·斯密在《国富论》中说：“人具有交换的天性，这不仅仅是因为交换能够带来新鲜感，更重要的是因为交换行为所带来的益处。这使得为交换而生产成为有利可图的事情，为了有更多产品可以拿到市场去交换，人们在主观上开始通过专业化来提高效率。”第二个原因是技艺的传承和改进。人们要想实现生产专业化还必须在客观上具备一定技术条件。在生产技艺不断传承积累的基础上进行改进和创新，逐渐使得每个工序专业化，于是专业化生产模式最终在诸如“作坊”或“手工工场”等生产单位实现了。

生产专业化进一步发展的结果就是出现社会分工。社会分工是跨越单个经济单位在全社会范围内形成的分工，或者说是在全社会范围内生产的专业化。它区别于自然分工的主要特征是分工范围不再局限于单一经济单位内部，而是走向社会化，在全社会范围内形成广泛分工。社会分工的确立形成了农业、工业、服务业等不同的行业和部门。

2. 三次社会大分工与自然经济向商品经济的过渡

在历史上，人类社会经历过三次社会大分工：第一次，畜牧业从农业中分离出来；第二次，手工业从其他行业中分离出来；第三次，商业从其他行业中分离出来。

第一次社会大分工大约发生在原始社会时期，畜牧业从农业中分离出来，出现了专门从事畜牧业生产的氏族部落。畜牧产品产量和劳动生产率也随之提高，出现了可用于交换的剩余产品。于是，农业部落与畜牧业部落之间将各自剩余产品进行交换，以满足各自需要。但这时的部落经济仍然以满足自身需要的自然经济为主，交换通常是偶然发生的，并不十分频繁，也没有稳定的交换比率。因此，这时的生产大部分还是先满足自身需要，并不是真正意义上的商品生产，但第一次社会大分工毕竟促使商品经济开始萌芽、产生。

随着原始社会生产力提高，剩余产品数量不断增加，除了满足偶尔部落间的交换外，还为手工业发展提供了物质基础，出现了只从事手工业生产的非农人员，人类社会第二次社会大分工由此开始。由于手工业者不从事农业生产，他们要满足基本生活需要，就必须将自己的手工业品拿到市场销售，以换取必需的食物等消费资料。因此，手工业生产更直接体现为以商品交换为目的的生产。商品交易更加频繁，货币作为一般等价物随之产生。因此，马克思说："随着生产分为农业和工业两大主要部门，便出现了直接以交换为目的的生产，即商品生产。"所以，第二次社会大分工后出现了真正的商品生产和商品交换，商品经济产生了。

第三次社会大分工以商业从其他产业中脱离出来为标志。为什么会产生商业呢？生产力不断发展让生产者发现，随着产量提高和市场扩大，他们几乎无暇顾及原材料采购、产品销售这些在生产以外的细节，为了能够按时采购原料，及时销售产品回笼货币，他们很乐意将这些事情委托给专业人员来打理，这些人精于核算、消息灵通、敢冒风险、吃苦耐劳，为追求商品间的买卖利差而不停奔波，这些人就是"商人"，他们所从事的行业被称为"商业"。

商业作为一个专门从事交换活动的部门出现，对整个社会经济生活产生了深刻影响。首先，商业发展促进了农业、畜牧业和手工业等其他行业生产效率的提高。其次，商业的出现调整了人们之间的关系，整个社会经济的结构，从以前简单的生产者与需求者之间的关系，逐渐演变为生产者、经营者、需求者三者之间的多重关系，人们的心态逐渐由自然经济的封闭状态转向开放。最后，商业产生还推动社会分工向更深层次发展，新的生产部门和服务部门不断出现，如为商业服务的金融、运输、保险等行业。所以说，第三次社会大分工极大促进了商品经济的发展，并最终使得商品经济取代自然经济，成为人类社会主导的经济形态。

3. 商品经济产生和发展的条件

商品经济是直接以市场交换为目的的经济形式，包括商品生产和商品交换。前面我们从历史演化角度分析，商品经济是随着三次社会大分工的发展而逐渐萌芽、产生、发展和确立的。按照马克思历史与逻辑相一致的研究方法，从逻辑上继续分析，我们发现商品经济的最终确立得益于两个基本条件。

（1）社会分工是商品经济产生和发展的前提和基础。首先，社会分工是人类社会为创造更多财富而采取的一种生产方式。色诺芬和斯密都在其思想里表达了"分工可以提高生产效率"的观点。社会分工提高了生产效率，创造了更多用于交换的剩余产品。其次，分工导致了交换。

社会分工单一性与人类需求多样性是矛盾的。为了满足各自生产和生活需要，劳动者必须将剩余产品送到市场上进行交换，以换取自身生产生活所必要的生产资料和消费资料，维持再生产过程。随着生产力不断提高，产品交换数量和品种也不断增加，有的劳动者渐渐发现如果在市场上出售更多的剩余产品，他们不仅可以满足当前生产和消费的需要，而且剩余财富还可以用来扩大再生产、奢侈消费和预防风险，于是他们的生产越来越倾向于为了交换而生产，这样商品生产和商品经济便产生了。

（2）生产资料和产品的私有权是商品经济产生和发展的决定性条件。社会分工在提高生产效率的同时，还使得产品交换成为必需行为。那么，产品交换为什么会采取商品形式进行？原因在于私有权的出现。原始社会末期，伴随着家庭和私有制的出现，生产资料开始属于不同的劳动者所有，他们应用这些生产资料生产出属于自己的私有产品，然后按等价交换原则，相互有偿地交换剩余产品。斯密说，人是自私自利的。私有权的出现使得生产者为追逐私利而不断扩大商品生产的规模和效率，商品经济也随之发展起来。

4. 商品经济的特征

（1）商品经济本质上是交换经济。商品即是用来交换的劳动产品。在商品经济中，交换是生产的最终目的，也是再生产的前提条件。

（2）商品经济是开放型经济。自然经济是封闭的自给自足的经济形式。而商品经济不同，它以社会分工为前提，以产品交换为基础和最终目的，这些行为使得生产者之间存在开放的、广泛的和紧密的联系。

（3）商品经济是开拓进取型经济。商品经济中生产者既具有追求更多经济利益的内在动力，又面临外部竞争的市场压力，为了在商品经济中占据有利位置，每个商品生产者都竞相改进技术，提高劳动生产率，不断开拓进取。

（4）商品经济以扩大再生产为特征。物质利益的追求是生产者扩大再生产的内在动力，为了在竞争中处于有利地位，必然要想方设法增加生产规模扩大再生产。

二、商品二因素

商品是用来交换的劳动产品，包含使用价值和价值。使用价值和价值是商品的二因素。从定义看，商品首先必须是劳动产品，是人类劳动的加工物，这与阳光、空气、良辰美景、自然矿藏、森林、草原等以自然形式存在的物质财富是相区别的。其次，作为商品的劳动产品，其生产目的是交换，而非满足生产者自身需要。如农民自留的口粮，虽是劳动产品，却不能算作商品。“交换”是商品所具有的，区别于其他劳动产品的关键要素。

在商品经济条件下，由于社会分工单一性与需求多样化之间的矛盾，商品交换就成为人们生存和发展所必需经济行为。那么，商品之间交换的前提和基础是什么？交换比例如何表现？又决定于何种因素？这些问题既涉及商品二重性——使用价值和交换价值，也涉及商品二因素——使用价值和价值。

1. 使用价值

“物的有用性使物成为使用价值。”[1]马克思这句话表明，物品能够满足人们某种需要的属性，即物品的有用性或效用，就是使用价值。马克思还引用约翰·洛克的话来进一步说明这种属性，

[1]卡尔·马克思，《资本论》（第一卷），人民出版社 2004 年第二版，第 48 页。

“任何物的自然 worth[1]（价值）都在于它能满足必要的需要，或者给人类生活带来方便”。[2]马克思和洛克所述使用价值是物品所具有的，而商品只是物品的一种。可见，使用价值并非商品所独有，而是一个超越商品范畴、更大范围的概念体。

马克思还进一步指出，使用价值“同人取得它的使用属性所耗费的劳动的多少没有关系”[3]。也就是说，使用价值取决于物品的物理、化学、生物等自然属性，体现的是物品自然属性的差异，是一种质的差别，因而不能相互比较。就此问题，亚当・斯密曾提出著名的“水与钻石”的悖论（见图 2-2）。

图 2-2　水与钻石

就商品使用价值而言，它与其他物品的使用价值一样，都是构成社会财富的物质内容。两者的区别仅在于商品的使用价值是通过交换供他人消费或使用的，体现为社会使用价值。

在商品交换过程中，一种商品能否被交换出去，前提是该商品是否具备使用价值，以及具备何种使用价值，能够满足交换对象何种需要。因此，商品使用价值是其交换价值的物质承担者。

2. 交换价值

斯密在《国富论》中提到任何劳动产品都有两重性：一重是“有用性”，能够满足商品所有者的某种需要，即使用价值；二重是“交换性”，能够用来交换其他商品，这就是交换价值。使用价值与交换价值是商品的二重性。

商品二重性中，使用价值是商品交换价值的前提和基础。当商品具备交换所必需的使用价值后，就可以用来交换。而在交换过程中，交换价值最初表现为一种使用价值与另一种使用价值相交换的数量上的关系或比例。例如，1 只羊换 2 把斧子，2 把斧子就是 1 只羊的交换价值。马克思对于交换价值的定义依据于法国重农学者勒特罗纳的说法，“价值就是一物和另一物、一定量的这种产品和一定量的别种产品之间的交换关系”[4]。

---

[1]马克思在资本论注释中解释，17 世纪以来，我们经常看到英国著作家使用 worth 一词表示使用价值，而用 value 表示交换价值。这完全符合英语的精神，喜欢用日耳曼语源的词表示直接的东西，用罗曼语源的词表示被反映的东西。

[2]约翰・洛克，《略论降低利息的后果（1691 年）》，《约翰・洛克著作集》，1777 年伦敦版，第 2 卷第 28 页。

[3]卡尔・马克思，《资本论》（第一卷），人民出版社 2004 年第二版，第 48 页。

[4]卡尔・马克思，《资本论》（第一卷），人民出版社 2004 年第二版，第 49 页。

随着市场上可供交换产品的增加，一种商品就具备多种交换价值，而且交换价值也会因时因地变化。也就是说，交换价值好像是一种偶然的、纯粹相对的东西。那么，商品交换价值究竟是由什么来决定的呢？或者说两种使用价值不同的商品相交换，形成一定比例关系的依据是什么呢？资产阶级经济学家对此问题的解释主要形成了两种观点。

（1）效用决定论，即交换价值是由商品使用价值来决定的。消费者对某种使用价值商品的偏好增加，其交换价值就会上升；反之，则下降。这种观点最早可以追溯到古希腊时期。色诺芬曾说过，一支笛子对于会吹的人来说是财富，对于不会吹的人来说无异于一块石头。马克思认为，商品使用价值体现的是商品间质的差别，而交换价值决定涉及量的比例问题。商品间质的差异性不能决定商品间量的比例。正如马克思在《资本论》中叙述到："作为使用价值，商品首先有质的差别；作为交换价值，商品只能有量的差别，因而不包含任何一个使用价值的原子"[1]。因此，效用或者说使用价值，只能是交换价值波动的影响因素，而非决定因素。

（2）供求决定论，即供求变化决定商品交换价值。某种商品供不应求，交换价值就会上升；供过于求，交换价值就会下降。马克思认为这种观点解释不了当商品供求平衡时商品交换价值的决定问题，而且也不能解释为什么交换价值的波动总在一定范围之内。因此，供求也只是交换价值波动的影响因素，而非决定因素，见图2-3。

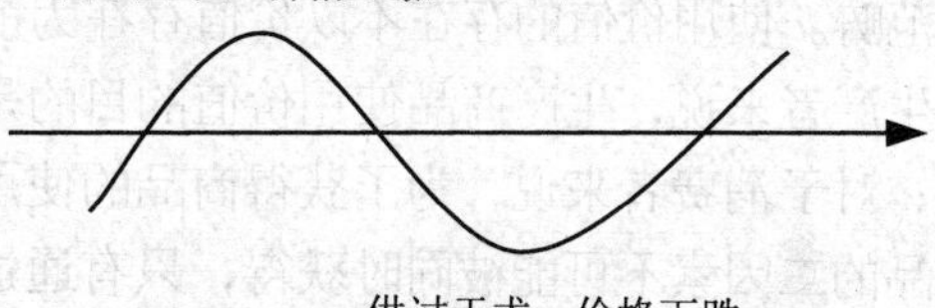

图2-3 价格围绕价值上下波动

那么，商品交换价值究竟由什么来决定呢？马克思在《资本论》中做了如下探讨：一定量小麦等于若干量铁，如 1 夸特小麦 = a 英担铁。这个公式说明什么呢？它说明在两种不同的物里面，有一种等量的共同的东西。这种东西不可能是商品的几何的、物理的、化学的或其他的天然属性。那这种东西究竟是什么呢？如果从商品的定义出发，把商品的使用价值特质撇开，商品就只剩下一个属性，即劳动产品这个属性。但劳动产品是多样的，例如桌子、房屋和棉纱，是由不同的劳动形式，如木匠的劳动、瓦匠的劳动和纺纱工人的劳动形成的。如果我们继续把生产产品的各种劳动具体形式抽象掉，那么各种劳动产品都耗费了人类的劳动，都是无差别（即一般人类体力和智力的耗费）人类劳动的凝结，这种无差别的人类劳动的耗费就是价值，这才是商品交换价值的决定依据。[2]

3. 价值

价值就是凝结在商品中一般的、无差别的人类劳动或抽象劳动。价值是商品的内在因素，是商品交换价值的基础和依据。不同使用价值的商品间之所以可以交换，原因在于都包含了价值。因此，价值是交换价值的基础和内容，交换价值是价值的表现形式。关于价值，还有两点需要说明。

（1）价值体现商品的社会属性。使用价值体现商品的自然属性，例如矿泉水是用来解渴的，面包是用来充饥的。而价值体现商品的社会属性，怎样来理解呢？当一个牧羊人把自己饲养的羊与铁匠打制的斧子进行交换的时候，他们首先将自己的商品还原成一定数量劳动时间，然后相互比较产品价值量，也就是包含劳动时间的多少，最后按一定比例成交。这个过程体现的正是生产者之间相互比较劳动、交换劳动的过程，也体现了社会分工前提下，生产者相互协作劳动、共同生活的经济主题。所以，我们说价值是生产者交换劳动产品的依据，体现商品的社会

[1]卡尔·马克思，《资本论》（第一卷），人民出版社 2004 年第二版，第 50 页。
[2]卡尔·马克思，《资本论》（第一卷），人民出版社 2004 年第二版，第 50 页。

属性，即商品生产者之间比较劳动、交换劳动的社会关系，是商品的社会属性。

（2）关于价值量的决定。商品价值是同质的、一般的人类劳动，因此是可以相互比较的。价值或价值量的大小由创造它所耗费的一般劳动的量来决定，而“劳动本身的量是用劳动的持续时间来计量，而劳动时间又是用一定的时间单位如小时、日等作尺度。”[1]但这并不表明，一个人越懒，越不熟练，他的商品因制造花费时间越多而就越有价值。正如马克思所说：“形成价值实体的劳动是相同的人类劳动，是同一的人类劳动力的耗费。”[2]市场竞争最终决定了商品的价值量并非由个别劳动时间，而是由社会必要劳动时间决定，也就是社会一般生产条件、平均熟练程度和工作强度下生产某种使用价值的劳动时间。

4. 商品二因素之间的关系

商品二因素是使用价值和价值，两者是对立统一的。这种统一性主要表现在两者相互依赖、缺一不可。使用价值是价值的物质承担者，没有使用价值的东西就没有价值，价值寓于使用价值之中。两者的对立性首先表现在两者是不同的：使用价值是商品的自然属性，是不依赖于商品存在而存在的永恒的范畴；而价值体现的是商品的社会属性，是商品独有的概念，是一个历史范畴。使用价值的存在不以价值存在为前提。两者的对立性还表现在两者是矛盾的：对于商品生产者来说，生产商品使用价值的目的是为了获得价值，要想实现价值，就必须让渡使用价值；对于消费者来说，为了获得商品的使用价值，就必须支付等同于商品价值的货币。可见，商品的二因素不可能被同时获得，只有通过交换，商品的使用价值和价值才能各自得到实现，两者的内在矛盾才能得到解决。

三、劳动二重性

商品二因素是生产商品的劳动二重性的反映。既然商品是二重物——使用价值和交换价值，那么体现在商品中的劳动也必然具有二重性。生产商品的劳动，一方面是具体劳动，另一方面是抽象劳动，这是马克思首创的“劳动二重性”理论，它是理解整个马克思主义政治经济学的枢纽。

1. 具体劳动

具体劳动是指具有特定形式的劳动，又被称为有用劳动。这种劳动具体形式主要体现为劳动的目的、操作方式、对象、手段和结果。

具体劳动形成商品的使用价值。由于存在社会分工差异，劳动具体形式各不相同，创造不同的使用价值。例如，生产衣服要有裁缝的劳动，生产桌椅要有木匠的劳动等。这些劳动都是人们按照一定目标，运用一定劳动手段和劳动方式，按照一定的程序，对某种自然物质的劳动对象进行加工，改变其形态生产出一定使用价值的过程，因而体现着人与自然的关系。不同使用价值体现着不同的劳动，是不同特定形式劳动的结果。

具体劳动的多样性决定了商品使用价值的多样性，体现了社会分工的进步程度。随着社会生产力的发展和社会分工的深化，具体劳动形式会越来越多，创造出的使用价值也会越来越多。

2. 抽象劳动

社会分工条件下，具体劳动的形式是千差万别的，但不管生产什么商品，进行何种具体形

[1]卡尔·马克思，《资本论》（第一卷），人民出版社 2004 年第二版，第 51 页。
[2]卡尔·马克思，《资本论》（第一卷），人民出版社 2004 年第二版，第 52 页。

式的劳动，都要消耗人的体力和智力，正如马克思所说："如果把生产活动的特定性质撇开，从而把劳动的有用性质撇开，生产活动就只剩下一点——那就是人类劳动力的耗费。"[1]这种一般的劳动过程就是抽象劳动。

抽象劳动是指撇开了劳动的具体形式，无差别的一般的人类劳动。抽象劳动形成价值。不同量的抽象劳动凝结不同的价值量，使不同的商品具有不同的价值量。这种价值量成为商品交换时相互比较的依据，因而抽象劳动体现着劳动的社会属性，并且是商品生产所特有的历史范畴。

3. 劳动二重性之间的关系

具体劳动和抽象劳动不是生产商品的两次劳动或"两种劳动"，而是生产商品的同一劳动的两个相互统一、不可分割的方面，从这个方面看两者是统一的。两者的对立性体现在：具体劳动是从劳动的有用效果来看的劳动，它创造使用价值，抽象劳动则是抽去了劳动有用性的相同的人类劳动，它创造的是价值；具体劳动体现着人与自然的关系，因而与人类社会始终存在，是不以社会形态为转移的永恒范畴，抽象劳动体现商品生产者之间的关系，只有在商品经济条件下才存在，因而是一个历史范畴。

四、商品价值量

在阐述了商品价值是什么，如何形成等这些定性问题之后，下面我们将阐述商品价值量的决定，这是一个定量问题。

1. 商品价值量的决定

同类商品价值量的大小如何决定？如果从价值定义出发，商品价值量大小是由商品中包含的一般劳动量的多少来决定的。可是，劳动量多少如何来衡量呢？马克思说："作为价值，一切商品都只是一定量的凝固的劳动时间。"这句话表明，衡量劳动量的天然尺度是劳动时间，除此之外，我们找不到第二个衡量尺度。

（1）社会必要劳动时间。

由于技术水平等因素的差异，不同生产者生产同类商品所耗费的个别劳动时间是不同的。决定商品价值量的劳动时间究竟是效率最高的商品生产者，还是效率最低的商品生产者呢？答案都不是。由于存在着卖方之间的竞争，生产效率最低的生产者，因个别劳动时间长，会被市场淘汰掉，所以商品价值量不会决定于效率最低生产者的个别劳动时间。如果商品价值量决定于效率最高者，其他商品生产者会因为亏损而退出市场，导致市场供给相对于需求出现不足，这就使得商品价值量也不会决定于效率最高生产者的个别劳动时间。

商品价值量决定于社会必要劳动时间。所谓社会必要劳动时间是指"在现有的社会正常生产条件下，在社会平均的劳动熟练程度和劳动强度下，制造某种使用价值所需要的劳动时间。"

现有的社会正常生产条件是指现时某一生产部门平均的生产条件，或大多数产品的生产者所具有的生产条件，其中最主要的是生产工具和技术装备水平。所谓劳动熟练程度是指劳动者劳动技能的高低，标志着在同样生产条件下，在一定时间内生产产品的多少和质量的好坏。社会平均的劳动熟练程度是指社会平均技能和生产水平。所谓劳动强度是指劳动者在一定劳动时间内的紧张程度，标志着在一定时间内劳动者付出多少数量的抽象劳动。社会平均的劳动强度

[1]卡尔·马克思，《资本论》（第一卷），人民出版社 2004 年第二版，第 57 页。

是指生产同样商品社会平均的劳动紧张程度。

（2）社会必要劳动时间对商品生产者的意义。

商品价值量决定于社会必要劳动时间，对于商品生产者的优胜劣汰及竞争成败具有至关重要的作用。如果一个商品生产者通过改进技术提高劳动生产率，在单位时间内生产出更多的产品，单位商品的个别劳动时间必然要小于社会必要劳动时间，但商品价值量仍然按照社会必要劳动时间决定的价值量进行交换，这个生产者在扣除了补偿生产商品的劳动耗费后，还会有盈余，就可以用此盈余来扩大生产规模，在此后的竞争中逐渐处于有利位置。相反，个别劳动时间低于社会必要劳动时间的生产者，他所投入的劳动耗费在交换后都得不到补偿，生产就会出现亏损，当然在竞争中就面临着停产、甚至被淘汰的压力。

【例 2-1】 “真正的问题不在于你比过去做得更好，而在于你比竞争者做得更好。”这是美国经济学家 唐纳德·克雷斯（Donald Kress）的名言。假设有甲、乙、丙三个厂商生产电视机，它们各自的生产状况如表 2-1 所示。

表 2-1 厂商生产状况表

厂商	个别劳动时间（小时/台）		产品数量（每天工作 12 小时）（台/天）	
	第一年	第二年	第一年	第二年
甲	0.25	0.125	48	96
乙	0.5	0.25	24	48
丙	1	1	12	12
合计			84	156

现在，我们讨论一下，社会必要劳动时间决定商品价值量对于商品生产者竞争成败的意义。

假设最初的情况是，电视机的社会必要劳动时间为 1 小时/台，市场需求与市场供给相等为 84 台/天。此时，丙厂商的个别劳动时间与社会必要劳动时间一致，而甲、乙两个厂商可获得超额利润。在这种情况下，为了挤垮竞争对手丙，甲、乙厂商可以在扩大生产规模的前提下选择降价策略，使得电视剧售价低于社会必要劳动时间，迫使厂商丙陷入亏损并最终退出市场。

假设第二年，我们假设市场需求扩张至 144 台/天。为了挤垮厂商丙，并侵占新增市场份额，甲、乙厂商通过改进技术增加了产能，并降低了各自生产电视机的个别劳动时间（见表 2-1）。假设生产电视机的社会必要劳动时间因技术进步降低为 0.25 小时/台。此时，丙厂商亏损退出市场，乙厂商个别劳动时间与社会必要劳动时间相等，而甲厂商仍然可以获得超额利润。为了挤垮竞争对手乙，甲厂商可在扩大生产规模基础上，进一步采取降价策略，使得电视剧售价低于当前社会必要劳动时间，最终会使的厂商乙也陷入亏损而退出市场，而社会必要劳动时间则可能继续下降。

综合上述情况可以看出，在残酷的市场竞争中，为了确立竞争优势、挤垮对手，也为了获取超额利润，企业总是想方设法提高劳动生产率，降低物化劳动和活劳动的耗费，尽量缩短个别劳动时间，这样才能于激烈竞争中立于不败之地。而在此过程中，社会必要劳动时间也会因技术进步而缩短。

2. 简单劳动与复杂劳动

上面我们分析了同类商品价值量的决定问题，可生产不同商品的劳动复杂程度是不同的，那么不同类商品的价值量如何决定呢？马克思认为，这就必须把复杂劳动简化为简单劳动，或者说社会必要劳动时间是以简单劳动为计量尺度的。

所谓简单劳动是指那些事先不需要经过任何特殊训练或学习，每个普通劳动者都能进行的劳动。例如，投递、搬运等体力劳动。所谓复杂劳动是指需要经过专门训练或学习，具有一定技巧和知识，才能从事的劳动。例如，管理、贸易、科研等工作。

简单劳动和复杂劳动的差异不在于自然和生理条件的差别，而是由社会分工和科技发展水平的差别，以及在生产中科学技术的应用程度来决定的。简单劳动和复杂劳动的区分应该考虑地域和历史的因素。在发达国家是简单劳动，在发展中国家可能就是复杂劳动。即使同一国家，在过去是复杂劳动，今天可能就是简单劳动。

从价值创造的角度看，复杂劳动等于加倍的简单劳动。马克思认为，复杂的劳动只是自乘的或不如说多倍的简单劳动，因此少量的复杂劳动等于多量的简单劳动。这表明，简单劳动和复杂劳动在同一时间内创造的价值量是不相等的，1 小时复杂劳动创造的价值是简单劳动的若干倍。不同类商品的价值量是由社会必要的简单劳动量确定的。复杂劳动简化为简单劳动是在社会交换过程中自发进行的，市场竞争起了关键性的作用，不以商品生产者的主观意志为转移。

3. 商品价值量的变化

商品价值量由社会必要劳动时间决定，而社会必要劳动时间并不是固定不变的，它会随着劳动生产率的变化而变化。因此，了解商品价值量的变化规律，就必须首先了解什么是劳动生产率，它是如何决定，又是如何变化的。

（1）劳动生产率。

劳动生产率是指具体劳动的生产效率，通常用单位时间内生产的产品数量，或用单位产品所耗费的劳动时间来表示。

$$劳动生产率=\frac{产品数量}{劳动时间}$$

影响劳动生产率的因素有：科技水平及其在生产中的应用程度、劳动者素质和劳动熟练程度、生产过程中的分工协作状况、管理效能、生产规模以及自然条件等。另外，劳动生产率还可以分为个别劳动生产率和社会劳动生产率。我们把在同一生产部门内，各个商品生产者自身的劳动生产率称为个别劳动生产率；部门内商品生产者的平均劳动生产率称为社会劳动生产率。

（2）商品价值量变化规律。

一定时间内生产的商品使用价值量与社会劳动生产率成正比，而单位商品的价值量与社会劳动生产率成反比。这是因为社会劳动生产率越高，单位时间内生产出的使用价值量就越多，反之则越少。但是，无论社会劳动生产率如何变化，在同一时间内创造的价值总量是不变的（价值总量的变化只与抽象劳动的时间长短有关，而与具体劳动的效率无关）。因此，在单位时间创造价值总量不变的前提下，劳动生产率的提高，会导致商品使用价值数量增加，单位商品价值量减少；反之，单位商品的价值量则增加。可见，商品价值量同体现在商品中的劳动量成正比，同劳动生产率成反比。

在经济生活中，除去供求等短期因素影响，有些商品价格呈持续上涨趋势，而有些商品价格却呈持续下跌趋势，其背后反映的正是商品价值量变化的规律。石油、煤炭、黄金、土地使用权等资源类商品，以及部分农产品，由于劳动生产率普遍增长缓慢或保持不变，低于社会劳动生产率平均增长速度，因而其价格表现为持续上涨的趋势；电视机、手机、计算机等工业产品，其劳动生产率因技术进步而不断提高，且明显高于社会劳动生产率平均增长速度，因而其价格表现为持续下跌的趋势。

当然就个别企业而言，个别劳动生产率提高意味着生产单位商品个别劳动时间缩短，但所售商品仍按社会劳动生产率决定的价值量出售，企业就可获得超额利润。在竞争机制作用下，企业为获得超额利润，会竞相提高个别劳动生产率。最终结果是整个行业社会劳动生产率提高，商品单位价值降低，消费者福利增加。

第二节 货 币

商品是使用价值和价值的统一体。相对于表现商品自然属性的使用价值，价值是看不见、摸不着的，它不能自我表现，只有通过与其他商品交换，商品价值才能最终表现出来。在商品价值形式发展过程中，贵金属因自身特性脱颖而出，固定充当了表现其他商品价值的一般等价物。商品价值形式也发展到了完成形式——货币形式。货币成为表现商品内在价值的一种外在客观材料。

马克思货币理论是劳动价值理论的延续和深化，其对于理解劳动价值论，了解商品经济内在矛盾及其表现形式，看待当今经济中的热点问题，具有很重要的意义。本节从研究价值形式演变的内在逻辑开始，分析了货币产生及货币本质，然后阐述货币形式、货币制度和货币职能，最后总结货币流通规律。

一、价值形式发展及货币的产生

价值是商品中一般人类劳动的凝结，是商品的社会属性，只有在商品交换中，价值才能表现出来，所以我们说，交换价值是价值的表现形式。研究价值形式，考察价值形式的发展，可以解释货币的起源问题，也可以说明货币的本质。

商品价值形式发展与商品交换的发展历史是一致的，经历了由低到高的阶段：

简单价值形式→扩大价值形式→一般价值形式→货币形式

下面，我们依次进行分析。

1. 简单价值形式

所谓简单价值形式，又称为个别价值形式、偶然价值形式，是指在交换过程中一种商品的价值偶然地表现在另一种商品上的价值形式。简单价值形式是商品价值的最初表现形式，是与早期人类社会直接物物交换相适应的。在原始社会后期，出现了极少量的剩余产品交换，但由于还没有形成固定市场，交换行为仅仅是简单且偶然的。交换过程中，一种商品的价值偶然表现在另一种商品上，用等式表示就是：

1 只绵羊 = 2 把斧子

马克思在《资本论》指出，一切价值形式的秘密都隐藏在这个简单的价值形式中，因此分析这个价值形式确实困难。[1]这一方面说明简单价值形式是一切价值形式的基础或胚胎，包含着一切价值形式的共同点，另一方面也说明了分析简单价值形式的难度。

在简单价值形式中，等式两边商品所处地位和所起作用是完全不同的：等式左边的商品（绵

[1]卡尔·马克思，《资本论》（第一卷），人民出版社 2004 年第二版，第 62 页。

羊）处于相对价值形式，等式右边的商品（斧子）则处于等价形式。相对价值形式上的商品在交换过程中处于主动地位，起主动作用，借助于别种商品使其价值得到相对表现。等价形式上的商品在交换过程中处于被动地位，是别种商品价值的表现材料，又被称为等价物。例如，在上式中绵羊处于主动地位，通过斧子来表现自己的价值，或说借助于斧子来相对表现自己的价值，因此处于"相对价值形式"的地位。而斧子处于被动地位，只是表现绵羊价值的材料，充当表现绵羊价值的材料，起到等价物的作用，因此处于"等价形式"的地位。

相对价值形式＝等价形式

相对价值形式和等价形式是对立、统一的。一方面，作为同一价值形式中的两个要素，两者相互依存、互为条件、缺一不可；另一方面，两者又相互对立、相互排斥，同种商品不能同时出现在价值形式的两极上，即 1 只绵羊等于 1 只绵羊是毫无意义的。

从质的角度分析，相对价值形式上商品的价值之所以能够通过等价物得到相对表现，或者说等价形式上商品之所以能够表现其他商品的价值，原因在于两者都是劳动产品，都包含人类抽象劳动，都具有价值。这是能够实现简单价值表现的根本所在，否则两者就不会发生交换关系。

从量的角度分析，相对价值形式上商品的价值量通过等价物得到相对等价的表现，即 1 只绵羊等于 2 把斧子。但等式没有说明两种商品的价值量的绝对值到底有多大，这是因为两种商品交换的比例会随着它们各自价值量的变化而变化。其中，任一商品由于劳动生产率提高，导致单位商品价值量改变，都会引起交换比例的变动。因此，这是一种相对的价值表现形式。

等价形式是一种商品充当价值表现材料，能够与另一种商品直接交换的形式。处于等价形式上的商品称为等价物。在简单价值形式中，这种等价物称为"个别等价物"。等价物之所以可以表现价值，原因在于本身也具有价值。但是，等价物的价值同样是看不见、摸不着的，所以等价物不能用自己的价值来表现别种商品的价值，而只能用其使用价值来表现。这样，等价形式便具备了以下 3 个特征。

（1）使用价值成为其对立物——价值的表现形式；

（2）生产使用价值的具体劳动成为其对立物——抽象劳动的表现形式；

（3）生产商品花费的私人劳动成为其对立物——直接社会劳动的形式。

简单价值形式只是价值形式的一种胚胎形式，商品价值简单、偶然的表现在另一种商品的使用价值上，所以这种价值表现是不充分的。随着商品生产的发展和商品交换的扩大，简单价值形式自然过渡到了扩大价值形式。

2. 扩大价值形式

所谓扩大价值形式是指一种商品的价值表现在一系列等价物上的价值形式。简单价值形式向扩大价值形式的过渡发生在原始社会末期，第一次社会大分工出现之后。随着商品生产的进步和商品交换范围的扩大，一种商品不再仅仅简单、偶然地与另一种商品相交换，而是经常地、频繁地与另外多种商品相交换，从而形成了扩大价值形式，用等式表示为：

$$1\text{只绵羊} = \begin{cases} 30\text{斤谷子} \\ 2\text{把斧子} \\ 18\text{尺布} \\ 5\text{斤茶叶} \\ \cdots\cdots \end{cases}$$

在扩大价值形式中，等式右边出现了一系列等价物，每种商品都成为特殊等价物。扩大价值形式与简单价值形式相比，进步性主要表现在价值作为无差别人类劳动的凝结，第一次得到了真正表现。而且与简单价值形式下仅有一种等价物相比，一系列等价物使得商品价值量得到更加准确的反映。

扩大价值形式下，众多商品之间直接物物交换的缺陷也是明显的。在扩大价值形式中，每种商品可供交换的对象是一个无限的序列，这给商品交换带来诸多困难。例如，在上面图示中，如果饲养羊的人需要谷子，而种植谷子的人需要的不是羊而是斧子，打制斧子的人需要的不是谷子而是布，织布的人需要的不是斧子而是茶叶，如此下去，那么商品交换成功就需要多方参与，进行讨价还价的谈判，而且任何一方交易成功不仅依赖于自己，还依赖于其他相关的人。如此一来，商品交换成功的概率大大降低，而商品交易成本则大幅提高。

3. 一般价值形式

为了克服扩大价值形式带来的商品交换困难，人们在交换过程中逐渐接受一种大家都认可的商品作为交换中介。这种商品一般具有普遍的用途，对于持有这种商品，人们不是基于其使用价值，而是基于其交换价值。正如一位古希腊哲人所说，物的价值一方面体现为自用，另一方面体现为交换他物。于是，人们先将自己的商品与此商品相交换，再用此种商品交换自己所需要的商品。这种特殊的商品就是一般等价物。所谓一般等价物就是从其他商品中分离出来，充当商品交换媒介，能够与其他一切商品相交换的商品。

一般等价物的出现，标志着扩大价值形式过渡到了一般价值形式。所谓一般价值形式就是所有商品的价值都表现在一般等价物这种商品上的价值形式，用等式表示：

$$\left.\begin{array}{l}30\text{ 斤谷子}\\2\text{ 把斧子}\\18\text{ 尺布}\\5\text{ 斤茶叶}\\\cdots\cdots\end{array}\right\}=1\text{ 只绵羊}$$

价值形式过渡到一般价值形式后，一切商品都与一般等价物相交换，这样商品价值作为无差别人类劳动的凝结被充分体现了出来。而且，由于等价物表现在唯一一种商品上，使得各种商品的价值表现形式变得既简单又统一，这样就克服了原来直接物物交换带来的交易困难。但同时，商品交换行为不再是原来直接物物交换一个过程了，而是演变为卖和买两个阶段，这在方便商品交换行为的同时，也加深了商品经济的基本矛盾。如果生产者卖出的同时不马上买入，而是把等价物商品储存起来，那么市场上流通的等价物就会减少，其他商品的交易就会因等价物缺乏而发生困难。这就如现代经济中的通货紧缩，市场货币流通量减少，明显小于货币需求量时，就会出现普遍的“钱荒”，市场需求不足，商品价格下跌，进而导致企业利润的减少和生产规模的缩减，而这又会导致失业上升，消费需求紧缩，经济陷入恶性循环，经济危机就产生了。

在一般价值形式中，一般等价物并不是固定由某种商品充当，而是随着时间、地点的变化而有所不同。起初，充当等价物的是一些比较稀少的物品，如我国夏朝和古代印度都曾用贝壳当过一般等价物。后来，随着社会生产生活的进步，一些具备普遍使用价值的商品开始充当等价物。例如，在古希腊、古罗马，农耕的牛曾经充当一般等价物；在北非地区，海盐也充当过一般等价物，还有纽芬兰地区的鱼丁，苏格兰地区的铁钉，美洲地区的烟草、蔗糖、可可豆等。在一些极端的历史情形下，还有一些商品充当过一般等价物。例如唐朝后期，我国西南地区因筹钱材料短缺，绸缎充当过大宗交易的一般等价物。又如在“二战”时期的欧洲战场，由于参战国政局不明朗，当地民众在与参战军队进行小额贸易时，普通接受香烟作为一般等价物。

4. 货币形式

不同的商品充当等价物都有自己的缺陷，或者不易保存，或者价值量太小，或者不易分割，等等。随着第二次社会大分工的出现和商品经济的发展，客观上要求一般等价物固定由某种商品统一来充当。在等价物的选择过程中，金银等贵金属具有价值量高、易于分割、不易磨损、便于保存和携带等特性，逐渐从其他商品中分离出来，固定充当了一般等价物的角色。这时，一般价值形式最终过渡到了货币形式，用等式表示：

30 斤谷子
2 把斧子
18 尺布　　} = 1 克黄金
5 斤茶叶
……

货币就是从众多商品中分离出来，固定充当一般等价物的特殊商品。货币本质就是一般等价物。货币之所以能够充当一般等价物，原因在于货币本身也是商品，也具有使用价值和价值。

货币形式是商品价值形式发展的完成形式。与一般价值形式相比，货币形式没有本质的区别，只是金银固定充当了一般等价物而已。相对价值形式上商品的价值通过金银等货币来表现，这种货币表现就是价格。价格就是用货币表现的商品价值。货币的产生，使得商品世界分为了两极：一极是各种各样的商品；另一极是货币。这样，商品内在的使用价值和价值的矛盾，就外化为商品和货币的矛盾。只有商品和货币交换成功，商品内在的矛盾才得以解决。

二、货币形式演变

从人类历史上看，随着社会生产力和商品经济的发展，货币形式的演变依次经历了自然货币、金属货币、纸币、存款货币、电子货币等几个阶段。

1. 自然货币

在人类掌握金属冶炼技术之前，自然货币是人类历史上最古老的货币形式。据考证，贝壳、牲畜、布帛和皮革等都曾经充当过货币，这些实物货币的使用在一定程度上促进了商品经济发展，但其缺陷也是明显的，例如不易分割和保存、价值量低等。因此，随着商品经济发展，金属货币逐渐取代了自然货币。

2. 金属货币

在人类掌握金属冶炼技术之后，金属货币逐渐取代自然货币进入流通。最初的金属货币是以块状进行流通的，如金块和银块。这种形式的货币在交易时需要不断称量，查验成色，很不方便。于是，商品交易中一些有声望的商人开始自己或委托他人冶炼核定重量的金块或银块，并在上面加盖自己的印记，标明重量和成色，以其信誉来保证流通。后来，为了便于跨地区贸易，国家开始铸造具有一定形状、重量、成色和价值的金属货币，这就是铸币（见图 2-4）。例如，春秋战国时期我国曾出现的布币、刀币、环钱、楚币等。秦始皇统一中国后，为了统一币制，铸造了圆形方孔钱，又称“秦半两”。金属货币本身也是商品，也具有价值，因此又被称为“商品货币”，以区别于以后的纸币。

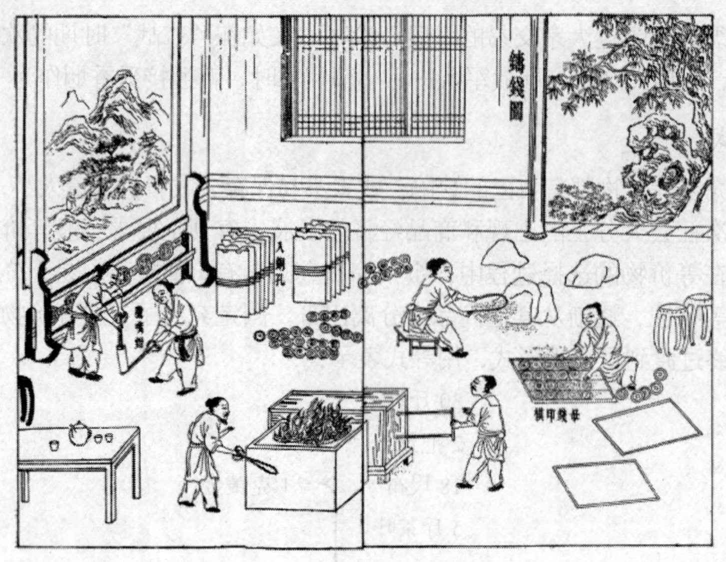

图 2-4　我国古代铸钱图

3. 纸币

铸造的金属货币在流通中逐渐磨损，成为不足值的货币，但这并不影响其执行流通手段的职能，于是人们开始尝试用纸币来代替金属货币。起初这种替代是由于铸造金属货币的材料不足。例如，在我国北宋时期的益州（今成都）出现了最早的纸币，称为“交子”，以后又出现了“钱引”、“会子”等。最初的“交子”由民间商人自由发行。北宋初年，益州出现了专为携带巨款的商人经营现钱保管业务的“交子铺户”。存款人把现金交付给铺户，铺户把存款人存放现金的数额临时填写在用楮纸制作的卷面上，再交还存款人。当存款人提取现金时，要支付给铺户保管费。这种临时填写存款金额的楮纸券便谓之“交子”。可见，那时的“交子”，实际是一种可以兑换金属货币的信用纸币。

在西欧各国，“银行券”是较早出现的信用纸币。银行券是银行向将金银存入者开出的收据，持券人可随时按券面额兑取金银。由于银行券可以流通，实际在银行商品交易中发挥了货币的作用。后来，为了避免私人银行倒闭导致银行券无法兑换，国家把银行券的发行权集中在了中央银行。此后，银行券广泛流通，金属货币逐渐退出了商业交易。第一次世界大战时，资本主义各国普遍停止银行券兑现贵金属。到 20 世纪 20 年代末到 30 年代初，世界主要国家完全停止了银行券的兑现。这样，银行券不再依赖可兑换贵金属的信用支持，而是单纯依靠国家政权的强制力量流通，从而完全纸币化了。

今天，纸币完全成为国家发行并强制使用的货币符号。在布林顿森林体系瓦解之后，世界上几乎没有任何一种纸币可以兑换黄金或其他贵金属，世界货币体系进入纯粹的“纸币时代”。

4. 存款货币

纸币开始流通的情况下，随着商业银行业务的逐步完善，出现了“存款货币”，即可用于转账结算的活期存款。商业银行为经营者开立活期存款账户，经营者可以依据存款通过签发支票、汇票、期票或转账的方式来完成商业结算（见图 2-5）。于是，活期存款也起到了商品交易媒介，代替金属货币或纸币执行了流通手段和支付手段，因此称为“存款货币”。在现代商业中，存款货币的量已经远远超过现金，成为主要的商业交易结算方式。由于银行券、存款货币的流通是以银行信用为基础的，因此又被称为“信用货币”。

【例 2-2】 现代商业银行支票结算的流程

假设客户甲和客户丙贸易。甲提供给丙一批货物，丙支付给甲一张由商业银行 B 开立的支票。甲收到支票后，将其存入自己的开户银行 A。商业银行 A 将该支票提交给人民银行票据交换所，由交换所将支票转给银行 B。商业银行 B 依据支票付款内容，减记客户丙活期存款内的资金，并将该款项付给商业银行 A。商业银行 A 在收到该款项后，将其落入客户甲在其开立的活期存款账户中（见图 2-5）。

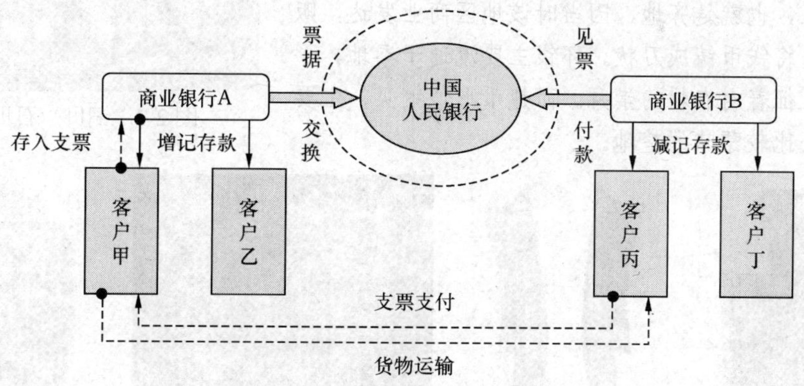

图 2-5 商业银行间支票结算图

5. 电子货币

存款货币并不是货币的终极形态。20 世纪 70 年代以来，随着计算机网络技术的应用，又出现了新的货币形式——电子货币，即借助于电子计算机而进行的电子自动转账系统。在我国，电子转账系统的范围包括三个方面：一是处理银行间货币结算的电子系统，这个系统主要由人民银行负责管理和运营；二是处理客户与银行间货币结算的电子系统，主要是各商业银行建立的公司（私人）网上银行系统；第三是商业银行与各家商户间基于刷卡消费的电子结算系统，在我国主要由中国银联负责运营。电子货币的出现改变了人们商业交易和理财的习惯，网上购物、网上银行、电子支付等服务不断出现，这些都进一步促进了商品生产和商品交换的发展。

【例 2-3】 我国古代货币形式的演进

汉字中凡是与价值相关的字都从"贝"，"贝"是我国最早的货币（见图 2-6）。有学者推测，我国夏朝时，可能已经开始使用货币。《盐铁论・错币第四》："夏后以玄贝。"

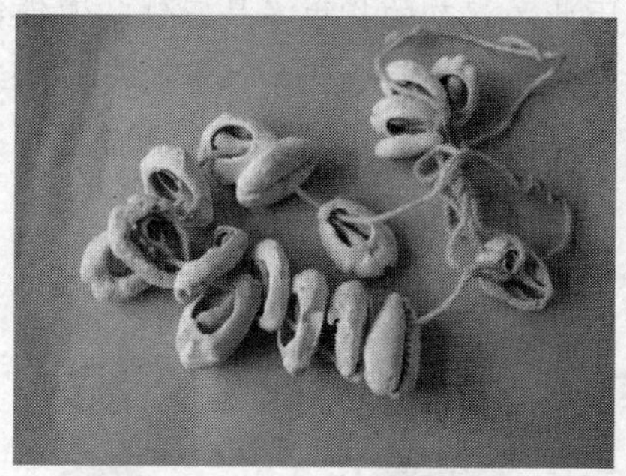
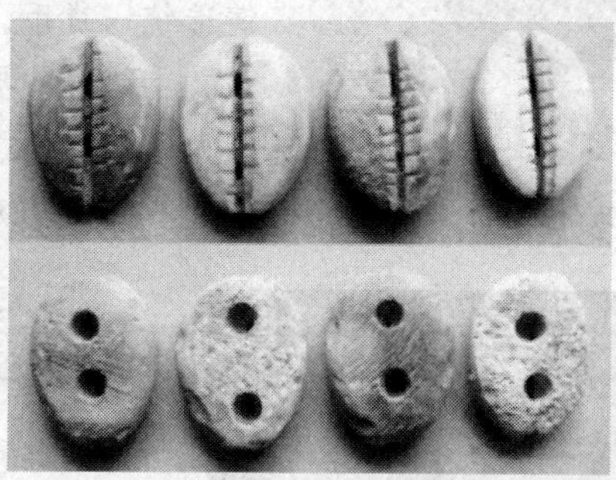

图 2-6 贝壳货币

那时的人们将贝壳打制后，钻孔串绳，以便于携带。后来随着商品经济发展，出现了海贝短缺的情况。由于那时的文明地处中原，获取贝壳要花费很大力气。于是商朝时，人们掌握金属冶炼术之后，就开始用金属铸造贝壳，出现了"铜贝"（见图 2-7），海贝这种自然货币慢慢退出了货币舞台。铜贝的出现标志着我国货币由自然货币过渡到了金属货币时代。

春秋战国时期，我国逐渐形成了诸侯割据的四大货币体系，即铲币、刀币、环钱和楚币（见图 2-8）。铲币流通于今河南、河北及山东西部，也就是当时的赵国、郑国等国，这些地区在当时属于农业发达的平原地区，因此人们基于对农耕的崇拜而将货币铸成“铁铲”形状。刀币流通于今山东地区，也就是齐地，因当时该地区商业发达，贩鱼者众，于是将钱币铸成刀状。环钱主要流通于秦地，形似磨盘，也象征着对农耕的崇拜。而楚币形似铜贝，主要流通于当时还比较蒙昧的楚地。

图 2-7 铜贝、石贝和骨贝

（a）铲币

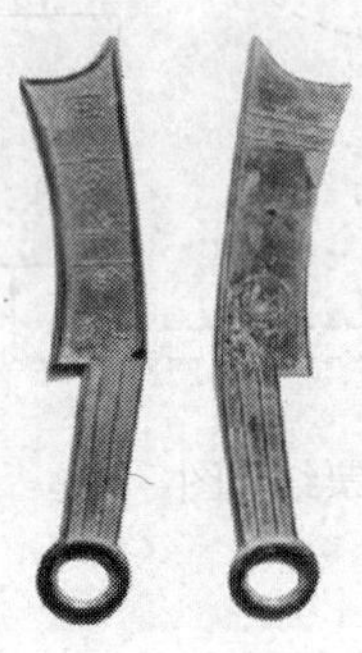
（b）刀币

（c）环钱

（d）楚币

图 2-8 刀币、铲币、楚币和环钱

秦统一中国后，为了便于赋税、促进商业发展，秦始皇于公元前 210 年“以秦币同天下之币”，在全国流通圆形方孔钱，寓意天圆地方，统治长久，这就是著名的“秦半两”（见图 2-9）。

据《史记·平准书·索隐》引《古今注》载：秦钱半两，径一寸二分，重十二铢。按今天的尺寸，就是大约 3.2～3.4 厘米，重 8 克左右。秦半两的流通范围西至河西走廊，东至山东、江苏，北至内蒙古，南至广州，东北到达辽东半岛，西南进入大渡河上游，是最早全国通用的货币。

图 2-9 秦半两

《汉书·食货志》记载，刘邦建汉后允许民间私铸钱币。这主要是由于汉初国力比较薄弱，在政策上休养生息，没有实力铸造统一货币。因此，汉初的货币多是三铢、四铢钱，比秦半两（十二铢）要轻许多。经过几代的休养生息，到汉武帝时，国力逐渐强盛。于是在公元前 115 年，作为建立中央集权的主要内容，汉武帝收回了郡国的铸币权，由中央统一铸造五铢钱（见图 2-10）。

（a）汉五铢

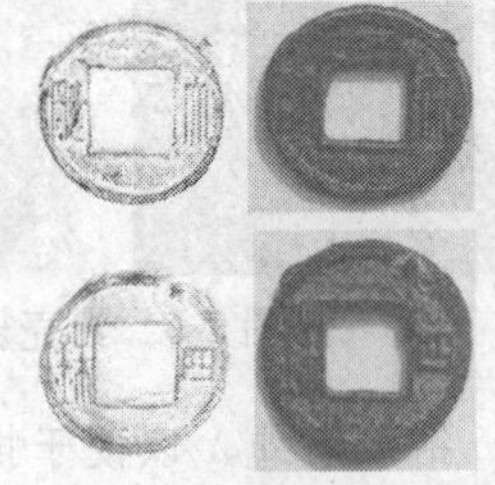
（b）汉四铢

（c）汉三铢

图 2-10 汉五铢、汉四铢及汉三铢钱

公元621年，唐高祖李渊废轻重不一的历代古钱，统一铸造“开元通宝”钱（见图2-11）。“开元通宝”一反秦汉旧制，钱文不书重量。此后铜钱不再用钱文标重量，而以通宝、元宝称，一直到辛亥革命后的“民国通宝”（见图 2-12）。通宝钱制由于不书质量，为中央政府通过改变货币轻重，调节财政状况提供了可能。例如，在财政紧缺时，可以通过铸造较轻钱币来缓解危机。

图2-11　开元通宝

图2-12　民国通宝

北宋时铜料紧缺，政府为弥补铜钱不足，在四川大量铸造铁钱。《宋史》记载：当时四川所铸铁钱一贯就重达二十五斤八两（见图 2-13）。在四川买一匹罗（丝织品），要付一百三十斤重的铁钱。铁钱值小而笨重，不利交易。为克服此缺点，四川民间创办了一种信用纸币——交子。

图2-13　北宋四川地区铁钱

图2-14　交子

最早的交子（见图2-14）产生于约10世纪，“表里印记，隐秘题号，朱墨间错，私自参验，书缗钱之数，以便贸易”。北宋时期，益州张咏“设质剂之法，一交一缗，以三年为一界而换之，六十五年为二十二界，谓之交子”。宋真宗时期，经过整顿，改由官方主持，16户富民共同主办，以其财力作为保证金，发行交子。后由于富民经济能力减弱，被废除。天圣元年（1023年），转运使薛田、张若谷请求设置益州交子务，“以榷其出入，私造者禁之”。交子务就是管理发行交子事务的机关，后来迅速发展到潞州、陕西、京西北路等地。至此，钞法作为法制正式确立。

南宋会子（见图 2-15）在我国货币史上是一种比较特殊的纸币。南宋时，由于边境经常受到北方金国的骚扰而战事不断，因而政府财政压力巨大。为了弥补因军事而造成的财政困难，南宋政府采取了“寅吃卯粮”的办法，发行“会子”来筹集战争物资。会子并不能兑换金属货币，但可用于缴纳税收，因此在一定范围内流通开来，成为我国最早的国家信用纸币。明太祖朱元璋为了保证其发行纸币大明宝钞（见图 2-16）的信用不受到白银等金属货币的威胁，禁止民间使用白银，违令者斩，赋予了纸币某种国家强制力，也在一定程度上保证了大明宝钞的正常流通。

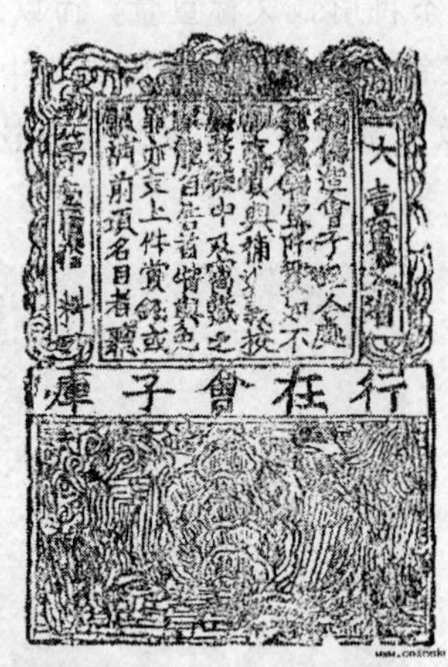

图 2-15　南宋会子

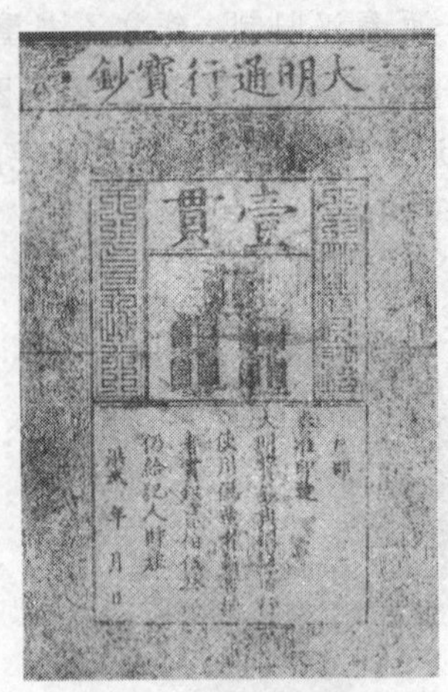

图 2-16　大明宝钞

三、货币制度演变

货币制度是指国家对货币的有关要素、货币流通的组织与管理等加以规定所形成的制度。其内容主要包括：货币材料的确定；货币单位的确定；流通中货币种类的确定；货币发行准备制度和发行原则的确定；不同种类货币的铸造和发行的管理规章；不同种类货币的支付能力的规定；货币的对外关系。核心内容是确定何种币材作为本位货币。本位货币是指一国政府通过法令规定的标准货币，是一国计价、结算的唯一合法货币。

从世界各国货币制度演变的历史看，货币制度的演变经历了以下几个阶段。

1. 银本位制

银本位制是一种以白银作为本位货币的货币制度。最早出现在 15 世纪的西班牙、墨西哥以及秘鲁，后来西欧各国也相继采用此种制度。银本位制的主要内容包括：白银作为币材，由政府铸造的银币作为本位货币，在流通中拥有无限清偿的能力；银币可以自由铸造、自由熔化；白银和银币可以自由输入输出；允许发行可以自由兑换白银或银币的银行券、纸币或其他货币。

银本位制的主要缺陷是白银价值极不稳定。这主要是白银储量丰富，开采冶炼较为方便的缘故，当大量白银流入市场时，会造成白银价值的波动，进而影响价格。因此，实行银本位制的各国先后放弃了银本位制，而开始实行金银复本位制或金本位制。

2. 金银复本位制

金银复本位制简称为复本位制，是指金和银两种金属同时作为本位货币的货币制度。从 16 世纪到 19 世纪中期以前，西方各主要资本主义国家普遍采用此种制度，其主要内容包括：金、银两种货币同时被指定为法定货币材料；金、银两种铸币均为主币，均具有无限清偿能力；金、银币可以自由铸造、自由熔化；金、银和金币、银币均可自由输出、输入；允许发行可以自由兑换金、银和金币、银币的银行券、纸币或其他货币。

金银复本位制下，同一商品便具有金、银两种价格。最初，政府并没有规定金、银币间的比价，即实行的是“平行本位制”。例如，1663 年英国政府铸造金币时，就未规定金币和银币的兑换比价。由于金、银产量和市场供求的不断变化，导致同一商品的两种价格经常波动，价格标准混乱，不利于商品交易双方的结算和利益的保护。于是，大多数国家开始规定金、银币的兑换比价。如美国政府1772年规定，1单位黄金铸币可以兑换15单位白银铸币；1834年规定，这个比例上升为16单位白银铸币。这种制度称为“双本位制”。

在双本位制下，出现了“劣币驱逐良币”的问题。由于白银产量的增长快于黄金产量的增长，于是白银相对于黄金，价值量不断降低，即金币兑换银币的实际比例应该远远高于政府规定的比例。这就造成了在市场上，银币的实际价值小于名义价值，被称为“劣币”；而金币的实际价值高于名义价值，称为“良币”。因此，人们在商品交易过程中，支付时就会选择劣币银币，而把良币金币储藏起来。这就是所谓的劣币驱逐良币问题。也就是说，虽然政府规定金币和银币都可以流通，但实际市场上只流通一种劣币。19世纪70年代，世界白银产量猛增，银价暴跌，严重威胁到复本位制。一些国家政府开始禁止自由铸造银币，希望通过控制银币流通数量来保持银币币值稳定，这种金银复本位制称为“跛行本位制”。这种制度并没有维持多久，就被金本位制取代。

【例2-4】 牛顿与金本位

英格兰银行成立之前，英国社会上流通的货币主要是银币和金币。1694年，英格兰银行开始发行纸币——英镑。但那时的英镑还不能算真正的货币。当时的英镑只是一种纸钞，因为当时黄金在流通，所以英镑只是记录黄金的单位，它本身没有价值。但是，它可以换黄金。

1696年著名科学家牛顿进入英格兰皇家造币厂，成为造币厂的监督，1699年他又被任命为造币厂厂长（见图2-17），年俸2 000英镑（当年建造格林尼治天文台才花了500多英镑）。牛顿注意到，一个金路易在法国价值为17先令，而在英格兰为17先令6便士，这就使得金子大量流入伦敦。而银块的价格继续高于银币所代表的价格，因此，投入到流通中的700万英镑的银币很快就退出了流通，造成了白银的短缺。

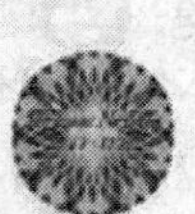

图2-17 牛顿曾任英国皇家铸币厂厂长

1717年9月21日的货币报告中，牛顿分析了欧洲各国以及中国、日本、东印度的金银价格情况，认为英国当时的白银短缺已经是不可改变的事实。当时英国尚有很多银器，把这些银器拿来进行铸币也能解决白银短缺的问题。但是，既然存在金银利差，黄金仍然会持续不断地流入英国，因此他不主张用白银进行铸币了，因为黄金事实上已经成为英国的本位币。

牛顿在1717年9月的货币报告中建议将黄金价格定为每金衡盎司（纯度为0.9）3英镑17先令10便士。虽然金本位的形成不但依赖于黄金价格的固定，也有赖于白银地位的变化，而且，直到1774年白银的非货币化才完成，但不可否认，牛顿的改革为金本位制的形成奠定了基础。

经济学家们对牛顿的工作还是表达了相当的肯定，甚至评价极高。《货币史》的作者格林·戴维斯就认为牛顿担任造币厂厂长是货币史上的一件大事，这一时期正是英国从银本位向金本位转化的时期，因而戴维斯将1699年到1727年牛顿主政造币厂列入1600年到1699年的货币大事年表。金德尔伯格在《西欧金融史》一书中的货币大事年表当中除了列入了1696年货币重铸以外，还列入了这样一个条目：1717年，牛顿将黄金价格定为每金衡盎司（纯度为0.9）3英镑17先令10便士。并且评价道："1717年英镑以黄金固定了价格，这个价格一直延续到1931年，其中从1797年至1819年之间和1914年至1925年之间中断过。"

牛顿为金本位制的形成所做的贡献虽然可能是偶然的，但却是巨大的，并将被后人连同他在自然科学上的贡献一起永远铭记。至少牛顿在英镑和黄金之间建立了一个比例关系，它对金本位的实行肯定是一个促进作用。

1816年，英国通过了《金本位制度法案》，以法律的形式承认了黄金作为货币的本位来发行纸币。1821年，英国正式启用金本位制，英镑成为英国的标准货币单位，每一英镑含7.32238克纯金。

金本位制即黄金就是货币，在国际上是硬通货。金币本位制的主要内容包括：①用黄金来规定所发行货币代表的价值，每一货币单位都有法定的含金量，各国货币按其所含黄金的重量而形成一定的比价关系；②金币可以自由铸造，任何人都可按法定的含金量，自由地将金砖交给国家造币厂铸造成金币，或以金币向造币厂换回相当的金砖；③金币是无限法偿的货币，具有无限制支付手段的权利；④各国的货币储备是黄金，国际结算也使用黄金，黄金可以自由输出或输入，当国际贸易出现赤字时，可以用黄金支付。从以上这些内容可以看出，金本位制具有自由铸造、自由兑换、自由输入输出等三大特点。随着金本位制的形成，黄金承担了商品交换的一般等价物，成为商品交换过程中的媒介，金本位制是黄金的货币属性表现的高峰。

3. 金本位制

金本位制是指以黄金作为本位货币的货币制度。最早的金本位制度是金币本位制，即由国家法律规定以金币为本位货币的金本位制，其主要内容包括：金铸币作为法定本位货币，在流通中具备无限法偿能力；金币可以自由铸造、自由熔化；黄金可以自由输入、输出；允许发行可以自由兑换黄金或金币的银行券、纸币以及其他货币。

由于金币币值稳定，金币本位制的施行极大促进了商品交易的发展，特别是国家间商业贸易的发展。1880年到1914年被称为金本位制的黄金时期。1914年第一次世界大战的爆发严重摧毁了金币本位制。在这之后，金块本位制和金汇兑本位制先后出现。

金块本位制又称"生金本位制"，是银行券只能兑换金块的金本位制，其主要内容是：政府不铸造金币，也不允许民间铸造金币；在国内禁止金币流通，政府发行一定数量黄金做准备的银行券（纸币）流通；银行券可以有限制的兑换金块；黄金可以自由输入输出。第一次世界大战后的英国、法国、比利时、荷兰等国先后实行的就是金块本位制。

金汇兑本位制，又称"虚金本位制"，是一种以其他实行金币或金块本位制国家的货币作为本币发行的准备，本币与他国货币保持固定比价的货币制度，其内容包括：政府不铸造金币，也不允许民间铸造金币；国内禁止金币流通，只发行和流通银行券，银行券的发行以外币作为发行准备；银行券在国内不能兑换黄金，只能通过兑换外币后，在国外兑换黄金；政府将本国货币与实行金币或金块本位制国家的外币保持固定比价，并保持足够的外币储备，以便通过无限制的供给外币来维持本国币值的稳定。

与金本位制相比，金块本位制和金汇兑本位制下，黄金的本位货币地位被大大削弱，这主要体现在：由于禁止黄金流通，使用银行券，黄金作为贵金属货币自动调节流通的作用逐渐减弱；由于兑换黄金的数量有限，而且兑换困难，人们持有银行券的信心不稳，不利于价格体系的稳定；黄金的自由输入输出受到了限制。1929—1933 年大危机之后，各国纷纷放弃金本位制。20 世纪 70 年代，银行券完全与黄金脱钩，中央银行发行的银行券成了纯粹的货币符号。

【例 2-5】 布雷顿森林体系

1944 年 7 月，西方主要国家的代表在联合国国际货币金融会议上确立了该体系，由于此次会议是在美国新罕布什尔州布雷顿森林（见图 2-18 和图 2-19）举行的，因此称为“布雷顿森林体系”。布雷顿森林体系是以美元和黄金为基础的金汇兑本位制。其实质是建立一种以美元为中心的国际货币体系，基本内容包括美元与黄金挂钩、其他国家的货币与美元挂钩，以及实行固定汇率制度。后因美国深陷越南战争，本国财政负担加重，美元走软，该体系在 1973 年瓦解。

图 2-18 布雷顿森林会议召开地点

图 2-19 会议场景

4. 纸币本位制

纸币本位制又称为不兑现的信用货币制度，是一种银行券不能兑换黄金，取消黄金信用保证的，以纸币为本位货币的货币制度。当今世界各国实行的都是纸币本位制，即普遍采用不兑换的纸币来替代金属货币流通。

纸币本位制的内容主要包括：中央银行发行的纸币为本位货币，并且由政府颁布法令，赋予纸币无限清偿和强制流通的能力；纸币不能兑换黄金，也不规定含金量；纸币发行不受黄金准备的限制，由中央银行依据国内经济发展需要来决定纸币发行量，并根据货币供求状况进行调节；纸币的流通完全取决于中央银行的信用。

纸币流通不同于金属货币，或者是金属货币准备下的银行券流通。在纸币本位制下，纸币的发行可以说是以发行国的经济资源作为最终保证的。人们对该国纸币的信心取决于该国纸币的最终购买经济资源的能力，或者说购买力。如果该国经济波动，购买力不稳定，人们持有该国纸币的信心就会减弱，因此纸币并不能无限制的发行。

四、货币职能

货币是作为一般等价物而出现的，可在现代经济中，货币履行的职能越来越多，扮演的角色也越来越重要。马克思曾说，价值尺度与流通手段的统一就是货币。这充分说明，价值尺度和流通手段是货币的两种基本职能。除此之外，随着商品经济的发展，货币先后履行贮藏手段、支付手段和世界货币三种衍生职能。

1. 价值尺度

价值尺度，就是货币充当表现和衡量一切商品价值的尺度。这是货币的首要职能，货币是随着商品价值形式发展而出现的，并且是价值形式发展的完成形式。

货币之所以能够充当价值尺度，原因在于货币本身也是商品，具有价值，如同衡量长度的尺子、衡量重量的砝码本身也具有长度和质量一样。劳动价值论认为，商品价值量的内在衡量尺度是抽象劳动的量。但由于抽象劳动这个内在尺度比较抽象，难以测量，所以将货币作为衡量商品价值量的外在尺度，这个外在尺度即为价格。

价格就是通过货币来表现的商品价值。货币执行价值尺度的功能，是通过价格标准来实现的。为了衡量其他商品价值量，货币本身也需要有一套计量单位，在技术上将一定质量的金属确定为一个计量单位，这种计量单位就是价格标准。价格标准，即货币的计量单位及其等份。在历史上，最初的货币单位名称与金属质量单位是一致的，如英国历史上以 1 磅重的黄金表示 1 英镑货币单位。我国的货币单位是“元”，元的等份有“角”、“分”等。需要注意的是，价格标准仅是货币的计量单位，它并不能取代货币执行价值尺度的职能。就商品和货币的价值关系看：若货币价值不变，商品价值增加或减少了，价格就会上涨或者下跌；若商品价值不变，货币价值增加或减少了，商品价格就会下跌或者上涨。因此，商品价格同商品价值成正比，与货币价值成反比。

货币执行价值尺度职能，只需想象或观念上的货币，不必是现实的货币。也就是说，在出售商品时，只需要在商品旁边摆上一个价格标签即可。

2. 流通手段

流通手段，即充当商品交换的媒介。流通手段是货币的第二种基本职能，是以价值尺度职能为基础前提的，即先定价再成交。

在货币产生以前，商品交换是直接物物交换，即商品—商品（W-W）。货币出现以后，一切商品交换都以货币为媒介，即商品—货币—商品（W-G-W），货币执行了流通手段的职能。以货币为媒介的商品交换，称为商品流通。

执行流通手段职能的货币，必须是现实的货币。在现实商品交易中，生产者先将自己的产品在市场上出售，而后用货币来购买自己所需的生产资料和生活资料。其中，第一个阶段，即出售阶段，是商品转化为货币的阶段，马克思用“惊险的跳跃”来形容这个阶段的重要性。如果生产者生产的商品销售不出去，他的私人劳动不能得到社会的承认，不能转化成社会劳动，他耗费在商品上的劳动也就得不到补偿，生产者本身也会发生亏损。于是为了解决这个问题，现代经济学分支出了市场营销学。至于第二个阶段，即购买产品的阶段，对于商品生产者来说，可谓轻松多了。他可以自主选择消费什么、消费多少。但对于整个社会经济来说，消费者是选择消费，还是选择储蓄，或是选择投资，对于经济的影响是不同的。如果市场消费不足，必然有碍整个社会总产品的实现，大量产品积压，造成社会经济资源的浪费，影响社会再生产的顺利进行。可见，货币执行流通手段职能后，在方便商品交换的同时，也带来了一些负面的效果。

3. 贮藏手段

如果生产者在出售商品收回货币之后，没有继续购买其他商品，而是将货币贮藏起来。那么，货币就退出流通领域，成为贮藏货币，此时货币履行的就是贮藏手段职能。所谓贮藏手段，即货币退出流通领域，被人们当作社会财富的一般代表贮藏起来。货币履行贮藏手段的职能是在商品经济逐渐发展后产生的，市场产品增多，商品交易频繁，使得人们能够安于贮藏货币。

货币之所以能够充当贮藏手段，是因为货币作为一般等价物，即是一般价值的代表，本身又是财富商品，可以随时换取任何商品。因此，货币履行贮藏手段职能是以流通手段和价值尺度职能为前提和基础的。

人们贮藏货币的目的主要表现在以下几个方面：一是消费的需要，如家庭为了购买住房、汽车等耐用消费品，需要较长时间的货币积累；二是投资的需要，如企业扩大再生产也需要一定期间的货币积累，或者是寻找更好的投资、投机机会；三是预防风险的需要，为了预防未来可能发生的风险，如疾病、突发事件，以及养老等事项。

贮藏金银曾经在历史上是贮藏货币的主要形式。如今，各国均已流通纯粹的纸币，银行存款成为货币的主要贮藏形式。但纸币作为货币符号，纸币存款仅代表的是对社会财富的现期索取权，也就是可以用银行存款在市场上购买商品的权力（或购买力）。就长期而言，纸币发行流通易受国家财政状况的影响，因而其购买力容易降低。于是，现在，许多国家和地区（如印度）的人们仍然偏好购买黄金来保值增值。

贮藏手段职能对社会经济起到了“蓄水池”的作用（见图 2-20）。在黄金作为贮藏货币时，这种作用体现在：黄金由流通转入贮藏，市场上的货币供应量减少，商品价格下降，企业供给随价格的下降而减少；当商品价格下降到一定程度，黄金就会从贮藏状态转入流通，以购买便宜的商品，市场价格随之上涨并恢复到均衡的水平。可见，货币的贮藏作为一个蓄水池，自动调节价格与货币供应量，使得价格的波动不可能偏离价值太远。在纸币流通的情况下，蓄水池的作用仍然存在，国家可以通过制定货币政策来调节蓄水池阀门的松紧，这些政策包括调节利率和存款准备金率，进行公开市场业务等。当国家采取宽松货币政策时，纸币供给增加，商品价格水平上涨；当采取紧缩货币政策时，纸币供给减少，商品价格水平下跌。

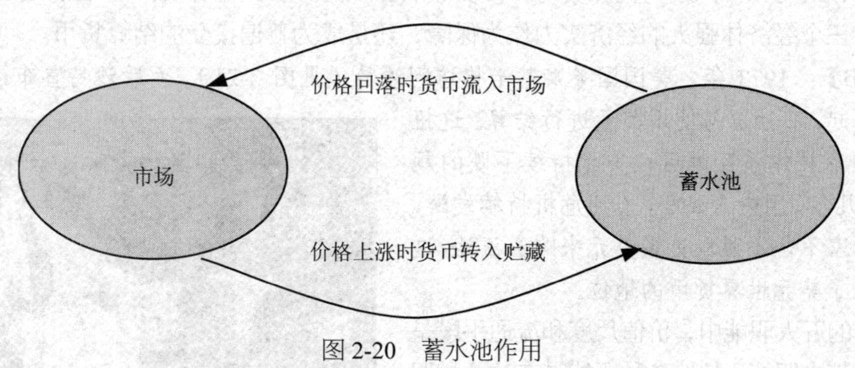

图 2-20　蓄水池作用

4. 支付手段

支付手段，即货币用来执行清偿债务或支付赋税、租金、工资等。货币执行支付手段的职能，是以价值尺度和流通手段两个职能为前提的，并且需要现实的货币来履行。货币执行支付手段的前提是经济活动中存在债权债务关系。或者说，是信用经济的发展促进了货币支付手段职能的履行。

支付手段职能起因于商品的赊买赊卖。买者凭信用赊购商品，在约定期限内买者以货币清偿对于卖者的债务。具体来说，首先赊销双方先确定商品的总价值，即商品的价格，这里货币执行了价值尺度的职能；在到期日，买者向卖者支付约定的货币以清偿债务，这时货币进入流通领域，执行了流通手段的职能，并且用于清偿债务。同样，在支付税金、租金和工资时，货币同样被用于清偿债务。如今，随着信用经济发展，信用交易规模和种类的不断增加，货币履行支付职能的形式也越来越多，如信用卡消费、按揭贷款、信用证、融资租赁等。

货币执行支付手段职能的积极意义在于：减少了流通中所需的货币量，解除了商品交易中交易规模和生产规模的限制，方便了人们的交易行为，促进了商品经济的发展。同时，政府财政利用支付手段，能够利用税收、财政支出等政府行为来调控经济。可以说，没有货币执行支付手段职能，现代经济是根本无法运转的。当然，支付手段的出现也进一步扩大了商品经济的内在矛盾。由于商品生产者相互赊账，产生了纷繁复杂的债务信用关系，一旦其中某个环节不能按时付款，就会导致整个信用链条断裂，甚至引发整个商业信用和银行信贷体系的崩溃。

5. 世界货币

当货币越出国内流通领域，在世界市场上充当一般等价物，执行前述 4 种职能时，货币就是在执行世界货币的职能。

世界货币职能是随着国际贸易和投资活动的发展而发展起来的。货币执行世界货币职能，必须是黄金等贵金属货币。作为世界货币的贵金属，不仅具有作为衡量商品国际价值的价值尺度职能，而且在国际市场上进行商品贸易时，还可充当一般购买手段，起到流通手段的作用；在国际结算贸易差额时，执行支付手段职能。当然，黄金还可以作为社会财富的一般代表从一国转移到另一国，用于国际投资或是资本输出等。

在布雷顿森林体系下，美元一度成为世界货币，其他货币都与美元挂钩。美元发行是以黄金储备为基础的，一美元的含金量大约是 0.888671 克，持有美元的各国央行可以按每盎司金 35 美元的比价向美国联邦储蓄银行兑换黄金。世界经济初步形成了以美元为中心的金汇兑本位制。后来，经济危机的加剧使得尼克松总统宣布美元与黄金脱钩，世界经济从此进入了“纸币时代”。如今，美元、欧元和日元成为世界贸易和投资领域公认的“三大世界货币”。虽然都是纯粹的纸币，但由于三个经济体强大的经济实力作为保障，还是成为普遍接受的结算货币。

【例 2-6】 1973 年，美国国务卿基辛格访问沙特（见图 2-21）。而后沙特宣布，与中东其他产油国一起，石油贸易使用美元进行结算。这扭转了布雷顿森林体系瓦解后，美元持续下跌的颓势。以后的几年，因中东战争，石油危机持续发酵，世界其他国家不得不赚取更多美元来购买石油，这就重新确立了美元世界货币的地位。

图 2-21 基辛格访问沙特

在货币的五大职能中，价值尺度和流通手段是货币的两种基本职能，其他 3 种职能是在这两种职能基础上派生出来的。所以马克思说：一种商品变成货币，首先是作为价值尺度和流通手段的统一，换句话说，价值尺度和流通手段的统一就是货币。

五、货币流通规律与纸币流通规律

1. 货币流通规律

货币在执行流通手段及支付手段职能时，是需要一定数量现实货币的。流通中的货币需要量，并不是任意规定的，而是有规律的。决定在一定时期内流通中所需要的货币量的规律就是货币流通规律，它反映了货币流通必须与商品流通相适应。在货币履行的五大职能中，履行价值尺度职能仅需观念货币，并不需要现实货币。履行贮藏手段职能属于市场货币流通之外的事情，也不需在货币流通规律中予以考虑。所以，如果不考虑世界货币这一职能的话，对流通中的货币产生需求的职能仅有流通手段和支付手段。这两个职能是需要现实货币的。

如果仅考虑货币履行流通手段这一职能，那么决定一个时期内一个国家货币流通规律的因素有两个：一是一定时期内的商品价格总额，即各种商品价格水平与待售商品数量的乘积总和；

二是货币流通速度，即同一时期内货币在买主和卖主之间的转手次数。一般规律是，流通中所需要的货币量，与商品价格总额成正比，与货币流通速度成反比，用公式这样表示：

$$\text{流通中所需货币量}=\frac{\text{待售商品价格总额（待售商品数量}\times\text{价格水平）}}{\text{货币流通速度（单位货币平均周转次数）}}$$

货币除了执行流通手段职能外，还执行支付手段职能，这源于商品交易中的赊销赊购行为。因此，除了钱货两清的现金交易外，还要考虑赊购赊销行为对于货币需求量的影响，为了体现这种影响，我们将货币流通公式进一步修改为：

$$\text{流通中所需货币量}=\frac{\begin{pmatrix}\text{待售商品}\\\text{价格总额}\end{pmatrix}-\begin{pmatrix}\text{赊销商品}\\\text{价格总额}\end{pmatrix}+\begin{pmatrix}\text{到期支付}\\\text{总额价格}\end{pmatrix}-\begin{pmatrix}\text{相互抵消}\\\text{支付数额}\end{pmatrix}}{\text{货币流通速度}}$$

以上公式表明了货币需求量的基本规律，可见，货币需求量除了取决于商品价格、商品数量和货币流通速度三个因素外，还受到商品赊销行为、到期支付行为等影响。

在金属货币流通时，货币供给与货币需求是自动适应的。这种自适应表现在：当市场价格上涨，且上涨到商品价格明显高于金属货币的价值，即价格高于价值时，部分贵金属货币就会退出流通进入贮藏，这时市场上商品相对于货币就会显得过多，商品价格自然下降；当下降到一定程度，价格低于商品价值时，贮藏的金属货币就会自动转入商品流通，商品价格进而恢复上涨。所以，在金属货币流通条件下，存在一个自发调节货币供应与需求的机制，决定货币需求量的因素也就决定货币供应量。这种自动调节机制的存在，保证物价既不会持续上涨，也不会持续下跌。

2. 纸币流通规律

纸币又称流通券或钞票，是由国家发行并强制使用的货币符号，代替金属货币执行流通手段的职能。在现代社会中，纸币及其他信用货币（如支票、信用卡等）被广泛使用。由于纸币是代替金银等贵金属执行流通手段等职能，因而纸币发行量应该取决于流通中金属货币的需求量，也就是说纸币发行应限于它代表的流通中（金、银）贵金属货币的需求量，这就是纸币流通规律，公式表示：

$$\text{单位纸币所代表的金属货币量}=\frac{\text{流通中所需的金属货币量}}{\text{流通中的纸币总额}}$$

如果违背了这一规律，纸币发行量过多，超过了流通中所需要的金属货币量，单位纸币所代表的价值量就会减少，纸币就会贬值，以纸币表示的商品价格就会上涨；相反，纸币发行量过少，少于流通中所需要的金属货币量，纸币就会升值，以纸币表示的商品价格就会下跌。例如，按现有的待售商品价格水平、货币流通速度和信用交易规模来推算，流通中所需的金属货币量为 1 000 万元，那么纸币流通总额也应该为 1 000 万元，这时 1 单位纸币所代表的金属货币量为 1 元金属货币。如果商品 W 值 1 元金属货币，那么该商品用纸币表示的价格就应为 1 元。但如果流通的纸币总额为 2 000 万元，1 单位纸币所代表的金属货币量就降低为 0.5 元金属货币，这时商品 W 的价值如果仍值 1 元金属货币，那么用纸币表示的该商品价格就上涨为 2 元。简单来说，这就是通货膨胀。

可见，物价上涨或下跌，一方面取决于流通中金属货币的需要量，这又取决于待售商品数量、商品价格水平、货币流通速度及信用经济规模等一系列因素。另一方面，物价上涨或下跌，还取决于流通中纸币的数量。而流通中纸币的数量，主要受中央银行“基础货币发行”及商业银行"派生货币信贷业务"的影响。通常情况是，中央银行通过购买外汇、黄金及有价证券（国债、票据）而向商业银行、财政部门及其他公司释放基础货币。商业银行通过自身信贷业务来创造派生货币。例如，甲在商业银行A存入1万元，商业银行A向中央银行上缴10%法定准备金后，剩余9 000元贷款给了乙。这样，在甲的存款没有减少的情况下，乙的存款多了9 000元。然后，乙将9 000元存入商业银行B，商业银行B在向中央银行上缴10%准备金后，将剩余的8 100元贷款给了丙。这样在乙的存款没减少的情况下，又派生了货币8 100元。如此反复，将派生货币9万元。

3. 通货膨胀与通货紧缩

通货膨胀是纸币代替金属货币流通后现代社会出现的一种经济现象。通货膨胀，是指在纸币流通情况下，市场的纸币供给量超过流通中所需的金属货币量，引起纸币贬值，进而导致社会物价总水平持续上涨的经济现象。

货币学派经济学家认为，现代经济通货膨胀产生的根本原因在于，中央银行货币政策违背了纸币流通规律，纸币供给量过度，超过流通中所需金属货币量，进而引起单位纸币面额代表的金属货币量减少，纸币购买力降低，造成物价总水平持续上涨。具体来说，通货膨胀的成因可以分为三类：一类是需求拉动型的通货膨胀，即由于总需求超过总供给所引起的价格总水平持续上涨；一类是成本推动型的通货膨胀，即由于劳动力工资、能源等基础生产要素的供给价格上涨而引发的价格总水平的持续上涨；最后一类是结构性通货膨胀，既不存在需求拉动也不存在成本推动，只是由于经济结构因素的变动，引起的价格总水平的持续上涨。

【例2-7】 CPI-Consumer Price Index，居民消费价格指数，指在反映一定时期内居民所消费商品及服务项目的价格水平变动趋势和变动程度。居民消费价格水平的变动率在一定程度上反映了通货膨胀（或紧缩）的程度（见图2-22）。通俗地讲，CPI就是市场上的货物价格增长百分比。一般市场经济国家认为CPI增长率在2%～3%属于可接受范围内，当然还要看其他数据。CPI过高始终不是好事，高速经济增长率会拉高CPI，但物价指数（PPI）增长速度快过人民平均收入的增长速度就一定不是好事，而一般平均工资的增长速度很难超越3%～4%。

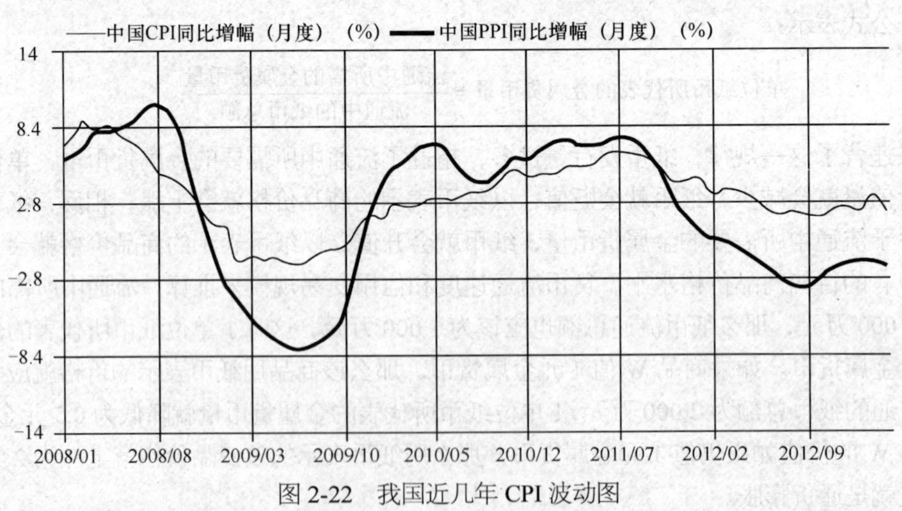

图2-22 我国近几年CPI波动图

与通货膨胀相反的经济现象是通货紧缩。所谓通货紧缩，即在纸币流通情况下，纸币供给量小于流通中所需要的金属货币量，纸币升值，进而引起价格总水平持续下跌的经济现象。通货紧缩产生的根本原因同样在于中央银行的纸币供给政策违背了纸币流通规律，纸币供给量不足，单位纸币面额所代表的金属货币量上升，纸币购买力增加，引起纸币持续升值和价格总水平的持续下跌。

一般观点认为，无论是通货膨胀还是通货紧缩均不利于宏观经济的健康发展。因此，中央银行货币政策的目标之一，就是通过调节货币供给来保持价格总水平的稳定，保证经济持续稳定增长。

【例 2-8】 塞尔维亚的通货膨胀（罗格尔·瑟罗撰写）

南斯拉夫贝尔格莱德，——在卢纳商店，一个巧克力棒值 600 万第纳尔。或者至少这是经理 Tihomir Nikolic 在看到夜晚他老板发来的传真之前的情况。短短的一则通告指示："物价提高 90%。"这家店在世界其他地方只能算一个小本经营店，要不是店里的电脑不能处理 3 位数变动，物价甚至应该上升 100%。到现在为止这是 Nikolic 先生 3 天内第二次提高价格。他用拖把挡住门，以防止讨价还价的顾客进来。电脑在标签纸上打印出新价格。经理和两个助手忙着把价签撕下来并黏到货架上。他们以前是把价签直接贴到物品上，但物品上贴了这么多价签，让人很难弄清哪个是新标价。4 个小时之后，拖把从门口拿走了。顾客进来，揉揉眼睛看着价签，数上面有多少个零。当电脑打印出另一种商品价格时，Nikolic 本人也看着，这是一台录像机。他自言自语："是几十亿吗？"准确地说是 20 391 560 223 第纳尔。他指着自己的 T 恤衫，T 恤衫上印着一个词"不可思议"，这是他曾经卖出的一种水果汁的牌子。他指出，这句话是对塞尔维亚经济的绝妙写照。"这简直是疯狂。"他说。

除此之外你还能如何描述它呢？自从国际社会实行经济制裁以来，通货膨胀至少每天是 10%。如果把这个数字换算成每年的比率则会有 15 个零——高到没有任何意义了。在塞尔维亚，在凯悦酒店 1 美元换到 1 000 万第纳尔，在共和国广告上急需用钱的人要换 1 200 万第纳尔，而在贝尔格莱德地下社会控制的银行里要 1 700 万第纳尔换 1 美元。塞尔维亚人抱怨说，第纳尔和卫生纸一样不值钱。但至少在目前，卫生纸还很多。

据说隐蔽在贝尔格莱德一条道路后面公园中的政府印钞厂正在一天 24 小时印制第纳尔，以力图与加速的通货膨胀保持一致，反过来无止境地印第纳尔又加速了通货膨胀。相信只要发钱就能安抚反对者的政府，需要第纳尔来为关门的工厂和机关中不工作的工人发工资。政府需要钱购买农民的农产品。政府需要钱为走私掠夺和其他避开制裁的方法筹资，以便运进从石油到 Nikolic 店里的巧克力棒的每一种东西。政府也需要支持兄弟的塞尔维亚人在波黑和克罗地亚打仗。

那些手指感觉到纸张质量有问题的外汇交易者坚持认为，政府印钞厂应该承包给私人印刷厂来满足需求。

"我们是专家，他们骗不了我们。"一位外汇交易者拿着价值 8 亿第纳尔的钞票这样说。他信心十足地提到："这些钞票是刚印出来的。"他说，他从一家私人银行得到这些钞票，私人银行是从中央银行得到的，而中央银行得自于印钞厂——这是把黑市和财政部联系在一起的一条罪恶管道。"这是集体疯狂。"外汇交易者一边说，一边诡异地笑着。

第三节 价值规律

价值规律是商品价值运动的基本规律，也是商品经济的基本规律，在商品经济中必然存在并发生作用。

一、价值规律内容与表现形式

1. 价值规律的内容

价值规律的基本内容是：商品价值量由社会必要劳动时间决定，商品交换以价值量为基础实行等价交换。

价值规律的内容表明，价值规律既是商品价值量如何决定的规律，也是商品价值量如何实现的规律。

（1）价值规律表明社会必要劳动时间是决定商品价值量的根本尺度，这是客观规律，不以商品生产者的个人主观意志来决定。马克思说："价值量不以交换者的意志、设想和活动为转移而不断地变动着……不是他们控制这一运动，而是他们受这一运动的控制。"这充分说明商品价值量由社会必要劳动时间决定是个客观规律。

（2）价值规律要求商品进行等价交换，即以价值量为基础进行交换。商品在交换过程中，价值表现为一定数量的货币，即表现为价格。这样，商品价值与社会必要劳动之间的内在必然联系，就表现为商品和货币的关系。马克思说："商品的价值量表现着一种必然的、商品形成过程内在的同社会劳动时间的关系。随着价值量转化为价格，这种必然的联系，就表现为商品同在它之外存在的货币商品的交换比例。"

2. 价值规律的表现形式

商品之间的等价交换，只是一种客观要求或必然趋势。在现实社会的交换过程中，由于供求关系的影响，商品的价值和价格往往不一致。如果商品供过于求，市场竞争就会在卖者之间进行，进而商品价格会下跌，甚至下跌到商品价值以下；如果商品供不应求，市场竞争就会在买者之间进行，进而商品价格就会上涨，甚至上涨到商品价值之上。

商品价格围绕价值上下波动，并不是对于价值规律的否定，而是价值规律作用的表现形式。正如恩格斯所说："只有通过竞争的波动，从而通过价格的波动，商品生产的价值规律才能得到贯彻。"其原因在于：① 虽然价格时而高于价值，时而低于价值，但它总不会脱离价值太远。② 从一个较长时间周期看，价格上涨部分和下跌部分，是可以相互抵消的，商品的平均价格趋势仍然与价值一致。③ 价格的波动反过来也会影响供求。价格上涨，供给增加，需求减弱，供求趋向一致；价格下跌，需求增加，供给减少，供求再次趋向一致。

二、价值规律作用

1. 调节作用

调节作用指的是价值规律能够自发地调节生产资料和劳动力在各个生产部门之间分配。调节作用是通过市场的价格机制和竞争机制来实现的，即价格围绕价值上下波动和市场竞争来实现的。

在商品经济中，经济决策是分散的，生产什么，生产多少，何时生产，这些问题都是由每个商品生产者自己决定。当某部门生产过剩，即供大于求时，卖者为了出售自己已经生产的商品，就会相互竞争，竞相削价，导致该类商品价格下跌，甚至跌到商品价值以下，生产者利润减少。相反，供不应求的部门产品价格上涨，甚至涨到商品价值以上，生产者利润随之增加。在价格和利润变化的引导下，资金和劳动力会从产品供给过剩的部门转移到产品供不应求的部门，直到两个部门的产品供给和需求相等，价格与价值接近，利润水平趋向一致为止。可见，价值规律就像一只看不见的手，调节着生产资料和劳动力在各个生产部门之间转移，使社会生产各部门保持大体协调的比例关系。

当然，这种调节由于是市场自发的，在一定程度上具有盲目性和滞后性，有时难免造成社会资源的浪费。因此，成熟的市场经济需要政府进行宏观调节，在充分发挥价值规律的同时，最大程度的避免价值规律的局限性。

2. 刺激作用

价值规律的刺激作用是指价值规律能够刺激生产者改进技术，改善经营管理，提高劳动生产率，促进社会生产力的发展。这种刺激作用是通过价值规律内容中社会必要劳动时间决定价值量和市场竞争机制实现的。

商品的价值是由生产商品的社会必要劳动时间所决定的，商品交换是以生产商品的社会必要劳动时间所决定的商品价值为基础进行的。如果商品生产者生产单位商品所耗费的个别劳动时间比社会必要劳动时间短，商品的个别价值就会低于社会价值，但在市场上仍然按社会价值出售，这样商品生产者就可以获得额外收入，即超额剩余价值或超额利润，在以后扩大再生产和市场竞争中就处于优势地位。而且，商品个别价值低于社会价值，生产者还可以通过价格竞争，即低价销售策略来增加销售，争夺市场份额。相反，对于那些商品个别价值高于社会价值的生产者来说，在生产经营中发生亏损，最终在竞争中会被淘汰。因此，对于商品生产者来说，他们总是具有十分强烈的动力，来改进技术、改善管理，千方百计提高劳动生产率，使自己个别劳动时间低于社会必要劳动时间，以求在市场竞争中谋得生存和发展的机会。

价值规律的刺激作用，一方面促进企业个别劳动生产率的提高，最终导致整个部门和行业，乃至整个社会技术水平和社会生产力的提高，这是积极的方面。另一方面，不利于先进技术的扩散。为了保持竞争优势，生产者必然千方百计保守技术秘密。

3. 优胜劣汰作用

价值规律的优胜劣汰作用指的是价值规律会引起和促使商品生产者两极分化，这通过市场竞争机制来实现。

在市场竞争中，商品生产者的生产条件和技术水平是有差异的，因而劳动生产率也就各不相同。那些具有较好生产条件、技术水平高的生产者，由于劳动生产率高，生产商品所耗费的个别劳动时间少，产品的个别价值低于社会价值，在竞争中就会逐渐处于有利位置。相反，那些生产条件和技术水平低的生产者，必然在生产中处于不利位置，甚至破产。如果经济遇到危机，这种优胜劣汰的作用会愈加明显，优势企业通过降低成本得以生存，而劣势企业则破产或被重组。另外，资本主义社会的信用制度也加速了企业的优胜劣汰。

价值规律优胜劣汰的作用，在迫使生产者努力提高自身劳动生产率，推动整个社会生产力发展的同时，也不可避免的导致商品生产者的两极分化，进而导致垄断，造成社会的贫富差距，在一定程度上影响了社会的公平正义。

三、价值规律作用实现机制

价值规律起作用是通过供求变化、价格涨落以及市场竞争的综合作用来实现的，其中竞争起核心作用。因此，我们把以竞争为核心的供求、价格和竞争等市场因素相互联系、相互作用的动态关系称为市场机制，价值规律就是通过市场机制来实现的。具体来说，市场机制主要包括价格机制、竞争机制和供求机制。

当然，价值规律的消极作用也十分明显。首先，市场机制在调节经济过程中暴露出的自发性、盲目性和滞后性，经常导致社会总供给与总需求的失衡，经济资源的浪费，资本主义经济危机周期性爆发。其次，市场机制无法解决公共产品的供给问题，例如教育、卫生、国防和环境保护，这些领域对于私人投资缺乏吸引力，需要政府进行公共投入。再次，市场机制会导致所谓“外部性”问题，即市场运行中企业成本和社会成本的差异问题，例如企业为了自身利益会造成环境污染，而治理污染需要整个外部社会付出巨大的代价，这些都会引起生态失衡等负效应，增加社会经济运行的成本。最后，市场机制还容易导致生产者的短期行为，造成产业结构失衡和资源浪费。所以，为了保障社会经济平稳健康发展，在充分发挥市场机制配置资源的前提下，为了克服市场机制的消极影响，需要政府进行宏观调控。

因此，完整的市场经济应该是在政府的宏观调控下，价值规律通过市场机制对资源起基础性的调节作用。

阅读材料

材料一 《水和钻石的悖论》——亚当·斯密等论使用价值与交换价值

斯密对于成本问题的讨论是在《原富》第四章之后。如前所述，《原富》前三章讨论的是分工问题。在第四章，斯密论述了水和钻石的悖论。

斯密指出，“没有比水更有用处的事物了，但水却极难购买或换取任何其他可以被占有的事物。而一块钻石则正相反，几乎没有任何用处，却有大量的其他经常可被占有的事物用来与它交换。”

斯密在他的法理学讲义里第一次提到“水和钻石的悖论”（1762 年），用“偏好”来解释这一现象。“虽然人们不会对没有用处的事物产生需求，但对于有需求的事物而言，因满足不同品味而有不同价格是自然的。”在《1762 年法理学讲义》当中，斯密用快乐与痛苦来定义偏好，认为能够带来快乐的是使用价值，不同快乐之间的交换价值所揭示出来的就是交换价值，这个观念非常现代，但在《原富》当中，他把这段给删掉了。

斯密在《法理学讲义》中表达了事物的用途、有用性是价值的一个必要条件，基于偏好的欲望程度是价值的另一个必要条件：满足不同品位的事物可以有不同的价格，这是斯密在两篇法理学笔记中表达的看法。

根据 1766 年的讲义，斯密第二次讨论水和钻石的价值悖论之前，提出决定价值的以下三项原则。

（1）对理性行为而言，用处极小的事物，没有需求；（2）商品的稀缺性与对它的需求成正比，若数量远大于需要，价格就将下降。钻石与其他宝石比则显得珍贵；（3）需求者们的富裕程度或贫困程度（分配）。

上述三项原则共同决定一样物品的价值。斯密举例说明了，对于迷失在阿拉伯沙漠的富商而言，水的价格可以非常高。另一方面，斯密指出，钻石价格可能因钻石工业的产出能力成倍增长而下降，这个思想后来导致了所谓的生产成本理论。

格劳秀斯也注意到了这个悖论，他说：“……它们不会比它们的运用所产生的用处有太多或太少的价值。同时，事物还从它们的数量相对于对它们的需求的数量的多少而有一种价值。例如，水产生最大的用处，却价值甚小；因为与对其需求相比，水的数量太大。钻石用处甚小，却有极大的价值，因为对其需求远远大于其数量。”这是格劳秀斯分辨出的亚里士多德所说的两个价值，即使用价值和交换价值。

材料二 亚当·斯密论劳动成本和价值

《原富》第五章，斯密表达了近似劳动价值论观点。他说，“故而，一切商品的交换价值的真实测度是劳动。”但他的结论不是像马克思或李嘉图那样从抽象命题推导出来的，他的结论是从现实观察中抽象出来的，所以斯密从没把劳动价值论这句话推广到一般社会中。

斯密从历史观察出发展开论述：最初，在货币发生之前，人民是用劳动来购买物品的，而不是用金或者银。这是一个发生学的视角，对于斯密这样的经验主义者来说，他不能接受任何抽象的、普遍适用的命题陈述，他自己的著作里也没有这样的论述。他的方法是先观察事实，然后提出关于此项事实的命题，他并不打算把命题推广到普适意义上的劳动价值论。这是对他的劳动价值理论的比较中肯的解释。

然后，他展开自己的命题，“任一事物的真实价格，是那一事物对于打算获得它的人来说所耗费的，也就是为了获得它而经受的艰辛和麻烦。任一事物对于已经获得它的人的真实价值，是它能够为此人节约的艰辛和麻烦，以及它能够转嫁给他人身上去的那些艰辛和麻烦。用货币或物品所买到的，是我们用自身经受的艰辛所获得的等量所值的劳动。”任一事物对于打算获得它的人的真实价值，是它能够为此人节约的艰辛和麻烦。这段话对于以后 100 年的经济学发展具有指导意义。

下面我们引用小穆勒（约翰·斯图亚特·穆勒）的看法。如果一事物你能够很容易的得到，并不经过任何艰辛或者是麻烦，就像空气一样，那么这一事物就没有交换价值。更进一步，一事物对于已经获得的人而言，它对你的真实价值是能为你节约的艰辛和麻烦，两者都是努力。这样，斯密就把使用价值和交换价值统一到快乐和痛苦之上，这个统一后来引出了功利主义。

“那些钱物实际上节约了我们经受的艰辛。它们包含一定量劳动的价值，这一劳动量，我们用来交换当时被假设包含着等量价值的事物。”由此可见，斯密的劳动价值论不是后来李嘉图、马克思发展出来的抽象的劳动价值论。在《原富》第五章，斯密提出了劳动价值论的命题，他在解释这个命题的时候提出了两个观点：第一个是所谓交换价值就是你还没有得到它之前你准备为它付出的努力的价值；第二个所谓使用价值是你得到它以后，它能为你节约的努力的价值。这两点都可以被整合为快乐和痛苦，它给你带来的痛苦的减少量，亦即它为你节约的努力就是交换价值。

接下来，斯密对劳动价值论的困难进行了反思，提出“虽然劳动是一切商品的交换价值的真实测度，它却通常不能测度它自身的价值。因为确定两项不等量的劳动之间的比例十分困难。包括在两种不同工作内的时间未必总单独决定劳动量的比例，还需要考察它们所经历的不同艰难程度，以及所要求实践的不同的创造性。一小时艰难的工作可以包含着比两小时容易的工作更多的劳动；或者，一小时内所运用的工作知识却要花费十年劳动来习得，而另一常规和简单的工作则只需在行业内学习一个月。比如医生或者律师的一小时劳动可能需要十年时间的学习，因此这些都是复杂劳动。”

斯密认为，价格是波动的，确定两项不等量的劳动之间的比例十分困难。但他在这只是强调实证上十分困难，并未说逻辑上困难或者不可能，他向来不从抽象的逻辑出发讨论问题。由于劳动是不同质的，故而直接把两样物品中包含的劳动作比较非常困难，因此斯密说：“在日常生活中，商品更经常与其他商品而不是劳动相比较和交换。所以，更自然地，我们用商品而不用劳动来测度交换价值。”这是因为，人们大多都能更好的理解某一特定商品的数量意义而不容易理解某一特定劳动量的意义。比如，一瓶牛奶里包含着农场工人多少分钟的劳动呢？很难搞清楚。所以斯密认为，日常生活中确定商品的交换价值就足够了。

斯密还注意到一个复杂性，他说“如果劳动的交换价值由市场的讨价还价来确定，那么一个劳动者，尽管他的等量劳动对他自己而言总是有相等价值的，但对于雇佣这一劳动的人来说却可以变动不居。”斯密的意思是说，确定劳动的交换价值要依赖具体的市场里的日常的讨价还价行为，买主和卖主的社会地位不同，讨价还价的能力和影响力就不一样。权利在社会各阶层当中的不合理配置可能扭曲交换价值，但不必过于挑剔这一点，而应当遵循整个社会的交换传统。这是一个非常现代的看法，而且承接着自然法传统，认为社会有自己约定俗成的定价办法。那么劳动（实际上是劳动力）的交换价值是否也和其他商品一样，由市场的讨价还价来决定呢？当然可以。斯密给出了这样一些观察：如果是农闲季节，进城的农民多了，劳动者和雇主讨价还价的结果是工资低了；农忙季节，雇主找不到工人，讨价还价的结果是工资上升。对于雇主来说，劳动的价格是变动不居的，其数值取决于讨价还价的结果。

由于衡量商品价值的劳动很难测度，于是斯密引进了“名义价格”，即第七章中的市场价格，它常常背离“真实价格”（其实指价值）。名义价格可以波动，在《原富》第一卷的附录里收集了 1202 年到 1760 年谷物价格的数据，斯密很得意的认为，根据这些统计数据，白银的价格长期稳定，但过了不久白银价格就开始下降。斯密认为，由于白银价格稳定，故谷物价格长期稳定，白银是用来定谷物价格的，谷物收成当然有变动，但这是短期的，斯密特别强调在几百年的跨度内，谷物的价格很稳定。以 100 为单位，是看不出谷物价格变动的，斯密认为，劳动者是谷物的主要消费者。粮食是劳动再生产的必需品，如果劳动的价格稳定意味着粮食的价格稳定，那就能观察到粮食价格的稳定，如果劳动数量长期内是稳定的，那么粮食的需求就不会有大的变化，如果白银的价格不变，那么粮价在百年尺度内是稳定的，尽管有由于歉收丰收造成的短期浮动。所以，他认为工资在几百年尺度内是稳定的，根据数据观测斯密宣称，劳动看起来显然是普遍适用的唯一精确的价值度量。我们再次强调，他遵循的是经验主义的基本原则，从未把这一判断应用于一般情形。

材料三　雅普岛上的石轮货币

密克罗尼西亚的雅普——在这个人口稀少的南太平洋小岛上，生活容易而通货坚硬。在任何一个地方，人间烦人的货币制度都会出现问题；浮动汇率引发通货市场轩然大波，货币贬值随处可见。但在雅普，通货和岩石一般坚硬。实际上，货币就是岩石。更准确地说货币就是石灰石。

近 2 000 年来，雅普人就用巨大的石轮来进行大笔的买卖，例如，购买土地、独木舟或办婚事。雅普是美国的托管地，在杂货店和加油站使用美元。但是，依靠石头货币，和岛上古老的种姓制度及传统的草裙穿着一样经久不衰。

用石头来买财产“比用美元购买容易得多”。最近用一个 30 英寸的石轮买了一所房子的约翰·乔达德说：“我们不知道美元的价值……”

石轮是不易于携带的货币，因此，对一些小额交易，雅普人用另一种形式的通货，例如啤酒。人们喜欢把啤酒作为各种零活的工资，包括建筑。雅普约 1 万人，一年消费 4 万～5 万箱啤酒。

早在 2 000 年之前，自从一个名叫安曼因的雅普勇士从邻近帕卢岛上的石灰岩洞中第一次带回来石头起，雅普人就一直用石头货币。受到月亮的启示，他把石头磨制成大轮盘的样子。其余的就是历史了。

雅普人学会把石轮放在屋子旁，或者把它们堆放在村里的“银行”里。大多数石轮的直径为 2.5～5 英尺，但有些可以大到 12 英尺。每一个石轮中间都有一个洞，所以能穿过横倒的槟榔树并搬运。有些石轮要 20 个人来抬。

根据习惯，这些石头一旦打破就不值钱了。你绝对听不到雅普人开玩笑时想要一块岩石。为了不冒打破石头或岩石的风险，雅普人尽量不把石头搬开，在所有权转移时，只是默记在心中，就好像在国际交易中用金条时，金条易手并不离开纽约联邦储备银行的金库一样……

把笨重的石头作为货币有一些决定性的优点。第一，很难有黑市交易，而且，对小偷有难以逾越的障碍。此外，也不会有那些如何稳定雅普货币制度的无聊争论。全岛只有 6600 个石轮，货币供给十分稳定……

同时，雅普的石头货币可能还具有国际意义。不久前，华盛顿得到通知，密克罗尼西亚总统图什赫·那卡亚玛在下个月访问美国时计划带一个石碟。这只石碟将由美国空军的喷气式飞机运送。

官方表示，那卡亚玛先生希望这只石碟象征他们对减少美国预算赤字的贡献。

材料四　人民日报：央行未主导货币超发 M2 不必然引发通胀

近期，一个金融领域中的专业概念——广义货币（M2）成了社会大众的热门谈资。

央行数据显示，截至 3 月末，我国 M2 余额首次突破 100 万亿元大关，高达 103.61 万亿元（见图 2-23）。而截至去年底，我国 M2 余额为 97.42 万亿元，居世界第一，约占全球货币供应总

全球主要经济体M2/GDP(%)
（1960年—2010年）

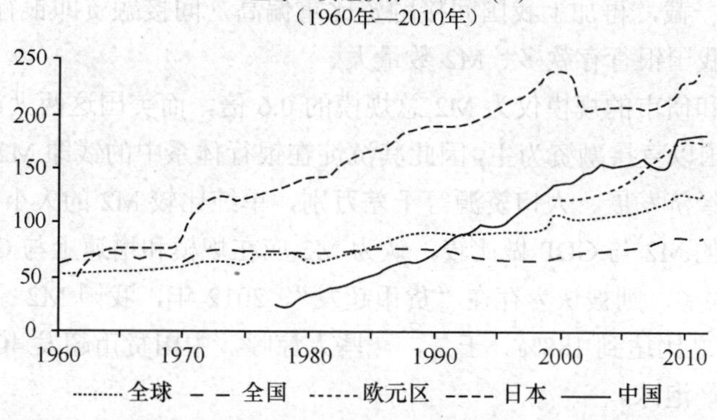

我国M2增速与人民币贷款增速同步变动
（1992—2012年）

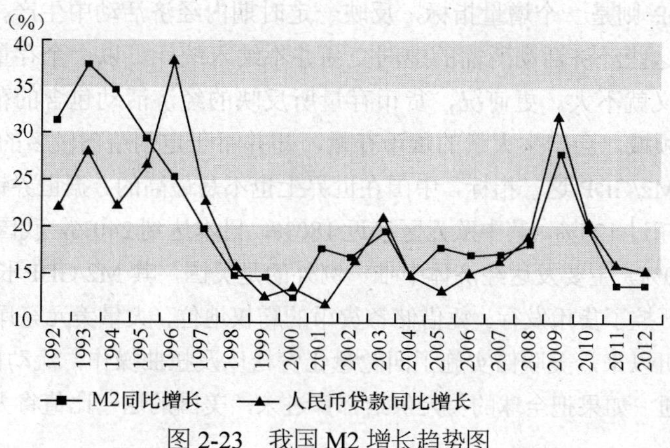

图 2-23　我国 M2 增长趋势图

量的 1/4，是美国的 1.5 倍，英国的 4.9 倍，日本的 1.7 倍，比整个欧元区的货币供应量的还多出 20 多万亿元。与此同时，近年来，无论是“蒜你狠”、“姜你军”等现象的频繁发生，还是房价的一路上涨，都给人们带来了货币贬值的直观感受。于是，一些人开始将巨额 M2 与物价、房价对应起来，认为货币超发是物价上扬和房价高企的根源。

M2 居世界第一是不是意味着中国的钱最多？是否存在央行主导的“货币超发”？M2 存量大会不会诱发通胀、推高房价？让我们一起走近 M2。

1. 我们的钱多不多

以更科学的金融总资产/GDP 指标来衡量，中国不仅远低于发达国家，甚至低于世界平均水平。在我国，货币供应量“家族”包括“三兄弟”。老幺 M0 是流通中现金，可以随时支付，流动性最强；老二 M1 又叫“狭义货币”，就是 M0 加上活期存款，由于活期存款变现方便，因此 M1 的流动性略逊于现钞，代表着一国经济中的现实购买力；老大 M2 又叫“广义货币”，就是 M1 加上企事业单位定期存款、居民储蓄存款等，企事业单位定期存款、居民储蓄存款不能直接变现，但经过一定的时间和手续后也能转变为现实购买力，因此 M2 既反映比较活跃的需求，也反映潜在的需求。

“简单说，M2 就是个人、企事业单位、政府机构及社会组织等持有的现金和放在银行里的存款”，交通银行首席经济学家连平说，“随着现代银行业和支付结算电子化的发展，现金在货币中的比重越来越小，银行存款已成为 M2 的主要部分。” “M2 居世界第一并不意味着中国的钱最多。”连平说。我国居民储蓄率高达 52%，居世界前列，远远超过美欧等发达经济体，比亚洲的平均水平也高出一截，再加上我国间接融资比重偏高，间接融资即银行信贷直接带来银行存款，这两个因素使我国银行存款多，M2 数量大。

当前，我国股市和债市的规模仅为 M2 总规模的 0.6 倍，而美国这两大市场的市值是其 M2 总规模的 4.3 倍。“美国以直接融资为主，因此其沉淀在银行体系中的钱即 M2 就会明显少得多。”连平表示。由于各国经济发展、人口资源等千差万别，单纯比较 M2 的大小缺乏说服力，于是，很多人又开始将一国的 M2 与 GDP 做比较，认为 M2 应在规模和增速上与 GDP 保持相对一致，如果 M2 超过 GDP 太多，则被认为存在“货币超发”。2012 年，我国 M2 余额高出 GDP 45.49 万亿元，M2 与 GDP 之比达到 188%。于是，一些人惊呼，中国货币超发 40 多万亿元，将导致严重的通货膨胀和资产泡沫。

“事实上，没有任何经济学理论认为，M2 必须与 GDP 存在一个固定的比例关系。”清华大学中国与世界经济研究中心主任李稻葵说。M2 作为一个存量指标，反映的是一个国家累积下来的货币供应量，GDP 则是一个增量指标，反映一定时期内经济活动中生产、投资、消费创造的附加价值部分，而这些经济活动所需的中间交易并不纳入统计。以一个存量指标去与一个增量指标比较，本身意义就不大。更何况，货币存量所反映的经济活动包含的范围更广，特别是在土地、房产等交易领域，会产生大量的货币存量，却并不一定创造出较多的附加价值。

即使非要使用 M2/GDP 这一指标，中国在世界上也不是最高的。据世界银行统计，2011 年全球 M2/GDP 平均值超过 125%，其中欧元区接近 180%，日本达到 240%，我国香港超过 300%，新加坡也一度高达 150%。主要发达经济体中唯一例外的是美国，其 M2/GDP 长期位于 60%～80%，但这并不说明美国严控了货币发行。凭借储备货币的霸权地位，大量美元充斥于全球的金融市场，特别是国际金融危机以来，美联储实施了四轮量化宽松以及扭曲操作，流动性没有在美国境内泛滥而大量在境外流通。如果把全球的美元供给都算进来，美国的这一比值将大幅提升。

由此可见，无论从 M2 还是 M2/GDP 来考量，中国都不是钱最多的国家。恰恰相反，如果以更科学的金融总资产/GDP 指标来衡量，就会看到，中国不仅远低于发达国家，甚至低于世界平均水平。

目前国际货币基金组织（IMF）使用这一指标作国际比较，其中金融总资产为银行总资产加上公开发行的债券总市值和股票总市值。根据 IMF 计算，2011 年世界平均水平为 366%，其中美国、欧元区、英国、日本分别为 424%、449%、784%和 540%，平均水平为 476%；“亚洲四小龙”平均水平为 544%多；我国仅为 303%，低于世界平均水平。

2. 这么多钱从哪来

M2 存量不是央行随意印出来的，也不可能存在央行自行主导的所谓“货币超发”。近年来，我国 M2 增长呈现出逐渐加速的态势。2000 年底，M2 余额约 13 万亿元，到 2008 年年底，M2 余额为 47.52 万亿元，而在国际金融危机爆发后，自 2009 年年起，M2 余额每年跨越一个“10 万亿元”台阶，4 年间增长了近一倍。于是，有观点认为，M2 存量过高是由于政府在应对金融危机过程中超发货币造成的，央行印了很多钱，用 M2 的快速增加刺激经济的快速增长。事实果真如此吗？

“M2 快速增长的直接源头是信贷高速增长。”连平说。根据货币银行学原理，信贷具有多倍创造货币的功能。打个比方，如果甲将 100 万元存入银行，银行在上缴存款准备金后将余下的 75 万元贷给了乙，乙拿到贷款后不会马上取出现金，而是继续存在银行中，此时最初 100 万元的货币就产生了 175 万元的货币供应量。如此循环往复，如果不断有企业贷款，则最终会被放大许多倍。

由于我国其他融资渠道不发达，信贷需求始终非常旺盛，银行只要有钱就可以迅速贷出去，从而使这个多倍创造货币的功能不断发挥作用，令 M2 存量几何式扩张。“可见，M2 存量增加的最原始动力是信贷需求。如果没有这种需求，M2 不可能凭空高速增长。因此 M2 存量不是央行随意印出来的，也不可能存在央行自行主导的所谓‘货币超发’。”连平说。

在一揽子经济刺激计划的作用下，2009 年、2010 年我国信贷规模出现了大幅增长，带动了 M2 存量的走高。对此，中国人民银行行长周小川表示，应对突发性危机时，刺激政策力度究竟要多大，是很难事前在数量上进行科学测算的。特别是这次金融危机严重影响了信心，而信心危机的传染性极强，应对政策如果力度不大的话就很难制止信心崩溃。所以，面对严重冲击时，刺激政策的力度宁肯大一些，以便稳住信心。相比之下，一些国家在应对这次国际金融危机中的刺激政策可能力度不够，经济复苏情况不理想，事后还得进一步加大力度。“评价经济刺激计划的作用，应该将其放在一个历史阶段综合来看，不能只想在危机时尽快复苏，复苏成功了以后又不愿意承担由其产生的成本，这是不现实的。”

除了信贷高速增长，外汇占款也是 M2 存量高企的重要推动因素。所谓外汇占款，就是央行买入外汇形成储备时投放的等值人民币。中国社会科学院金融研究所副所长王松奇说，多年国际收支双顺差条件下的央行购汇行为使央行每年被迫向银行体系中注入大量货币。截至 2012 年底，我国外汇储备已高达 3.31 万亿美元，这意味着 100 多万亿元 M2 中有 20 万亿元左右是由国际收支不平衡所带来的。“外汇占款没有多倍直接创造货币的功能，只是带来银行存款的增加，导致银行存贷比下降，从而增强了银行信贷投放的能力。”连平认为。

此外，在我国推进市场化取向改革的进程中，一些原来没被市场认可的资产，如企业无形资产、土地、房地产、收藏品等，逐渐被市场认可并上市交易。这些资产货币化的过程需要大量货币进行交易，无形中也推升了对 M2 存量的需求。以房地产为例，普通人感受最深的是，以前单位分配的公房和福利房不能上市交易，房改后，这些房产逐渐可以买卖，一套房产从没有任何市场价值到动辄几百万元，自然需要大量货币参与进来，这会直接带来货币资金需求。

3. 手里的钱会“毛”吗

M2 存量大并不必然引发通胀，M2 会不会推高房价就看社会投资预期如何。“听说，M2 多了就代表钱多了，东西、房子就会涨价，老百姓口袋里的钱也会越来越‘毛’。是这样吗？”北京的杨女士有些困惑。

M2 存量大是通胀的一个基础性条件，但并不必然引发通胀。我国居民有储蓄的习惯，加上社保体系尚不完善、投资渠道比较单一等因素，导致居民储蓄倾向较高，居民户存款已超过 40 万亿元。这笔相当于 M2 存量 40%的货币往往青睐于躺在银行里赚取利息或投资固定收益产品。即使部分货币流出银行体系，也不一定会冲击物价。当商品产量不够，百姓很多需求没有得到满足时，人们拿了钱之后就会“久旱逢甘霖”，马上用于消费进而可能形成通胀。“时下，我国粮食产量实现九连增，钢铁、水泥、家电、汽车等行业不同程度地存在着产能过剩，难以出现这种需求带动型的通胀，出现的往往是生产成本上升所带来的成本推动型通胀，也就是问题常常出在生产这一侧，而不是需求那一侧。”李稻葵说，“至于农产品价格短期炒作现象，那不是传统意义上的通货膨胀，而是 M2 存量过高在短期内带来的局部炒作。真正关系国计民生的大宗商品，并没有因为 M2 的高涨而出现大规模、持续的涨价潮。”

放眼国际，日本自 2000 年以来，M2 与 GDP 之比一直在 200%以上运行，但其经济却处于通缩状态；再看金砖国家，中国、俄罗斯、巴西、印度 4 国的 M2 与 GDP 之比分别是 188%、45%、37%和 18%，但今年 1 月份 CPI 的涨幅却分别是 2%、7.1%、6.15%和 6.62%。可见，若无其他条件配合，M2 存量高并不一定会直接导致通胀。

“与 M2 和 CPI 的关系相比，M2 和房价的关系要紧密得多。”王松奇说。房地产投资是长期投资，老百姓有时存钱就是为了买房，因此 M2 多房子的购买力就大，但这并不意味着 M2 多就一定会带来高房价。李稻葵认为，M2 要冲击房价，需要具备两个条件：一是存量货币很多，二是有涨价的预期。如此，人们才会拿出货币购房进而推高房价。当前，M2 会不会推高房价就看社会投资预期如何。

“从投资属性上看，房子和股票都是资产。为什么同样在 M2 高企的背景下，房价上涨，股市却低迷？这恰恰说明了社会投资预期很关键。”李稻葵说。房地产本身具有稀缺性，又存在供小于求的局面，自然会产生涨价的预期，而我国股市的基本制度还有待完善，投资者对股市投资预期比较差，这两种不同的预期造成了楼市与股市冰火两重天的格局。这一现象本身也说明，M2 高企并不一定会冲击资产价格。“如果未来的调控政策能真正改变房价上涨的预期，那楼市也会像股市一样，再多的 M2 也不会来冲击房价。”

在分析 M2 对物价、房价影响时，不应忽略重要一点，那就是我国拥有较强的宏观调控能力和手段，央行的货币政策对社会资金投向影响深远，这也会在很大程度上减少 M2 对经济生活的冲击。

从 2010 年以来，央行多次上调存款准备金率，一度上调至 21.5%的历史高位，央行票据也大量发行。截至去年年底，其他存款性公司在央行的准备金存款余额达 19.1 万亿元，未到期央票余额为 1.16 万亿元。也就是说，虽然同期 M2 余额为 97.4 万亿元，但其中约 20 万亿元被央行锁定，巨额流动性“刀枪入库”。

本章小结

（1）商品经济与自然经济相对，是以交换为目的的经济形态。社会分工和私有权的出现是商品经济最终形成的两大原因。商品二因素使用价值与价值是对立统一的，这种对立统一源于劳动二重性。商品价值量决定于社会必要劳动时间。商品价值量变化与社会劳动生产率的变化有关。

（2）货币是商品价值形式发展的完成形式。货币经历了自然货币、金属货币、纸币、存款货币及电子货币等发展进程。货币制度经历了银本位、金银复本位、金本位、金汇兑本位和纸币本位等。价值尺度和流通手段是货币两大职能，货币其他三个职能包括贮藏手段、支付手段和世界货币。一定时期内流通中所需货币量是由商品价格总额、货币流通速度以及信用经济规模决定的。违反货币流通规律的结果是通货膨胀或通货紧缩。

（3）价值规律是商品经济基本规律，包括价值决定和价值实现。价格围绕价值上下波动是价值规律的作用形式。价值规律的作用受到价值规律实现形式的影响。

习题

一、单项选择题

1. 商品二重性是指________。

A. 使用价值和价值　　B. 交换价值与价值

C. 交换价值与使用价值　　D. 外在价值与内在价值

2. 与一般劳动产品相比，商品的主要特点是________。

A. 它是用来满足自己需要的劳动产品　　B. 它是用来馈赠他人的劳动产品

C. 它是为交换而生产的有用劳动产品　　D. 它是为自己消费而生产的有用劳动产品

3. 马克思说："一切商品对于它的所有者是非使用价值，对它的非所有者是使用价值。"这表明________。

A. 有使用价值的不一定有价值

B. 商品所有者不可能同时拥有使用价值和价值

C. 商品所有者同时获得使用价值和价值

D. 商品不可能既有使用价值又有价值

4. 生产使用价值的劳动是________。

A. 抽象劳动　　B. 具体劳动　　C. 剩余劳动　　D. 社会必要劳动

5. 体现在商品中劳动的二重性是________。

A. 具体劳动和抽象劳动　　B. 私人劳动和社会劳动

C. 简单劳动和复杂劳动　　D. 必要劳动和剩余劳动

6. 连续干旱，农民采取各种措施，如打深井、扩大灌溉面积等，保证了蔬菜的供应，但蔬菜价格普遍上涨，造成蔬菜价格上涨的根本原因是________。

A. 蔬菜价格放开　　B. 蔬菜供不应求　　C. 蔬菜价值增大　　D. 蔬菜运费增加

7. 在生活中，我们经常观察到某些电子产品（例如电视、电脑）由于行业劳动生产率的提高，价格呈下跌趋势；而另一些资源类产品（例如石油、铁矿石）价格则呈上涨趋势，发生这种现象的根本原因是________。

A. 商品价值量变化　　B. 短期供求因素影响

C. 市场投机　　D. 国家政策调控

8. 货币的基本职能是________。

A. 价值尺度与流通手段　　B. 支付手段与世界货币

C. 储藏手段与支付手段　　D. 流通手段与储藏手段

9. 企业向职工发工资时，货币执行的是________。

A. 价值尺度.　　B. 流通手段　　C. 储藏手段　　D. 支付手段

10. 可以用观念上的货币执行的货币职能是________。

A. 价值尺度　　B. 流通手段　　C. 储藏手段　　D. 支付手段

11. 流通中所必需的货币数量与________。

A. 商品价格总额成正比，与货币流通次数成反比

B. 商品价格总额成反比，与货币流通次数成正比

C. 商品价格总额成正比，与货币流通次数无关

D. 商品价格总额相等

12. 通货膨胀是由于________。

A. 货币供应量大大少于货币需要量　　B. 货币供应量显著多于货币需要量

C. 货币供应量刚好等于货币需要量　　D. 按货币需要量决定货币发行数量

二　多项选择题

1. 商品是________。

A. 用来交换的劳动产品　　B. 为满足生产者自身需要的劳动产品

C. 价值和使用价值的统一体　　D. 价值和交换价值的统一体

E. 是历史的范畴

2. 下列关于劳动二重性的说法中正确的是________。

A. 具体劳动创造商品的使用价值　　B. 抽象劳动形成商品的价值

C. 具体劳动与抽象劳动是统一的　　D. 具体劳动与抽象劳动是两个劳动过程

E. 具体劳动与抽象劳动是同一劳动过程的两个方面

3. 使用价值量、价值量与劳动生产率的关系是________。

A. 劳动生产率与商品的使用价值量成正比关系

B. 劳动生产率与商品的使用价值量成反比关系

C. 劳动生产率与商品的价值量成正比关系

D. 劳动生产率与商品的价值量成反比关系

E. 同一社会必要劳动在同一时间内创造的商品价值量与劳动生产率的变化无关

4. 一般来说，空气不是商品，但是装在特别的容器中出售的新鲜空气是商品，这是因为________。

A. 出现了生产这种新鲜空气的专门企业

B. 这种空气能满足人们的需要

C. 把新鲜空气装在容器中需要耗费人们的劳动

D. 这种新鲜空气的生产以交换为目的

E. 装新鲜空气的特别容器是商品

5. 下面说法是正确的________。

A. 社会必要劳动时间的衡量以简单劳动为尺度

B. 社会必要劳动时间的衡量以复杂劳动为尺度

C. 少量的复杂劳动可以换算成多倍的简单劳动

D. 复杂程度不同的产品无法按比例进行交换

E. 简单劳动与复杂劳动的换算关系是在市场竞争中自发形成的

6. 货币执行支付手段的职能是指________。

A. 延期支付货款　　B. 支付租金

C. 支付利息　　D. 支付工资

E. 支付税款

7. 决定一定时期内商品流通中所需货币量的因素有________。

A. 进入流通的商品数量　　B. 商品的价格水平

C. 货币发行量　　D. 货币流通速度

E. 商品价格总额

三、简述题

1. 简述商品二因素之间的关系。

2. 近几年，食品安全成为社会公众普遍关注的社会问题，如牛奶掺加“三聚氰胺”、食品添加“苏丹红”、饮料含有“塑化剂”、炒菜使用“地沟油”，以及“瘦肉精”、“绝育黄瓜”、“染色馒头”、“山西勾兑醋”，最近又出现了“毒胶囊”事件。试从商品二因素的角度，谈谈你对食品安全问题的看法。

3. 举例说明货币的职能包括哪些？

4. 影响流通中货币需求量的因素包括哪些？

5. 马克思说：“价值尺度与流通手段的统一就是货币。”这句话怎么理解？

四、材料题

阅读下列有关货币的材料并回答问题。

材料一：贝是我国最早的货币，商朝以贝为货币。汉字中，凡与价值有关的字，大都从“贝”。海贝在新石器时代晚期已经取得了实物货币的地位。随着商品交换的发展，货币需求量越来越大，海贝已无法满足人们的需求，商朝人开始用铜仿制海贝。铜币的出现是货币史上自然货币向人工货币的一次重大演变。北宋时，由于铸钱的铜料紧缺，政府为弥补铜钱的不足，在一些地区大量铸造铁钱。《宋史》记载，当时四川所铸铁钱一贯就重达 25 斤 8 两。买一匹罗（丝织品），要付 130 斤重的铁钱。铁钱如此笨重不便，纸币“交子”就在四川地区应运而生。交子的出现在货币史上是金属货币向纸币的一次重要演变。

材料二：1609 年，阿姆斯特丹银行成立。那时，阿姆斯特丹是世界贸易的中心。不同国家的商人载着不同种类的金币、银币来此贸易。每次贸易，商人们都要对货币成色和质量进行查验和称量，很不方便。于是，阿姆斯特丹银行成立了。银行将商人们带来的各种货币进行查验称量，兑换成荷兰货币，并据此为各国商人开立存款账户。当贸易谈妥后，买方将银行开具的汇票支付给卖方，而卖方将汇票存入银行，钱就由银行负责从买方账户转入卖方账户。这种汇票就是最早的存款货币。

材料三：美国后现代小说家 William Gibson 在其 1984 年出版的小说“Neuromancer”（《神经漫游者》）中首次提出了电子货币的概念。他指出：“电子货币是人们和银行打交道的地方。它事实上已是银行保存你的钱财之处，因为电子货币的一切都是直接的电子交换。”电子货币就是这种电子交换的载体。

（1）试说明货币的本质及基本职能。

（2）阅读材料一，材料中列举了几种货币的具体形式？货币具体形式之所以不断演变其直接原因是什么？

（3）阅读材料二，分析存款货币（即汇票）产生的原因和前提条件。

（4）阅读材料三，谈谈你对电子货币的认识。

第三章

资本的生产和积累

学习本章主要是要理解和掌握剩余价值的生产过程以及生产方法、资本主义工资的本质和变动趋势以及资本积累对无产阶级革命产生的影响。

1. 劳动力成为商品是货币转化为资本的前提;
2. 不变资本、可变资本与剩余价值率;
3. 绝对剩余价值生产与相对剩余价值生产的联系与区别;
4. 资本主义工资的本质;
5. 资本积聚与资本集中的联系与区别;
6. 资本积累的一般规律。

资本（Capital）就是能够带来剩余价值的价值。资本不断增殖的天性使得资本主义社会的财富不断膨胀。马克思曾评价道：资本主义在它形成的百年间所创造的社会财富超过了以往一切社会的总和。可见，资本代替了土地，成为资本主义社会创富的中心。本章是在劳动价值论的基础上，以资本为中心，通过分析货币转化为资本的前提条件和资本主义生产过程，阐明马克思的剩余价值理论、资本主义工资理论以及资本积累的一般规律，从而揭示资本主义生产的实质和生产关系的基本特征。

第一节　剩余价值生产

一、货币转化为资本

马克思在《资本论》第四章开篇提到："商品流通是资本的起点。商品生产和发达的商品流通，即贸易，是资本产生的历史前提。世界贸易和世界市场在16世纪揭开了资本的现代生活史。如果撇开商品流通的物质内容，撇开各种使用价值的交换，只考察这一过程所造成的经济形式，我们就会发现，货币是这一过程最后的产物。商品流通的这个最后产物是资本的最初表现形式。资本在历史上起初到处是以货币形式，作为货币财产，作为商人资本和高利贷资本，与地产相对立。……现在每一个新资本最初仍然是作为货币出现在舞台上，也就是出现在市场上——商品市场、劳动市场或货币市场上，经过一定过程，这个货币就转换为资本。"[1]

[1] 卡尔·马克思,《资本论》(第1卷)，人民出版社，2004年1月第二版，第171页。

在这里马克思首先指出，商品流通是资本产生的历史前提。资本在封建社会最初表现为商业资本和高利贷资本。随着16世纪大航海和殖民贸易的发展，资本现代生活史被揭开了，也就是说产业资本出现了。接着，马克思通过分析商品流通，说明货币是资本的最初形式，商品流通与货币流通是密切联系的。最后，马克思指出了货币转化为资本需要经过“一定过程”，这个“一定过程”，就是劳动力成为商品的过程。

1. 资本总公式及其矛盾

资本家要想进行生产活动，首先必须拥有一定数量的货币，来购买生产要素，因此资本最初总是表现为一定量的货币。但是货币本身并不就是资本，作为资本的货币和作为普通交换媒介的货币有着本质的区别，这可以从商品流通公式和资本流通公式的区别看出来。

商品流通公式是：商品（W）—货币（G）—商品（W）

资本流通公式是：货币（G）—商品（W）—货币（G）

这两个公式无论从形式上、内容上还是流通的结果上都有明显的差别。

（1）形式上的差别。从买卖顺序上看，前者是先卖后买，后者是先买后卖；从流通的起点终点看，前者起点终点都是商品，后者起点终点都是货币；从中间媒介看，前者媒介是货币，后者媒介是商品。

（2）内容上的差别。从流通的目的看，前者流通的目的是为了获得另一种商品的使用价值，后者的流通目的是为了获得货币，而且是更多的货币，因为货币没有本质上的区别，如果资本家经过流通换回的货币与预付的货币一样多，这种交换就毫无意义，所以资本家预付货币的目的一定是为了换回更多的货币。

（3）流通的结果不同。商品流通前后商品的价值量没有发生变化，资本流通后价值发生了增值，所以资本流通的公式用符号表示应该是 G-W-G′。其中 $G'=G+\Delta G$，ΔG 是增加了的货币。

通过对两种流通公式的比较分析可以看到，在商品流通中，货币只是作为购买手段，充当商品交换的媒介，它并不能产生增值；而资本流通中，货币的运动能够使货币发生增殖即带来剩余价值，因此这时的货币已不再是普通的货币而转化成资本了。马克思还在《资本论》注释中引用了希腊哲人亚里士多德评价“经济”与“货殖”的话：“……商品交易的最初形式也是物物交换，但是随着它的扩大，必然产生货币。随着货币的发明，物物交换必然发展成为商品交易，而后者一反它的最初宗旨，成了货殖，成了赚钱术。货殖与经济的区别是：‘对货殖来说，流通是财富的源泉。货殖似乎是围绕着货币转，因为货币是这种交换的起点和终点。因此，货殖所追求的财富也是无限的。……有界限的是经济而不是货殖……前者的目的是与货币本身不同的东西，后者的目的是增加货币……’（散见亚里士多德《政治学》，贝克尔编，第1册第8章、第9章）。”[1]

G-W-G 这个公式，适应于商业资本、产业资本和借贷资本等一切形式的资本，概括了资本在运动中增值的共同本质，因此马克思称其为资本总公式。

资本总公式表明，资本在运动中发生了增值。马克思总结道：“但是实际上，价值在这里已经成为一个过程的主体，在这个过程中，它不断地变换货币形式和商品形式，改变着自己的量，作为剩余价值同作为原价值的自身分出来，自行增殖着。既然它生出剩余价值的运动是它自身的运动，它的增殖也就是自行增殖。它所以获得创造价值的奇能，是因为它是价值。它会产仔，

[1] 卡尔·马克思，《资本论》(第1卷)，人民出版社，2004年1月第二版，第178页。

或者说，它至少会生金蛋。”[1]可见，资本就是能够带来剩余价值的价值。或者说，是能够自行增殖的价值。

但我们需要特别注意的是，从形式上看资本增殖与价值规律似乎是矛盾的。价值规律要求商品交换按等价原则进行，交换的结果不能产生增殖。但是资本在运动中又确实发生了增殖，即产生了剩余价值，这就是资本总公式的矛盾。

那么矛盾是如何产生的呢？要说明这个矛盾，关键是要说明价值是如何增殖的，也就是要说明货币是如何转化为资本的。剩余价值不在流通中产生，但又离不开流通，这是解决价值增殖问题的条件。首先，剩余价值不在流通中产生。从表面上看，剩余价值似乎是在流通中产生的，实际上在流通中无论是等价交换还是不等价交换都不能产生剩余价值。等价交换不会发生增殖；如果是不等价交换即贱卖贵卖也不能发生增殖，因为在市场上每个人既是卖者又是买者，你得到的正是别人失去的，即使某些人总能贱买贵卖，也只能改变价值在不同所有者之间的分配，而不会增加整个商品的价值总额。所以马克思说：“如果是等价物交换，不产生剩余价值；如果是非等价交换，也不产生剩余价值。流通或商品交换不产生剩余价值。”其次，剩余价值的产生又不能离开流通，因为如果货币所有者不把货币投入流通，把货币储藏起来，也不会使货币发生增殖。因此资本家必须把货币投入到流通中去，在流通中购买到一种特殊商品，通过对这种特殊商品的使用，能够创造出剩余价值并凝结在新的商品中，然后再通过流通实现价值增殖。这种特殊的商品就是劳动力。所以说劳动力成为商品是价殖增值，即货币转化为资本的前提和关键。

2. *劳动力成为商品是货币转化为资本的前提*

劳动力是指存在于人体内的脑力和体力的总和，即劳动能力。劳动力是生产不可缺少的要素，但劳动力成为商品却是一个历史的现象。

（1）劳动力成为商品的条件。劳动力成为商品必须具备以下两个条件。

① 劳动者必须有人身自由。劳动力的所有者——劳动者可以自主决定是否出卖自己的劳动力，出卖给谁，出卖多少。而且，劳动者出卖的只是劳动力的使用权不是所有权。在奴隶社会，奴隶的人身是属于奴隶主的，劳动力当然也属于奴隶主。自给自足的奴隶主庄园经济本身，也意味着不会有劳动力成为商品在市场上出卖。而在封建社会，劳动者被严格束缚于土地之上，农业的欠发达使得其不可能养活大量靠出卖劳动力为生的非农人口。即使在我国明清时期，因新航路开辟，海上贸易发展出现了资本主义萌芽，但这种萌芽仍然由于封建土地经济的强大而无法继续发展。在历史上，劳动力获得人身自由，大部分是通过资产阶级革命，废除王权专治，赋予公民政治上的平等权利来实现的，也包括美国的旨在解放黑奴的南北战争。

南北战争的动因之一美国总统林肯 1862 年 9 月颁布的《解放黑人奴隶宣言》（见图 3-1）。而《宣言》发布的历史背景是当时北方资本主义发展缺乏大量自由劳动力，而南方种植园聚集了大量缺乏自由的黑人奴隶。这些人属于种植园主，在种植园整日劳作，十分辛苦。如果《宣言》得以施行，可以想象的是大量黑奴逃离南方涌入北方，成为产业工人。这当然是南方种植园主，以及与种植园经济联系密切的英国纺织产业所不愿意看到的。于是，战争的爆发不可避免。

② 劳动者丧失一切生产资料和生活资料。除了自身的劳动力以外，一无所有，只能靠

[1] 卡尔·马克思，《资本论》（第 1 卷），人民出版社，2004 年 1 月第二版，第 180 页。

出卖自己的劳动力为生。马克思认为，在历史上劳动者丧失生产资料和生活资料，是随着城市小商品生产者破产和资本原始积累而产生的。资本原始积累，除了殖民贸易外，马克思提到的就是羊吃人的“圈地运动”（见图 3-2）。殖民贸易开展起来以后，毛纺织业的迅速发展使得养羊成为最赚钱的行当，有钱人纷纷圈地养羊。“圈地运动”使得部分小农经济瓦解，大量农民破产、丧失土地，涌入城市成为产业工人，不得不依靠出卖劳动力为生。其实，“圈地运动”发展到 18～19 世纪，随着棉纺织业的兴起，圈地养羊已经失去了经济动因。这时的圈地运动，背后正是资本主义经济发展过程中“农业产业集中”与“劳动力向工业转移”的过程。

图 3-1　林肯审阅《解放黑人奴隶宣言》

图 3-2　英国圈地运动后的场景

确切地说，这次圈地运动是工业革命和生产力发展的结果。工业革命过程中，城市工业大规模发展，非农人口增加，城市对于农产品需求急剧增长，传统的小农经济无法满足这种需求的增长。在利润诱导下，城市资本纷纷投资农业，通过兼并土地创办大农场，农业集约化经营开始了。农业集约化经营一方面提高了产量和效益，另一方面也排挤了原先小农经济中过剩的农业劳动力，因为大农场的经营模式比小农经营更节省劳动力。于是，剩余劳动力开始向城市工业转移，伴随的正是小农经济的破产和大量自耕农土地等生产资料的丧失。

（2）劳动力商品的特殊性。

劳动力作为一种商品，与其他的商品一样，也具有价值和使用价值。但同时，劳动力又是一种特殊的商品，因此具有一般商品所不具有的特殊性。

首先，劳动力商品的价值决定具有特殊性。一般商品的价值是由生产该商品所耗费的社会必要劳动时间决定的。而生产和再生产劳动力的社会必要劳动时间很难直接衡量，必须进行转换。由于劳动力存在于活的人体中，所以劳动力的生产就是维持人体生存的生活过程，生产劳动力商品的社会必要劳动时间，就是生产和再生产那些维持劳动者生存所必需的生活资料的社会必要劳动时间，即劳动力的价值必须转化为维持劳动者生存所必需的生活资料的价值。它主要由 3 个部分构成：①维持劳动者自身生存所需要的生活资料的价值；②劳动者繁衍后代所需要的生活资料的价值；③劳动者必要的教育和培训费用。

劳动力价值还有一个重要特点，就是它包含历史、道德及区域的因素。劳动者生活资料的种类和数量，受一定历史条件下经济、文化、风俗习惯和自然条件的影响，因而在不同国家和地区，或同一个国家的不同区域，抑或不同发展时期，劳动力价值是不同的。

劳动力商品的最大特点在于它的使用价值。其使用价值就是劳动，一般商品在使用或消费时使用价值会逐渐消失或转换物质形态，其价值也随着消失或转移到新的产品中去，但劳动力商品的使用价值在使用的过程中不但可以创造出自身的价值，而且可以创造出比自身价值更大的价值，即剩余价值，也就是说劳动力商品的使用价值是劳动力价值和剩余价值的源泉。资本家之所以购买了劳动力就是看中了它这种特殊的使用价值，正是对劳动力的购买和使用，才发生了价值增殖，才使货币转化成了资本。

二、剩余价值生产过程

1. 资本主义生产过程的二重性

前面我们学习马克思劳动二重性理论知道，劳动具备两重属性：一方面是具体劳动，形成使用价值；另一方面是抽象劳动，形成价值。劳动二重性理论是马克思首创的，并且是理解马克思主义政治经济学的枢纽。

运用劳动二重性理论来看待资本主义生产，其生产过程也具有两重性：一方面，资本主义社会的生产与以往社会一样，都是一个生产使用价值的普通劳动过程；但另一方面，与以往社会不同的是，资本主义社会的生产是形成剩余价值的增殖过程，是一个价值不断增殖的生产过程。可以说，资本主义生产过程是劳动过程与价值增殖过程的统一。

但是在不同社会形态下，生产过程又具有不同的特点。在资本主义制度下，由于生产资料掌握在资本家手中，劳动者一无所有，不得不出卖自己的劳动力给资本家，因此资本主义劳动过程又具有两个明显特点：第一，工人的劳动在资本家支配和监督下进行，工人的劳动属于资本家；第二，劳动产品属于资本家。

资本主义劳动过程的结果表现为各种各样的使用价值被生产出来。但是，生产使用价值并不是资本家的目的，对资本家来讲，生产面包还是生产杀人武器，目的都是为了获得剩余价值。资本家之所以生产使用价值，是因为使用价值是价值和剩余价值的物质承担者，因此资本主义生产过程最重要的不是生产使用价值，而是生产剩余价值。

所以，资本主义生产过程具有两重性。一方面，工人的具体劳动生产商品的使用价值，同时将生产资料的价值转移到新的产品中去，成为商品价值的一个组成部分；另一方面，工人的抽象劳动形成了一定量的新价值，成为商品价值的另一组成部分。下面以一个纺纱厂为例来考察资本主义生产过程的二重性。

【例 3-1】 纺纱厂案例

这家纺纱工厂设立在英国的维斯特伍德（Westwood），主要从事将棉花纺成棉纱的工作。为了方便起见，我们假设工厂消耗的生产资料仅有棉花。而设备折旧、原料、燃料、辅料及厂房等生产成本忽略不计。这家工厂的工人每天工资为 3 元。就生产效率而言，每个工人每小时可以纺 10 斤棉花，每斤棉花的价格是 1 元。我们再假设工人每小时劳动创造 0.5 元的价值。下面我们分两种情况来分析生产过程。

第一种情况，工人每天工作 6 小时。

先看看资本家在生产之前需要为每位工人生产投入的货币资本：工人工资 3 元，棉花 60 元（一天工作 6 小时，纺 60 斤棉花），共计 63 元。

再看看生产结束之后，每位工人纺出棉纱的价值：工人具体劳动转移的原材料棉花的成本 60 元，工人新创造的价值 3 元（每小时创造 0.5 元，工作 6 小时），共计 63 元。

结论：资本家在生产过程前投入的货币与生产结束后的产品价值相等，此生产过程没有实现价值增殖。

第二种情况，工人每天工作 12 小时。

先看看资本家在生产之前需要为每位工人生产投入的货币资本：工人工资 3 元，棉花 120 元（一天工作 12 小时，纺 120 斤棉花），共计 123 元。

再看看生产结束之后，每位工人纺出棉纱的价值：工人具体劳动转移的原材料棉花的成本 120 元，工人新创造的价值 6 元（每小时创造 0.5 元，工作 12 小时），共计 126 元。

结论：与资本家在生产过程前投入的货币相比，生产结束后的产品价值增殖了 3 元。此生产过程实现了价值增殖。

为什么两次生产过程的结果有差异呢？比较两种生产情况，我们发现作为生产资料的棉花的价值，在两次生产过程中都是被工人的具体劳动转移到棉纱中去的，并没有实现价值增殖。而价殖增殖是由于资本家把工人的劳动时间延长，而且延长到生产劳动力价值所需要的时间（案例中的 6 小时）之上，工人创造的价值超过了他自身的价值，这就是价值增殖的秘密。可见，剩余价值是由雇佣工人创造的、被资本家无偿占有的、超过劳动力价值以上的那部分价值。

所以，价值增值过程不外是超过“一定点”而延长了的价值形成过程，这个“一定点”就是工人生产自身劳动力价值所需要的时间。如果超过了这个点，价值形成过程就转化为了价值增值过程。由此可以看出，工人的劳动时间实际上分为两部分：一部分是为自己劳动的时间，它生产出劳动力的价值，这部分时间是必要劳动时间；另一部分时间是为资本家生产剩余价值的时间，属于剩余劳动时间（见图 3-3）。因此，工人的剩余劳动时间是剩余价值的源泉。

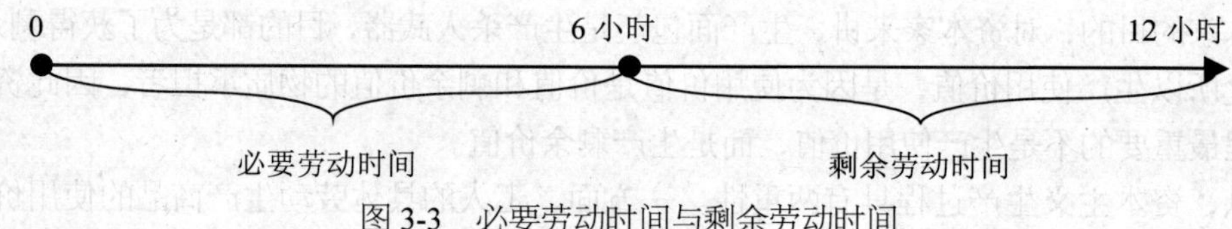

图 3-3 必要劳动时间与剩余劳动时间

2. 不变资本与可变资本

从以上生产过程可以看出，资本家的生产需要不同形式的资本，如厂房、机器设备、原材料、辅助材料等。其实这些物质本身并不是资本，只有在一定的剥削关系下，即被资本家用来充当剥削工人的工具时，才成为资本。所以，资本不是物，而是一种生产关系，是被物的外壳掩盖下的资产阶级与无产阶级之间的剥削和被剥削的关系。资本也不是从来就有的，而是社会发展到一定阶段才出现的，也是一个历史的范畴。

资本的不同部分在生产剩余价值过程中所起的作用是不一样的。根据在剩余价值生产过程中所起作用的不同，马克思把资本划分为不变资本和可变资本。不变资本是指资本家用于购买生产资料的那部分资本，用“c”表示，如厂房、机器设备、原料燃料等，这部分资本再生产过程中都是通过工人的具体劳动把原有价值转移到新的产品中去，不会发生价值量的变化，所以叫不变资本（见图 3-4）。不变资本不会产生剩余价值，只是生产剩余价值不可缺少的物质条件。可变资本是指资本家用于购买劳动力的那部分资本，用“v”表示（见图 3-5）。这部分资本以工资的形式支付给工人，被工人再生产过程外消费掉了，其价值是由工人再生产过程中重新再创造出来。不仅如此，劳动力在使用过程中除再生产出劳动力的自身价值外，还能生产出剩余价值，即发生了价值量的变化，所以叫可变资本。

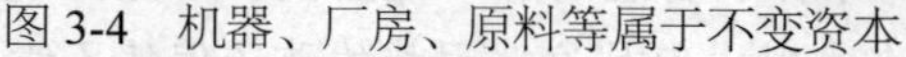
图 3-4　机器、厂房、原料等属于不变资本

图 3-5　雇佣工人属于可变资本

马克思把资本区分为不变资本和可变资本具有非常重要的意义，是马克思的重大理论贡献。

（1）它揭示了资本价值增值的秘密和剩余价值的真正源泉，只有可变资本才能创造剩余价值。在马克思之前，资产阶级经济学家将价值增殖看作是全部预付资本的产物。他们告诉工人，除了工人的劳动之外，资本家预付的生产资料对于价值增殖也是有贡献的，希望以此来掩盖资本对于劳动的剥削，消除工人阶级反抗的斗志。而马克思将资本划分为不变资本与可变资本，揭示了剩余价值源于劳动这一事实，坚定了工人阶级斗争的决心。

（2）为准确衡量剩余价值率提供了理论依据。剩余价值率就是剩余价值与可变资本的比率，用 m′来表示，公式为：

$$\text{剩余价值率}=\frac{\text{剩余价值}}{\text{可变资本}}\times 100\%=\frac{\text{剩余劳动时间}}{\text{必要劳动时间}}\times 100\%$$

由于剩余价值是工人在剩余劳动时间里创造的，可变资本是工人在必要劳动时间里创造的，因此剩余价值率也可以用剩余劳动时间比上必要劳动时间来表示。两种计算方式反映的内容是一致的：前者以物化劳动的形式表示在工人创造的价值中，资本家和工人各占多少份额。后者是以活劳动的形式表示工人在一个工作日的全部劳动时间中，有多长时间生产自身的价值，有多长时间来无偿地为资本家生产剩余价值。

由于剩余价值率反映了资本家对工人的剥削程度，所以也叫剥削率。例如 m′=100%，表明工人一天劳动创造的全部价值中，一半归自己，一半归资本家；若 m′=200%，表明工人一天劳动创造的全部价值中，三分之一归自己，三分之二归资本家。显然，随着剩余价值率的提高，剥削程度也在加深。

三、剩余价值生产方法

资本家作为资本的人格化身，总是希望获取尽可能多的剩余价值，因而想尽一切办法来加强对工人的剥削，提高剩余价值率。提高剥削程度的方法是多种多样的，但从历史发展和技术进步的角度看，主要有两种：绝对剩余价值的生产和相对剩余价值的生产。

1. 绝对剩余价值的生产

绝对剩余价值生产是指在必要劳动时间不变的前提下，通过绝对延长工作日长度使剩余劳动时间增加，来提高剩余价值率的方法。通过这种方法获取的剩余价值就是绝对剩余价值。因为工人工作日包括必要劳动时间和剩余劳动时间，在必要劳动时间不变情况下，工作日长度延长，剩余劳动时间就相应地延长，从而会增加剩余价值的生产。如原来工作日的长度是 12 小时，必要劳动时间和剩余劳动时间各为 6 小时，剩余价值率为 100%。如果 6 小时必要劳动时间不变，资本家把工作日延长到 15 个小时，剩余劳动时间就增加到 9 个小时，剩余价值率就提高到 150%。

虽然资产阶级政府通过立法来限制工作日长度，但资本家在生产过程中总是力图延长工作日。马克思曾在《资本论》注释中记述了一段名为《工厂视察报告》的文字[1]。

1836 年 6 月初，迪斯伯里（约克郡）的治安法官接到控告，说巴特利附近有 8 个工厂的工厂主违反了工厂法。其中有几位先生雇佣 12~15 岁的儿童 5 人，迫使他们从星期五早晨 6 点一直劳动到星期六下午 4 点，除了吃饭和半夜一小时睡眠外，不让有任何休息。这些孩子在那种叫作“再生毛料洞”的小屋里一连劳动 30 小时，他们在那里把破旧毛织物撕成碎片，洞里弥漫着灰尘和毛屑，连成年工人都要经常用手帕捂着嘴来保护自己的肺！这些被告的先生硬是说他们怀有怜悯之心，本来允许这些可怜的孩子睡 4 个小时，但是这些固执的孩子偏偏不肯睡！这几位贵格会会士先生被处罚金 20 磅。

看来，靠超过法定时间的过度劳动获得额外利润，对许多工厂主来说是一个难以抗拒的巨大诱惑。他们指望不被发觉，而且心中盘算，即使被发觉了，拿出一笔小小的罚款和诉讼费，仍有利可图。如果额外时间是一天之内零敲碎打地偷窃来的，那么，视察员想要找出违法证据就会遇到困难，甚至几乎不可能实现。

但是，工作日虽然是一个可变量，但也只能在一个界限内浮动，不可能无限制地延长，因为它受生理和道德因素的制约：一方面劳动者在一天 24 小时内需要吃饭、休息，以满足生理上的需要，否则劳动力就不能恢复；另一方面劳动者需要一定时间读书、看报、培养子女和参加社会活动。这种需要的范围和数量受一个国家经济文化发展水平的影响。因为工作日的长度有很大的伸缩性，所以资本家和工人总是不断地围绕工作日的长度而展开斗争，资本家力图延长工作日，工人则力图缩短工作日。工作日的长度最后必然取决于资产阶级和无产阶级两个阶级力量的对比。当双方矛盾激化时，还会产生工人运动，1886 年美国芝加哥工人大罢工就是例证。

【例 3-2】 1886 年 5 月 1 日芝加哥城工人大罢工

5 月 1 日，国际劳动节，它是全世界工人阶级斗争的历史纪念，每个国家都很重视它，尤其是美国、加拿大、南非。事件起因是 1880 年美国工人游行集会要求 8 小时工作制。1884 年，联邦贸易组织通过了一项解决方案，以立法的形式规定从 1886 年 5 月 1 日开始执行每日 8 小时工作制，但此后，工人们仍然被强迫每天工作 10 小时，12 小时，甚至 14 小时，这使得该项立法明存实亡，而各地的联邦首脑对此却表示出十分冷淡和不友好的态度，于是一场为争取 8 小时工作的罢工开始了（见图 3-6）。

1886 年 4 月，25 万工人参加了游行示威活动。此项活动由非政府国际工人联合会组织，活动的中心在芝加哥，商人和政府对这次活动越来越表现出的革命性感到恐惧，当地商界首脑要求增加警察和军队的数量。芝加哥商业俱乐部购买了 2 000 美元的枪支用于警戒对付这次罢工，5 月 1 日，这次游行活动得到了芝加哥纺织工人、制鞋工人、房屋装修工人的支持。5 月 3 日，警察开始向罢工的人群开火，打死打伤四人，一些非政府人士号召第二天在 haymarket 广场集会抗议政府的暴力镇压。

这场集会的过程中没有发生什么事件，但在最后一位讲演者登上讲台时，天下起了雨，广场上只剩下几百人，180 名警察进入广场疏散人群，这时一颗炸弹飞向警察中间，炸死一名警察炸伤七名警察，警察立即向人群开火，打死一名群众打伤多名群众。由于无法断定是谁扔的

1 卡尔·马克思，《资本论》（第一卷），人民出版社 2004 年第二版，第 280 页。

炸弹，这个事件成了攻击劳动节游行活动的把柄，警察查抄怀疑对象的家和办公室，有数百人在未指控下被逮捕，尤其是那些此次活动的领导者被袭击，8名芝加哥活动的积极倡导者被指控涉嫌广场炸弹事件和企图谋反。法庭在证据不足的情况下开庭审判，判决其中4人于1887年11月11日绞刑，另一名自杀于狱中，其他三名直到1893年才被释放。

图3-6　芝加哥工人大罢工

这场斗争虽然被镇压了，但其意义却十分深远，此后由于各国工人阶级的团结和不断斗争，终于赢得了8小时工作制和劳动节。1889年7月第二国际宣布将每年的5月1日定为“国际劳动节”。这一决定立即得到世界各国工人的积极响应。1890年5月1日，欧美各国的工人阶级率先走向街头，举行盛大的示威游行与集会，争取合法权益。从此，每逢这一天世界各国的劳动人民都要集会、游行，以示庆祝。

2. 相对剩余价值的生产

由于延长工作日不断遭到工人阶级反抗，资本家不得不采取相对剩余价值生产的方式来提高剩余价值率。所谓相对剩余价值生产，是指在工作日长度不变的前提下，通过缩短必要劳动时间使剩余劳动时间相对增加，来提高剩余价值率的方法。通过这种方法生产的剩余价值叫相对剩余价值。如原来工作日为12小时，必要劳动时间和剩余劳动时间各为6小时。现在工作日长度12小时不变，把必要劳动时间缩短到4小时，剩余劳动时间则变成8小时，剩余价值率就会由原来的100%提高到200%。

相对剩余价值的生产方法关键在于缩短必要劳动时间。必要劳动时间是生产劳动力价值的时间，要缩短生产劳动力的社会必要劳动时间，就意味着要降低劳动力的价值，而劳动力价值主要包括劳动者及其家属所需生活资料的价值。因此，必要劳动时间的缩短需要降低生活资料的价值。而要降低生活资料价值，就必须提高生产这些生活资料部门的劳动生产率，因为商品的价值量是和生产这些商品的劳动生产率成反比的，生产生活资料部门的劳动生产率提高了，必要劳动时间就会缩短。但是由于生活资料的价值量是由社会必要劳动时间决定的，并不是个别企业提高劳动生产率就能办到的。只有在整个社会劳动生产率提高的情况下，生活资料的价值才会降低。可见，相对剩余价值是全社会劳动生产率普遍提高的结果，而全社会劳动生产率的提高，又是各个资本家狂热地追逐超额剩余价值的结果（见图3-7）。

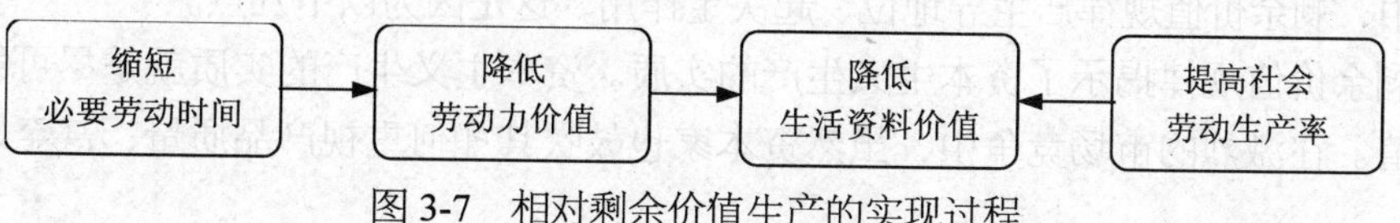

图3-7　相对剩余价值生产的实现过程

超额剩余价值是指个别资本家通过改进技术、提高劳动生产率使商品的个别价值低于社会价值的差额。个别资本家获得超额剩余价值只是一种暂时的现象，因为其他资本家也会追求超额剩余价值，也会竞相采用新技术，当新技术普及以后，整个社会的劳动生产率就会提高，商品的个别价值与社会价值的差额就不存在了，超额剩余价值就消失了。超额剩余价值虽然消失了，但生活资料的价值下降了，劳动力的价值也会随之下降，必要劳动时间缩短，相对剩余价值产生。由此可见，追求超额剩余价值是每个资本家改进技术、提高劳动生产率的直接目的和动机，而各个个别资本家竞相追求超额剩余价值的结果，却使所有资本家都普遍获得相对剩余价值。历史也证明，从绝对剩余价值生产到相对剩余价值生产的过渡是伴随着第二次工业革命而进行的。在第二次工业革命中，机械、石油、化工、交通运输等行业都取得了跨越式的发展（见图 3-8），社会劳动生产率显著提高，这为相对剩余价值生产的实现提供了客观技术条件。

图 3-8　第二次工业革命中汽车、电报的发明极大提高了生产效率

绝对剩余价值生产和相对剩余价值生产既有联系也有区别：第一，两种方法本质上是一致的，都是通过延长剩余劳动时间来提高剩余价值率。第二，绝对剩余价值生产是资本主义生产的一般基础，也是相对剩余价值生产的起点。因为，任何资本主义生产，都必须把工作日延长到必要劳动时间以上，否则就不能生产剩余价值。同时，只有把工作日分割为必要劳动时间和剩余劳动时间两部分，才能以此为出发点，缩短必要劳动时间，延长剩余劳动时间，生产出相对剩余价值。二者的区别主要在于物质技术基础不同，因而在资本主义发展的不同阶段所起的作用不同。绝对剩余价值生产是与生产技术不变，或生产技术发展缓慢相适应的；而相对剩余价值生产是以生产技术的不断变革为条件的。随着科学技术水平的不断提高，相对剩余价值的生产日益成为资本家加强剥削的主要方法。

四、剩余价值规律

马克思曾指出：生产剩余价值或赚钱，是这个生产方式的绝对规律。[1]这句话深刻的表明资本主义生产的实质，就是剩余价值生产。剩余价值规律是资本主义的基本经济规律。剩余价值规律的内容是：资本主义生产的直接目的和决定性动机是追求剩余价值，而达到这个目的的手段是采取绝对剩余价值生产和相对剩余价值生产等方法来加强对劳动的剥削。在资本主义经济规律体系中，剩余价值规律居主导地位、起决定作用，这是因为以下几点。

（1）剩余价值规律揭示了资本主义生产的实质。资本主义生产的实质就是尽可能多地去榨取剩余价值。在激烈的市场竞争中，虽然资本家也鼓吹其如何重视产品质量，甚至以“顾客就

[1] 《马克思恩格斯全集》第 23 卷，人民出版社，1974 年版，第 679 页。

是上帝”作为经营格言，但这绝不说明资本主义生产的目的就是使用价值。他们之所以重视使用价值，是因为使用价值是价值的物质承担者，只有生产出合格的使用价值，其产品才得到社会承认，价值才能通过销售得以实现，追求剩余价值的最终目的才能达到。可见，使用价值只是作为剩余价值生产的某种实现手段而已。

（2）剩余价值规律决定着资本主义再生产的各个环节。资本主义的生产过程就是剩余价值的生产过程，它是资本主义再生产过程的基础和核心；资本主义的流通过程是为剩余价值生产做准备和使剩余价值实现的过程；资本主义的分配过程，表现为各个资本家集团为取得利润、利息、地租而进行的激烈斗争过程；而资本主义的消费过程，也是为了保证剩余价值连续生产而恢复劳动者的劳动力过程。总之，资本主义生产、交换、分配和消费等一切环节，都是以剩余价值生产为出发点和归宿点的。

（3）剩余价值规律还决定着资本主义内在矛盾的发展。无偿占有雇佣工人劳动创造的剩余价值是资本主义生产的起点，为了榨取更多剩余价值，资本家不断进行资本积累，同时改进技术，提高社会生产能力。这生产资料日益向资本家集中，供给的急剧扩大与劳动人民有支付能力的需求之间的矛盾日益加深，生产社会化与生产资料私人占有之间矛盾愈演愈烈。这一内在矛盾的发展，使得资本主义经济危机周期性爆发，社会生产力遭到巨大破坏，暴露了资本主义生产方式的历史局限。

第二节　资本主义工资

一、资本主义工资本质

在资本主义社会，工人把劳动力出卖给资本家，资本家支付给工人工资。从现象上看，工人劳动一天，资本家付给一天的工资，劳动一周付给一周的工资，劳动一个月付给一个月的工资。工资这种支付方式造成一种假象，好像工人出卖的不是劳动力，而是劳动，工资好像表现为劳动的价值或价格，而工人似乎得到了全部劳动的报酬。这种看法，实质上是完全错误的。将工资说成是劳动的价值或价格就等于将劳动说成商品。劳动不是商品，没有价值，这是因为以下 3 点。

（1）商品的价值是耗费在商品生产上的社会劳动，商品的价值量用它所包含的劳动量来决定。如果说劳动是商品有价值，那就是说劳动的价值由劳动来决定。例如，一小时劳动的价值等于一小时劳动，这是无谓的同义反复。马克思曾说：“‘劳动的价值’这个用语中，价值概念不但完全消失，而且转为它的反面。这是一个虚幻的用语，就像说土地的价值一样。”[1]

（2）劳动不是独立存在的实体，不能作为商品出卖。如果劳动要作为商品在市场上出卖，那就必须在出卖之前已经是一个物质存在的商品。但事实上，活劳动是劳动力的使用，劳动力是在生产过程中才使用的，活劳动决不会在出卖之前就已存在。

（3）如果说劳动是商品，那就会消灭价值规律或以雇佣劳动为基础的资本主义生产。如果说劳动是商品，用物化劳动去同活劳动直接交换来说明，那么，如果是较少量劳动同较多量劳动相交换，就会消灭价值规律；如果是等量劳动交换，又会消灭以雇佣劳动为基础的资本主义

[1] 卡尔·马克思，《资本论》（第一卷），人民出版社 2004 年第二版，第 616 页。

生产自身。

可见，工人出卖的只能是劳动力。资本家支付给工人的是劳动力的价值或价格，劳动只是劳动力的使用或发挥。所以从本质上来看，工资是劳动力的价值或价格。

所谓工资是“劳动的价值”完全是一个虚幻的用语，是资本主义生产关系使“劳动力的价值”颠倒的表现。资产阶级的古典政治经济学没有进一步区分劳动与劳动力的区别，许多资产阶级的辩护者，就以此为理论依据替资本主义剥削制度进行诡辩。劳动力价值采取工资的形式，掩盖了资本家的剥削，抹杀了必要劳动时间和剩余劳动时间的区别，似乎工人的全部劳动都得到了报酬。

二、资本主义工资形式

资本主义工资形式多种多样，但最基本的有两种：计时工资和计件工资。除此之外，随着管理理论的产生与发展，还出现了如泰罗制、福特制等特殊的工资形式。

1. 计时工资

计时工资是按工人的劳动时间支付的工资，如月工资、周工资、日工资、小时工资等。它们分别是劳动力的月价值、周价值、日价值、小时价值的转化形式。劳动价格就是劳动力每一小时的价格，它等于劳动力的平均日价值除以平均工作日的小时数：

$$\text{劳动价格}=\frac{\text{劳动力的日价值（或日工资）}}{\text{工作日长度（小时数）}}$$

计时工资的一般规律是：“如果日劳动、周劳动等的量已定，那么日工资或周工资就决定于劳动价格，而劳动价格本身或者是随着劳动力的价值而变化，或者是随着劳动力的价格与其价值的偏离而变化。反之，如果劳动价格已定，那么日工资或周工资就决定于日劳动或周劳动的量。”[1]马克思的这段总结就是说，计时工资取决于三个因素：工作日长度、劳动价格和劳动力价值。

在资本主义制度下，计时工资是资本家加强剥削的一种手段。实行计时工资，使得资本家可以根据自己的实际需要和经营状况，延长或缩短工作日；可以在不降低工资额甚至提高工资额的情况下通过延长工作时间变相压低工人工资。

2. 计件工资

计件工资是按工人完成的产品数量来计算的工资，是计时工资的转化形式。因为，计件工资的制定是以计时工资为基础的，资本家用日工资除以每个工作日的产量定额的办法来确定每件产品的工资标准。如：每个工人日工资是 3 元，工人每天生产 10 件产品，采用计件工资后，每件产品的工资为 3 元/10 =0.3 元。资本家往往根据体力强壮和技术熟练工人的产量来制定标准的日产量额。因此，实行计件工资，可以变相提高工人的劳动强度，同时资本家可以借口产品不合格克扣工人工资。此外，实行计件工资的情况下，工人劳动的质量、数量都是由产品来控制，省去了监督，可以节约资本家雇佣监工的监督成本。

【例 3-3】 福特制

美国汽车制造家和管理学家福特首创的一种生产管理制度。福特制的基本内容和主要特点在于，把科学管理原理应用于生产，在生产标准化即产品标准化、作业标准化的基础上，利用

[1] 卡尔 · 马克思，《资本论》(第一卷)，人民出版社 2004 年第二版，第 625～626 页。

高速传送装置，使生产过程流水线化， 使流水线上各道工序的工人的各种作业在时间上协调起来，并由传送装置的速度决定工人每天所完成的作业和产品数量，最大程度地提高工人的劳动强度（见图 3-9）。这种生产管理制度把流水线上的各种操作简单化、程序化，因而能够大量使用工资低廉的非熟练工人，从而有利于组织生产作业的机械化和自动化，进一步提高劳动生产率，降低生产成本。但是，这种生产管理制度却成为剥削雇佣工人的一种手段。如果流水线上各道工序的工人跟不上机器的运转速度，就会被克扣工资甚至被解雇。

【例 3-4】 泰罗（Taylor）制

1911 年泰罗的《科学管理原理》一书出版，标志着管理理论的诞生。这本书讲述了应用科学方法确定从事一项工作的“最佳方法”，使管理从经验变为科学。泰罗被称为“科学管理之父”（见图 3-10）。

图 3-9　福特流水线工厂

图 3-10　“科学管理之父”泰罗

泰罗在美国一家钢铁厂当过学徒、工人、工头、车间主任，后来升为总工程师。他用业余时间自学了大学工程专业。这些经验使他能在生产第一线了解、研究劳动与生产管理问题。他发现，许多工人在工作中往往表现出“故意偷懒”、“磨洋工”，工作效率很低；当时也实行计件工资制，但由于雇主在生产提高后就降低计件工资，“鞭打快牛”，造成工人不愿意多做工作，生产效率仍难以提高。他认为当时工人的生产率只达到了三分之一，大有潜力可挖。关键是确定一个工作日的合理工作量，并要采用正确的工作方法和适用的工具。为此，他从 1880 年开始，用了 20 多年的时间，寻求从事每一项工作的“最佳方法”，总结出一套“科学管理理论”。该理论的主要内容包括以下几点。

（1）制定科学的作业方法。 首先，从从事同一工种的工人中挑选出身体最强壮、技术最熟练的一个，把他的工作分解为多个动作，测量并记录完成每一个动作所消耗的时间；去除动作中多余的和不合理的部分；把最经济、效率最高的动作集中起来，确定标准的作业方法。其次，实行作业所需的各种工具和作业环境的标准化。例如，1899 年泰罗进行铲铁实验，确定了以每一铲重量为 21 磅效果最好，过重或过轻都不利于提高工作效率。然后，根据标准的操作方法和每一个动作的标准时间，确定工人一天必须完成的工作量。

（2）科学地选择和培训工人。泰罗对经过科学选择的工人用科学作业方法进行训练，要他们按照作业标准进行工作，取得了显著的效果：搬运生铁试验，使每人每天的搬运量从 12.5 吨，提高到 47.5 吨；铲铁试验，使每人每天的搬运量从 16 吨，提高到 50 吨。劳动生产率成倍增长。

（3）实行有差别的计件工资制。按照作业标准和时间定额，规定不同的工资率。对超额完成工作定额的人，以较高的工资率计件支付工资（正常工资的 125%）；对完不成的人，则以较低的工资率支付工资（正常工资的 80%）。

三、资本主义工资变动趋势

在考察工资的变动趋势时，首先必须区分名义工资和实际工资这两个概念。名义工资也叫货币工资，是用工人出卖劳动力所得到的货币量来衡量的工资。实际工资是指工人用货币工资所购买到的各种生活资料和服务的数量与种类。名义工资扣除物价变动因素就等于实际工资。我们可以用以下公式来近似表明这种关系：

$$实际工资=\frac{名义工资}{1+消费物价指数（CPI）}$$

名义工资和实际工资是同一工资的两个不同侧面。只有实际工资才能反映劳动者的实际生活水平。这是因为实际工资的多少不仅取决于名义工资的数量，而且还取决于物价的高低。在物价水平不变的情况下，名义工资上涨，实际工资也会上涨，但如果名义工资不变，物价水平提高，或者名义工资增长的速度赶不上物价的增长速度，实际工资都会下降。

资本主义工资的变动趋势具有以下特征：第一，名义工资一般呈增长趋势；第二，实际工资水平的提高一般总落后于名义工资水平的提高；第三，工资水平的变化具有曲折性。在经济萧条时，工资水平会下降，经济高涨时，则会上涨（见图 3-11）。

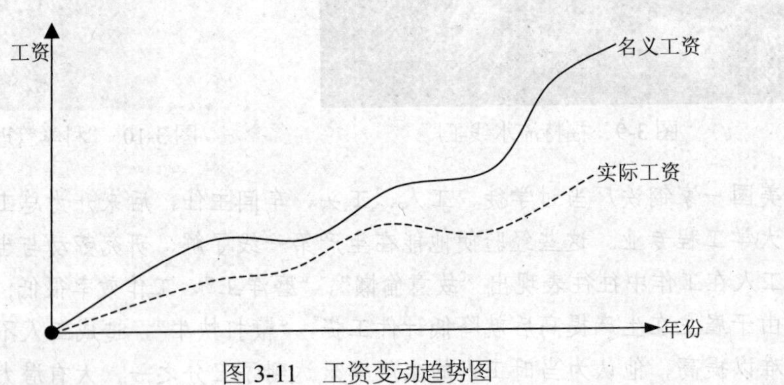

图 3-11　工资变动趋势图

其次，考察工资的变动趋势还要考察相对工资。相对工资是指与资本家得到的利润相比较的工资，也叫比较工资。从工资的变动趋势来看，工人的工资整体水平是提高了，但资本家得到的利润却更多了，相对工资还是呈现下降的趋势。所以工资的提高并不意味着工人受剥削的程度减轻了。

另外，考察工资变动的趋势还要考察工资的国民差异，即要考察资本主义各国工资水平的差别。因为工资是劳动力的价值，所以，凡是影响劳动力价值的各种因素，都会影响工资水平。在同一历史时期，各国经济发展水平、文化水平各不相同，必然会带来工资水平的差异。

第三节　资本积累

一、资本积累及其实质

资本家对剩余价值的追求是无止境的。资本家要想源源不断地获取剩余价值，必须连续不断地进行再生产。根据规模的不同，再生产可分为简单再生产和扩大再生产。简单再生产是在原有规模上重复进行的生产，而扩大再生产是生产规模不断扩大的再生产。资本主义生产的基本特征是扩大再生产，而不是简单再生产。扩大再生产必须要追加投资。为此，资本家必须把剩余价值分为两部分：一部分用来消费，另一部分用来追加投资，进行扩大再生产。所以，马克思说："把剩余价值当做资本使用，或者说，把剩余价值再转化为资本，叫做资本积累。"[1]可见，资本积累是资本主义扩大再生产的源泉，而剩余价值是资本积累的源泉。

1. 资本积累原因及影响因素

资本主义制度下，资本积累具有客观必然性，这是因为以下几个原因。

（1）对剩余价值的无止境的追求是资本积累的内在动力。资本生产的根本动机和目的，就是最大程度地榨取剩余价值。为了榨取更多剩余价值，除了加重剥削、提高劳动生产率等内延增长的方法以外，外延增长的方法就是不断增加资本总额，扩大生产规模，雇佣更多工人，榨取更多剩余价值。

（2）资本主义竞争是资本积累的外在压力。资本主义生产竞争非常激烈，竞争实际上是经济实力的竞争，谁的规模大，经济实力强，谁就会在"大鱼吃小鱼、小鱼吃虾米"的竞争中占据有利地位。马克思之后的经济学用数学证明了"规模经济"效应。规模经济理论证明了，规模越大，成本就越低。而成本越低，就能够使用诸如降价等策略挤垮对手。

【例 3-5】 规模经济：起初生产成本随规模扩大而下降，产量增加到 Q 点以后，达到规模经济效益点，这点企业取得最小成本 C。Q 点以后，生产规模扩大会导致管理成本提高，企业成本也随之增加（见图 3-12）。

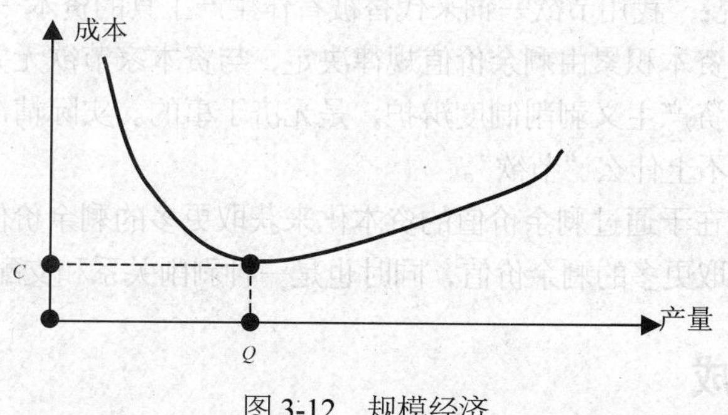

图 3-12　规模经济

由此可见，资本家迫于内外压力必然要进行资本积累。而资本积累来源于剩余价值，所以资本积累的数量取决于剩余价值的绝对量。在剩余价值量一定的情形下，积累规模的大小，又决定于剩余价值分割为积累基金和资本家个人消费基金的比例。而这种分割一旦确定，则一切影响剩余价值价值量的因素，都会直接影响资本积累量。具体说，这些因素包括以下几个方面。

（1）对劳动的剥削程度。剥削程度越高，剩余价值率越高，等量可变资本得到的剩余价值也就越多，从而资本积累的数量也就越多。资本家主要通过延长工作日、提高劳动强度及变相压低工人工资等手段提高剥削程度。

（2）社会劳动生产率水平。当社会劳动生产率提高时，单位商品的价值量就会降低，等量剩余价值体现在更多商品上。这一方面使得劳动力价值得以降低，相对剩余价值生产得以实现；另一方面，资本家预付资本购买的生产资料和劳动力也相应增加，从而使得资本积累

[1] 卡尔·马克思，《资本论》（第一卷），人民出版社 2004 年第二版，第 668 页。

随之增加。

（3）所用资本与所费资本的差额。所用资本指投入生产中的全部资本，包括全部固定资本和全部流动资本。所费资本指每次生产过程中实际消耗的资本，包括部分固定资本和该次生产全部流动资本。投入生产中的劳动资料，大部分属于固定资本，需要经过多次生产过程才全部消耗掉，其价值也是随着磨损程度逐步转移到新产品中，这样就形成了所用资本与所费资本差额。这个差额近似等于会计核算中的固定资产折旧，也就是折旧费。这个差额越大，一方面表明资本积累的规模越大，另一方面也意味着大量闲置的折旧基金可供资本家预先进行资本积累。

（4）预付资本量的大小。在剩余价值率及不变资本与可变资本不变条件下，随着预付资本的增大，可变资本数量就会相应增加，雇佣工人的人数就不断增加，资本家榨取的剩余价值量也就越多，从而资本积累规模就越大。

2. 资本积累实质

资本积累对于社会扩大再生产是有积极促进作用的。马克思曾在1848年写的《共产党宣言》第一章中提到："资产阶级在它不到一百年的阶级统治中所创造的生产力，比过去一切世代创造的全部生产力还要多，还要大。自然力的征服，机器的采用，化学在工业和农业中的应用，轮船的行驶，铁路的通行，电报的使用，整个大陆的开垦，河川的通航，仿佛用法术从地下呼唤出来的大量人口，……过去哪一个世纪料想到在社会劳动里蕴藏有这样的生产力呢？"资本主义社会在财富积累方面的成功，得益于资本积累所产生的积极作用。

面对着工人阶级运动的兴起，就资本积累的源泉问题，资产阶级经济学家西尼尔于1836年提出了"节欲论"。他说："我用节欲一词来代替被看作生产工具的资本一词。"事实上，资本积累的源泉是剩余价值，资本积累由剩余价值规律决定，与资本家节欲无关。西尼尔企图用主观意志代替客观规律，为资产主义剥削制度辩护，是无济于事的。实际情况是，资本越积累，资本家就越挥霍，根本谈不上什么"节欲"。

资本积累的实质就在于通过剩余价值的资本化来获取更多的剩余价值，即用无偿榨取的工人创造的剩余价值来获取更多的剩余价值，同时也是一种剥削关系和支配关系的积累。

二、资本有机构成

资本积累必然会对资本主义生产过程和无产阶级的命运有着深刻的影响，这一影响首先是通过资本有机构成的变化引起的。资本有机构成是一个考察资本结构的概念，资本结构问题是指资本中不变资本与可变资本比例问题。这个比例会随着资本积累的进行而发生变化，而这种变化对于无产阶级命运则产生了深刻的历史影响。

1. 资本有机构成

资本的构成可以从两个方面进行考察：从物质形态上看，资本是由一定数量的生产资料和劳动力构成，他们之间总要保持一定的比例，这个比例是由生产的技术水平所决定的，这种反映生产技术水平的生产资料和劳动力之间的比例，叫作资本的技术构成。从价值形态看，由于生产资料的价值表现为不变资本，劳动力的价值表现为可变资本，它们之间的比例叫作资本的价值构成。资本的技术构成与价值构成之间有密切的联系，资本的价值构成以技术构成为基础，资本的技术构成又决定价值构成。这种由资本技术构成所决定，并且反映资本技术构成变化的资本的价值构成，叫作资本的有机构成，用 C:V 来表示。如果将一定部门内许多资本的一个个构成加以平均就得出这个生产部门的总资本的构成。如果将所有生产部门的平均构成加以总平均，就得出一个国家的社会资本构成。

随着资本的不断积累，为了追求更多的剩余价值，资本家必然不断地改进技术，提高个别劳动生产率。最终，社会劳动生产率的提高成为资本积累最有力的杠杆。马克思在《资本论》中提到："一旦资本主义制度的一般基础奠定下来，在积累过程中就一定会出现一个时刻，那时社会劳动生产率的发展成为积累的最强有力杠杆。"[1]这句话充分表明，资本积累的增加，会促进劳动生产率的提高，而劳动生产率的提高反过来又会促进资本的增长。在劳动生产率提高的过程中，工人所使用生产资料的量在不断增加。马克思进一步举例说："例如，有一笔资本，按百分比计算，起初50%投在生产资料上，50%投在劳动力上。后来，随着劳动生产率的发展，80%投在生产资料上，20%投在劳动力上，等等。资本的不变部分比可变部分日益相对增长的这一规律，……不管我们比较的是同一国家的不同经济时代，还是同一时代的不同国家。"[2]

资本积累所引起社会劳动生产率的提高，使得不变资本在总资本中所占比重越来越大，可变资本所占比重越来越小，最终导致资本有机构成不断提高，这是资本积累的必然结果，也是资本主义发展的必然趋势。当然，资本积累使得可变资本部分相对减少，但并不排斥其绝对量的增加。

2. 资本积聚和资本集中

资本有机构成的提高，一般以个别资本的增大为前提。在资本主义制度下，生产是由个别资本独立经营的，所以，技术的改进，资本有机构成的提高，要以个别资本的增大为前提，而个别资本的增大主要通过两种途径来实现，即资本积聚和资本集中。

资本积聚是指单个资本依靠剩余价值的资本化来增大自己的资本总额。资本积累是资本积聚的基础，资本积聚通过资本积累来实现。资本积聚是资本积累的结果，资本积累规模越大，基本积聚也就越快。

资本集中是指把原来分散的众多中小资本合并成少数大资本。它既可以采取大资本吞并中小资本的形式，也可以采取股份公司的形式，把众多小资本合并成大资本。在资本主义社会，资本集中主要借助于竞争和信用两大杠杆来实现。信用杠杆，就是利用银行和证券市场使分散的资本得以集中。例如，大资本信用高，可以从银行获得大量贷款来增强实力，有助于它们在竞争中吞并中小资本；同时，证券市场的存在为发行股票设立公司，或公司之间的兼并重组提供了场所，有利于一些分散的中小资本合并为大资本，从而加速了资本集中。

【例3-6】　荷兰东印度公司

股份公司出现以前，业主制（Ownership）和合伙制（Partnership）是欧洲企业的主要组织形式。这两种企业的内部资金来源于个人、家庭以及亲友的资助，规模较小。十四、十五世纪大航海时代到来后，航海和殖民贸易成为西欧社会聚敛财富的主要经济活动。而在当时进行航海贸易，所需资金规模是庞大的，而其所担风险也是巨大的。这些都不是当时业主制或合伙制企业模式可以承担的。为了解决巨额融资、分担巨大航海风险，股份制应运而生。股份公司通过发行股票可以向社会公众募集大量资金。同时，股东承担有限责任，这又分担了航行的巨大风险。荷兰东印度公司被认为是人类历史上最早的规范股份公司。

---

[1] 卡尔·马克思，《资本论》（第一卷），人民出版社2004年第二版，第717页。
[2] 卡尔·马克思，《资本论》（第一卷），人民出版社2004年第二版，第718～719页。

荷兰东印度公司成立之前，西班牙菲利普二世与英格兰的海上战争几乎压垮了荷兰的经济，庞大的军事开支需要税收来弥补，这激起了荷兰地区人民反抗。这种反抗从掠夺西班牙及其从国葡萄牙的殖民贸易据点开始。鉴于当时航海贸易冒险的利润相当丰厚，荷兰总督莫里斯亲王和议会顾问奥尔德巴维特于 1602 年 3 月经荷兰联邦议会同意，设立了荷兰东印度公司。公司于 1602 年 8 月向阿姆斯特丹证交所（见图 3-13）申请上市交易，登记原始股份总额为 6 424 588 弗罗林。公司依据此前荷兰航海家组织远航的传统方法设立了章程，即授权董事会决定航行目的地、航行路线、贸易品种以及利润分配等事项，建立了最初的委托——代理制度。公司章程还规定了公司经营期限以 10 年为周期，到期进行清算。

图 3-13　阿姆斯特丹证交所是世界上最古老的证交所

荷兰东印度公司的股份按固定比例在 6 个城市间分配。其中，50%归阿姆斯特丹商会，25%归鹿特丹商会，剩下的股份由 Delft、Enkhuizen、Hoorn 和 Middelburg 4 个城市间均分。董事人数则按股份比例由各城市商会派出，阿姆斯特丹为 8 人，鹿特丹为 4 人，剩下 4 个较小城市各 1 人。为了防止阿姆斯特丹商会实施“一票否决”，董事会增加了第 17 位董事，由剩下 5 个城市的商会轮流担任。这 17 位董事组成的董事会代表股东行使管理公司的权利，而股东仅享有股息、资本收益以及转让股票的权利。为了更好地监督 17 人董事会。6 个城市商会还各自成立了董事会。阿姆斯特丹 20 人，鹿特丹 12 人，其余城市各 7 人，共计 60 人。这 60 人最初持有的股份比例占总股份额的 5%，1623 年上升为 11%。为了更好实施监督权，1622 年后这部分股份不能转让，只能继承或顶替。可见，荷兰东印度公司初步建立了划分经营权、决策权及监督权的现代企业制度。

起初，荷兰东印度公司经营状况并不理想，公司在 1610 年以前很少分红，即使在 1610 年以后，分红也常常以豆蔻等香料实物代替。公司很少分红的事实促使股票二级市场发展起来并活跃起来。有数据显示，至 1607 年公司成立 5 年间，约三分之一的股份实施了转让。1609 年公司董事会宣布股票不可赎回后，不满意公司经营的股东就只能转让股份了。这使得公司股票的交易更加活跃。1622 年以后，随着经营状况的好转（见图 3-14），公司分红比率高达 16.5%，赚取利润的 99%都分给了投资者。可观的分红预期不仅进一步刺激了二级市场的交易，还使得公司股票成为普遍受欢迎的抵押品。抵押东印度公司股票进行借贷，使贷款风险降低，实际利率水平降低至 3%。伴随着股票交易的活跃，市场有关和平与战争、航行事故和香料价格的传言和猜测日渐增多，这使得东印度公司的股票价格的波动更加频繁。而且，由于公司账目不公开，投资者只有在分红日才知道公司实际经营状况。因此，创新交易方式来抵御风险成为现实的投资需求，于是远期交易和期权交易诞生了。

图 3-14　17 世纪中期荷兰东印度公司商船出没于黎巴里港

1794 年第 4 次英荷战争后，荷兰商业王国在一年后即 1795 年瓦解。随着债务比例的上升和经营状况的衰落，荷兰东印度公司于 1796 年宣布清算终止。联邦议会最初设立荷兰东印度公司的目的是为与西班牙的战争筹款。海上贸易的巨额利润吸引着民众竞相投资，阿姆斯特丹证券交易所成立了，它是世界上第一个现代意义的证券交易所。在此交易的荷兰东印度公司的可转让股份 10 倍于同期设立的英国东印度公司，是当时欧洲交易规模最大的金融资产。良好的流动性使得东印度公司股份成为普遍接受的融资担保品，贷款利率水平降低至 3%。低利率水平在一定程度上促进了荷兰地区商业的繁荣。

资本积聚和资本集中既有联系又有区别。区别在于：第一，资本积聚通过资本积累实现，所以随着资本积聚，社会资本总额会增大。而资本集中仅仅是中小资本的合并，是原有资本在资本家之间的重新分配和组合，因而不会增大社会资本总额。第二，资本积聚是个别资本家的资本积累，增长速度较慢，而资本集中可以通过合并迅速集中起大量资本，速度快。联系在于：资本积聚会加速资本集中，因为，资本积聚的越多，它的经济力量越强，越有能力去挤垮或吞并对手；反过来，资本集中也会加速资本积聚，因为随着资本集中，少数大资本家更有可能采用先进技术，提高劳动生产率，获取更多的剩余价值，加速资本积聚。

三、资本积累一般规律

在资本构成不变时，资本对劳动力的需求会随着积累的进行而不断增长，劳动力的工资水平也会相应提高。从历史发展来看，一直到 18 世纪上半叶，也就是工业革命技术进步开始之前，工人阶级境况尚可。但此后一段时期，资本积累导致社会劳动生产率提高，进而导致资本有机构成提高的趋势越发明显，最终形成了相对过剩人口。

1. 相对过剩人口

（1）相对过剩人口的形成可以从需求和供给两个方面来分析。

① 从劳动力的需求看，随着资本有机构成的提高，不变资本在总资本中越来越多，而可变资本则相对减少，甚至有时还会出现绝对减少。正如马克思所言："一方面，在积累进程中形成的追加资本，同它自己的量比较起来，会越来越少地吸引工人。另一方面，周期地按新的构成再生产出来的旧资本，会越来越多地排斥它以前雇佣的工人。"[1]马克思在《资本论》中还引用了英格兰和威尔士人口调查的数据来说明这种趋势[2]：

[1] 卡尔·马克思，《资本论》（第一卷），人民出版社 2004 年第二版，第 724 页。

[2] 卡尔·马克思，《资本论》（第一卷），人民出版社 2004 年第二版，第 727 页。

全体从事农业的人员（土地所有者、租地农场主、园丁、牧人等都包括在内）1851 年为 2 011 447 人，1861 年为 1 924 110 人，减少 87 337 人。

毛织厂：1851 年为 102 714 人，1861 年为 79 242 人。

丝织厂：1851 年为 111 940 人，1861 年为 101 678 人。

印染工厂：1851 年为 12 098 人，1861 年为 12556 人。虽然生产大为扩大，但人数增加很少，这就意味着就业工人人数相对地大为减少。

相反，

棉纺织业：1851 年为 371 777 人，1861 年为 456 646 人。

煤矿：1851 年为 183 389 人，1861 年为 246 613 人。

一般来说，1851 年以来，工人人数的增加在那些直到现在还没有成功地采用机器的部门最为显著。

（《1861 年英格兰和威尔士人口调查》1863 年伦敦版第 3 卷第 36 页）

第二次世界大战以后，在主要资本主义国家这种趋势更加明显。如美国从 1952—1972 年钢产量增加了 0.38 倍，但工人数量却减少了 7.7%，从 1950—1973 年煤产量增加了 1 倍多，但采煤工人却由 48 万人减少到 13 万人。

② 从劳动力的供给来看，劳动力的数量却在绝对增加。这是因为：•由于技术的发展和各种先进机器的应用，生产对劳动者的体力要求降低，从而使大量妇女、儿童也能参加劳动，增加了劳动的供给；•资本主义生产在农业中的发展，使得农业资本有机构成也在逐渐提高，使得大批农民破产也加入到雇佣大军；•资本的集中，大资本吞并中小资本，从而使竞争中破产的中小资本家也加入到雇佣队伍中去；•总人口的增加、退休后再就业及某些产业结构的调整等，也会加大劳动力的实际供给。

可见，随着资本有机构成的提高，一方面出现资本对劳动力的需求相对减少，另一方面，又会造成劳动力供给的不断增加，结果必然会造成大量劳动者失业，形成相对过剩人口。相对过剩人口是相对于资本主义生产来讲过剩的人口，并不是人口的绝对过剩，不是社会财富和生产能力容纳不了这些人，而仅仅是指相对于资本的需求来讲，这些人成为多余的了。

相对过剩人口，既是资本积累的产物，同时又是资本主义生产方式存在和发展的一个必要条件。因为：•相对人口的存在满足了资本主义经济周期性发展的要求。资本主义生产具有周期性，时而萧条，时而高涨，相对过剩人口的存在起着劳动力蓄水池的作用，可以随时调节和满足不同时期资本对劳动力的需要。•相对过剩人口的存在加重了对在业工人的剥削。在劳动力供过于求的情况下，资本家不仅随时可以从市场上购买到廉价劳动力，而且还可以迫使在业工人接受更加苛刻的条件。

（2）资本主义相对过剩人口有 3 种形式。

① 流动的过剩人口。是指那些再生产过程中暂时被排挤出来的失业工人。这部分工人当生产扩大时，被吸收到生产中去，当生产萧条时，又会被排挤到工厂的大门之外，经常处于就业和失业交替的流动状态。

② 潜在的过剩人口。主要是指在农村还保留一小块赖以生存的土地，但随时准备转移到城市里去的那部分人。

③ 停滞的过剩人口。主要是指那些找不到固定职业，依靠打零工勉强维持生存的人。这些人的工作极不稳定，劳动时间最长，劳动条件最差，工资最低。此外，在失业人口中，还有处在社会最底层依靠讨饭或政府救济才能维持生存的人。

2. 资本积累一般规律

随着资本的不断积累，社会财富越来越集中到资本家手中，与此同时，财富的创造者——无产阶级却越来越贫困，这就是资本积累的一般规律。马克思对此所做的表述是："社会的财富即执行职能的资本越大，它增长的规模和能力越大，从而无产阶级的绝对数量和他们的劳动生产力越大，产业后备军也就越大。可供支配的劳动力同资本的膨胀力一样，是由同一些原因发展起来的。因此，产业后备军的相对量和财富的力量一同增长。但是同现役劳动军相比，这种后备军越大，常备的过剩人口也就越多，他们的贫困同他们所受的劳动折磨成反比。最后，工人阶级中贫苦阶层和产业后备军越大，官方认为需要救济的贫民也就越多。这就是资本主义积累的绝对的、一般的规律。"[1]概括地说，第一，执行职能的资本越大，社会劳动生产力越大，产业后备军也越大；第二，产业后备军越大，经常的过剩人口就越多，他们就越贫困；第三，产业后备军越大，经常失业的需要救济的贫民也就越多。把这三点合并成一句话就是：执行职能的资本越大，产业后备军也就越大，由于失业和贫困而需要救济的贫民也就越多。可见，资本积累的结果一方面是资本家财富的积累，另一方面是无产阶级贫困的积累。

无产阶级的贫困有绝对贫困和相对贫困之分。无产阶级的相对贫困是指无产阶级的收入在整个国民收入中的比重不断下降。无产阶级的绝对贫困是指无产阶级经济状况的绝对恶化，主要表现在实际工资下降，失业人口增加，生活在贫困线以下的人口大量存在以及劳动强度的提高和劳动条件的恶化等方面。当然，绝对贫困不是长期的、经常发生的普遍现象，而是间歇性的、有时存在的现象。

2012年全国十大城市最低工资排行榜新鲜出炉

我国推行的最低工资制度是从2003年开始的，《最低工资规定》是在2004年3月1日开始施行。最低工资制度是一把双刃剑，它可以保障工人的工资，维护社会稳定，促使各行各业的职位增长，淘汰无良企业；弊端方面一是影响自由市场的运作，二是弱势社会群体或将被牺牲，三是最低工资标准可能让劳力优势难以发挥。

最低工资一直都是一个争议很大的话题，不仅仅是对其利弊的争议，全国各地的最低工资标准也备受当地市民诟病。2012年全国各个地区纷纷上调最低工资标准，当然也有一些重要城市还在"蠢蠢欲动"中，迟迟未见上调。

针对2012年已经上调了最低工资标准的主要城市，三茅人力资源网做了一个排行榜，深圳依旧领衔第一，其次是上海和北京。

No.1 深圳2012年最低工资为1 500元

2012年深圳全日制就业劳动者最低工资标准：1 500元/月；非全日制就业劳动者小时最低工资标准：13.3元/小时。新标准自2012年2月1日起实施。

2011年4月，深圳最低工资标准由2010年的每月1 100元上涨到1 320元，同比涨幅达20%。2012年的最低工资标准提高到1 500元后，同比涨幅达13.6%。

No.2 上海2012年最低工资1 450元

从2012年4月1日起，上海月最低工资标准将从1 280元调整到1 450元，增加170元，

---

[1] 卡尔·马克思，《资本论》（第一卷），人民出版社2004年第二版，第742页。

增加额高于去年；小时最低工资标准从 11 元调整到 12.5 元。同时调整城乡低保标准，调整金额是本市低保制度建立以来最多的一次。

按照调整方案，从 4 月 1 日起，上海市劳动者月最低工资标准将从 1 280 元调整为 1 450 元，增加 170 元，增加额高于去年的 160 元；小时最低工资标准从 11 元调整为 12.5 元。这是自 1993 年建立最低工资制度以来，上海市第 19 次调整最低工资标准。

No.3 北京 2012 年最低工资为 1 260 元

北京最低工资标准由 1 160 元调整为 1 260 元，增加 100 元，增幅为 8.6%。同时，相应提高非全日制从业人员最低工资标准，非全日制从业人员小时最低工资标准由每小时 13 元提高到每小时 14 元；非全日制从业人员法定节假日小时最低工资标准由每小时 30 元提高到每小时 33 元。此标准由 2012 年 1 月 1 日开始执行。

No.4 天津 2012 年最低工资为 1 310 元

天津最低工资标准由每月 1 160 元提高到 1 310 元，增加 150 元，增长 13%，预计全市 20 万名职工受益。将进一步完善失业保障制度，提高失业保障水平。自 2012 年 7 月起调整失业保险金标准，月人均增加 60 元。继续调整企业退休人员养老金，按照月人均增加 180 元安排，增加养老金支出 30 亿元，预计 143 万退休职工受益。将继续做好困难群体救助帮扶。4 月起，将城乡低保标准由每人每月 480 元、280 元提高到 520 元、320 元，农村五保供养标准由每人每年 5 060 元提高到 5 560 元，预计 28.8 万名困难群众受益；特困救助家庭由人均收入低于城乡低保标准的 130%调整为低于城乡低保标准 140%。

No.5 济南 2012 年最低工资为 1 240 元

自 2012 年 3 月份起再次提高最低工资标准，月最低工资标准根据各地的经济发展水平分为 3 档，分别是 1 240 元、1 100 元、950 元。同时调整的还有小时最低工资标准，调整后的 3 档水平分别为 13 元、11 元、10 元。据了解，山东省去年的三类月最低工资标准分别为 1 100 元、950 元、800 元，小时最低工资标准分别是 11.5 元、9.8 元和 8.7 元。

No.6 武汉 2012 年最低工资为 1 100 元

湖北将全省最低工资标准按区域划分为 3 档，全日制就业劳动者月最低工资标准依次为 1 100 元、900 元、750 元。全日制就业劳动者的最低小时工资标准，按每月 21.75 天、每天 8 小时进行折算。非全日制就业劳动者的小时最低工资标准依次为 10 元、8.5 元、7.0 元。同时，为缩小地区间的工资差距，将全省最低工资标准由原有的 4 档合并为 3 档，分别比原有标准增长 22%、20%、18%，平均增幅为 20.3%。

本章小结

（1）劳动力成为商品是货币转化为资本的前提。劳动力商品价值与使用价值的决定具有特殊性。资本主义生产是具体劳动过程与价值增值过程的统一。剩余价值生产包括绝对剩余价值生产和相对剩余价值生产两种方式。

（2）资本主义工资的本质是劳动力的价值或价格。计时工资和计件工资是工资的两种基本形式。考察资本主义工资时，还要关注相对工资。

（3）剩余价值的资本化称为资本积累。资本积累会导致资本有机构成提高，相对过剩人口出现。资本主义生产，一方面是资产阶级财富与生产的不断积累，另一方面是无产阶级贫困的不断积累，这就是资本积累的一般规律。

习题

一、单选题

1. 资本主义生产中，工人新创造的价值是________。

A. $c+v$　　B. $v+m$　　C. $c+v+m$　　D. $c+m$

2. 反映资本家剥削工人程度的概念是________。

A. 利润率　　B. 利息率　　C. 年剩余价值率　　D. 剩余价值率

3. 劳动力商品的最重要的特征是________。

A. 它的价值可还原为生活资料的价值　　B. 价值决定中包含历史和道德的因素

C. 在一定条件下会成为商品　　D. 能够创造比自身价值更大的价值

4. 个别资本家提高劳动生产率的直接目的是________。

A. 追逐相对剩余价值　　B. 追逐超额剩余价值

C. 对剩余价值追逐　　D. 降低劳动力价值

5. 货币转化为资本的前提条件是________。

A. 能购买到生产资料　　B. 能购买到机器设备

C. 能购买到劳动者　　D. 劳动力成为商品

6. 相对剩余价值的产生是________。

A. 个人劳动生产率提高的结果　　B. 企业劳动生产率提高的结果

C. 部门劳动生产率提高的结果　　D. 社会劳动生产率提高的结果

7. 资本主义工资的本质是________。

A. 劳动力的价值或价格　　B. 劳动的价值或价格

C. 劳动力价值或价格的转化形式　　D. 劳动报酬

二、多选题

1. 劳动力成为商品的两个条件是________。

A. 劳动者必须具有劳动能力　　B. 劳动者必须有人身自由

C. 劳动者必须适应生产的要求　　D. 劳动者必须掌握一定的劳动技能

E. 劳动者除了自己的劳动力以外一无所有

2. 剩余价值率是________。

A. 剩余价值与可变资本的比率　　B. 剩余价值与预付资本的比率

C. 剩余劳动与必要劳动的比率　　D. 剩余价值与不变资本的比率

E. 剩余劳动时间与必要劳动时间的比率

3. 剩余价值率为100%表示工人一天劳动时间内________。

A. 都为资本家生产剩余价值

B. 创造的价值有一半为资本家无偿占有

C. 为自己劳动与无偿为资本家劳动的时间相等

D. 创造的价值中，工人得到的与资本家占有的相等

E. 生产的商品价值中工人得到的与资本家占有的相等

4. 资本主义生产中雇佣工人具体劳动的作用是________。

A. 生产使用价值
B. 转移生产资料的价值
C. 创造剩余价值
D. 转移劳动力的价值
E. 形成价值

5. 劳动力商品的价值主要包括________。
   A. 维持劳动者自身生存所必需的生活资料价值
   B. 历史的道德的因素
   C. 劳动者享受和发展所需生活资料的价值
   D. 劳动者家属所必需的生活资料的价值
   E. 劳动者必要的受教育和训练的费用
6. 绝对剩余价值、相对剩余价值和超额剩余价值的关系是________。
   A. 绝对剩余价值和相对剩余价值都是靠延长工人的剩余劳动时间生产出来的
   B. 绝对剩余价值和相对剩余价值生产的物质技术不同，因而在资本主义发展的不同时期所起的作用不同
   C. 相对剩余价值生产的条件是少数企业劳动生产率高于本部门平均劳动生产率，而超额剩余价值生产的条件则是社会劳动生产率普遍提高
   D. 相对剩余价值是超额剩余价值产生的前提，而超额剩余价值是相对剩余价值生产的结果
   E. 生产相对剩余价值的整个过程，在现实生活中表现为无数资本家不断地追逐超额剩余价值的过程

三、简述题

1. 简述劳动力商品价值与使用价值的特殊性。
2. 简述相对剩余价值生产的实现条件。
3. 为什么说工资不是劳动的价值或价格？
4. 简述资本积聚与资本集中的区别与联系。

四、材料分析题

1. 阅读下列有关剩余价值的材料并回答问题。

约翰（John）是一名企业主，生活在马克思的年代，他在英国韦斯特伍德郡（Westwood）经营一家陶器厂，主要产品是陶器。约翰的工厂雇佣了 50 名工人，他们都来自周边村镇，大多数是破产的农民，约翰支付给每个工人的日工资平均为 1 英镑，这个工资水平在当地属于中上等级。约翰的工厂建设了 3 个陶炉，在当地属于中等规模的工厂。现在我们假设约翰的工厂每天耗费的生产资料如下：煤炭价值约 10 英镑，陶泥价值约 20 英镑，辅料约 10 英镑，生产设备及工具折旧约为 10 英镑。就生产效率来讲，约翰工厂里的工人每天工作 12 小时，每个工人每天生产陶器 60 件，工厂一天总共生产陶器 3 000 件，每件陶器的售价为 0.04 英镑，因此约翰的工厂每天生产陶器的价值总额为 120 英镑。

（1）什么是剩余价值、不变资本和可变资本？试算约翰每天为工厂支付的不变资本、可变资本以及获得的剩余价值分别为多少？

（2）什么是资本有机构成？试算约翰工厂的资本有机构成？

（3）什么是剩余价值率和利润率，约翰工厂的剩余价值率与利润率分别是多少？

2. 阅读下列有关股份公司与资本集中的材料并回答问题。

材料一：马克思说："假如等到单个资本积累发展到能够修建铁路的程度，那么恐怕今天世界上也没有铁路。"这句话准确印证了第二次工业革命期间美国铁路工业的大发展。1830 年 5 月 24 日，美国第一条铁路建成通车，从巴尔的摩至埃利州科特，全长 21 公里。19 世纪 50 年代，筑路规模开始扩大，80 年代形成高潮。从 1850—1910 年的 60 年间，共修筑铁路 37 万余公里，运营里程世界第一。剖析美国铁路大发展的原因，股份公司作为一种资本集中工具起到了很大作用。由于铁路投资金额巨大，因而投资人一般在获得铁路修建沿线州政府的批准后，通过委托股票经纪人发行股票的方式，来筹集巨额资金修建铁路。这种模式克服了原来单个资本修建铁路工程资金匮乏的弊端，促进了美国铁路行业的发展。

材料二：除了铁路行业以外，美国石油工业崛起在一定程度上也得益于股份公司这种资本工具。1855 年，耶鲁大学教授西利曼的石油报告向公众发布：石油可以在不同沸点分解出不同成分，其中包括可以替代煤油的高质照明用油。这份报告标志着石油商用化的开始。1861 年 4 月宾夕法尼亚的小镇泰特斯维尔，德雷克上校代表的钻井商第一次打出自喷井。之后石油投资热潮席卷美国，许多投资人先投资购买或租赁土地进行初步勘探，待发现石油后成立股份公司继续进行石油钻探和开采，其中最著名的就是洛克菲勒和他的美孚石油。与铁路运输利润较为确定不同，石油的勘探和开采在当时属于风险较高的行业，投入巨额资金勘探并不一定就能发现石油，这就需要一种机制来分担风险、共享利润，于是股份公司模式被引入到了石油开采行业。

（1）资本增大有几种方式，分别是什么？股份公司属于哪种资本增大方式？

（2）结合材料一，谈谈你对马克思那句话的理解。

（3）结合材料二，分析股份公司促进美国石油行业崛起的内在原因。

（4）综合材料一和材料二，总结一下股份公司这种资本工具的两大优势。

第四章

资本运动过程

学习本章首先要理解资本运动是动态的过程，掌握个别资本运动过程中的资本循环与资本周转，理解社会资本再生产的实现条件，以及资本主义经济危机的实质与根源。

教学重点及难点

1. 产业资本正常循环的条件;
2. 资本周转速度对于剩余价值生产的影响;
3. 社会资本简单再生产及扩大再生产的实现条件;
4. 资本主义经济危机的实质与根源。

马克思主义哲学认为，运动是永恒的，静止是相对的。资本带来剩余价值，是一个不断运动的过程。本章先从个别资本这个微观视角，考察个别资本运动的过程、形式及实现条件；再从社会资本这个宏观视角，考察社会资本简单再生产和扩大再生产的实现条件。最后，探讨资本主义经济危机的实质与根源，并分析资本主义经济周期问题及经济危机的新特征。

第一节　资本循环与周转

一、资本循环

资本是在运动过程中实现价值增殖的，而能够带来剩余价值的只有产业资本。所以，考察个别资本运动要以产业资本为对象。所谓产业资本是指投放在工业、农业、采掘业和建筑业等物质生产部门的资本。

1. 产业资本循环 3 个阶段

产业资本循环第一个阶段是购买阶段，即资本家用货币在市场上购买生产资料和劳动力的阶段。如果用 G 代表货币，用 W 代表商品，Pm 代表生产资料，A 代表劳动力，则第一阶段可用公式表示为：

$$G \longrightarrow W \begin{cases} P_{\mathrm{m}} \\ A \end{cases}$$

从形式上看，这个公式只表示一般的商品流通，是用货币购买商品。但实质上这是资本运动的特定阶段，因为这里的货币不是一般货币，而是资本的预付形式，是货币资本，它执行着为生产剩余价值做准备的职能。从资本技术构成分析，购买的生产资料和雇佣劳动力要保持一定比例，才不会造成浪费。经过购买阶段，资本在数量上虽然没有变化，但在形态上却发生了变化，由货币资本转化成生产资本，这样产业资本循环就进入第二个阶段。

产业资本循环第二个阶段是生产阶段，即资本家将购买的生产资料和雇佣的劳动力进行结合，生产出剩余价值的阶段。如果用 P 表示生产过程，用 W'表示包含剩余价值的产品，虚线代表流通过程的中断和生产过程的进行，则第二阶段可用公式表示为：

$$W\begin{cases}P_{\mathrm{m}}\\A\end{cases}\cdots P\cdots W'$$

生产过程从表面上看，只是一般的生产过程，但实际上它是资本循环的一个特定阶段，具有决定性意义。因为，生产阶段是生产剩余价值的阶段。在这个阶段，资本以生产资料和劳动力的形式，称为生产资本。经过生产阶段，资本不仅在形态上发生了变化，由生产资本转化为商品资本，资本形式由生产要素形式转化为商品形式；而且，资本在数量上也发生了变化，因为生产出来的新商品凝结着工人创造的剩余价值，发生了增值。所以，生产资本执行着为资本家生产剩余价值的职能。当生产资本转化为商品资本之后，资本循环就进入了第3个阶段。

产业资本循环第三个阶段是销售阶段，即资本家将工人生产出来的、包含剩余价值的商品在市场上销售出去。如果用 G' 代表增大了的货币，则第三阶段可用公式表示为：

$$W'-G'$$

销售过程从形式上来看，只是一般的商品出售过程，但实际上这个阶段对资本家实现剩余价值具有非常重要的意义。因为，资本家出售的不是一般的商品，而是包含着剩余价值的商品，是商品资本。所谓商品资本，就是以商品形式存在的资本。商品资本的职能是，通过商品销售实现包含在商品中的价值和剩余价值。这个阶段是资本循环中最困难的一个阶段，用马克思原话来说是“一个惊险的跳跃”。如果商品不能全部卖掉，预付资本不能如期收回，再生产过程就会中断或者规模减小，进而影响到下一个循环的正常运行。

通过以上分析可以看出，资本循环，实际上就是产业资本依次经过购买阶段、生产阶段和销售阶段，相应采取货币资本、生产资本和商品资本 3 种职能形式，使价值得到增值，最后又回到原来出发点的全部运动。整个运动过程可用公式表示为：

$$G-W\begin{cases}P_{\mathrm{m}}\\A\end{cases}\cdots P\cdots W'-G'$$

资本循环过程表明：一方面，货币资本、生产资本和商品资本是产业资本循环过程中采取的 3 种职能形式，而不是 3 个独立的资本形态。三者为了生产和实现剩余价值分别执行着不同职能，发挥着不同作用。另一方面，资本循环过程是流通过程和生产过程的统一。购买阶段和销售阶段是流通过程，生产阶段是生产过程，这 3 个阶段相互依赖、相互联系。资本只有不停地从一个过程转向另一个过程，从一个阶段转向另一个阶段，资本循环才能顺利进行下去。如果资本循环在第一个阶段停顿下来，货币资本就只是储藏货币，不能执行资本职能了；如果在第二个阶段停顿下来，劳动力和生产资料就会被闲置起来，无法进行生产；如果在第三阶段停顿下来，商品就销售不出去，剩余价值就不能实现，而且资本家的预付资本也收不回来。

2. 产业资本循环三种形式

产业资本循环不仅是流通过程和生产过程的统一，而且是三种循环形式的统一。资本家无休止地追求剩余价值，决定了资本循环是一个连续不断、周而复始的运动过程。用公式表示为：

$$G-W\cdots P\cdots W'-G'\cdot G-W\cdots P\cdots W'-G'\cdot G\cdots\cdots$$

从连续不断的循环过程可以看出，产业资本的循环不仅要依次经过三个阶段，执行三种职能形式，而且每一种职能形式都要经过循环的三个阶段回到原来的出发点，这就产生了三种不同循环形式：货币资本循环、生产资本循环和商品资本循环。

货币资本循环，就是以货币资本为出发点，经过循环又回到货币资本的循环形式。用公式表示为：

$$G-W\cdots P\cdots W'-G'\cdot G$$

货币资本循环的起点是资本家预付的货币，终点是增值了的货币。货币资本循环揭示了资本主义生产目的就是为了获取剩余价值，就是赚钱，并且反映了资本主义生产的本质特征。但货币资本循环也有片面性，容易造成剩余价值是从流通中产生的假象，掩盖了剩余价值真正来源。

生产资本循环，就是以生产资本为出发点，通过循环最终又回到生产资本的循环形式。用公式表示为：

$$P\cdots W'-G'\cdot G-W\cdots P$$

生产资本的循环起点和终点都是生产过程，流通过程只是两个生产过程的媒介，这说明资本主义生产是剩余价值的生产和再生产，剩余价值是再生产过程中而不是在流通过程中产生的。但是生产资本循环也有片面性，容易造成资本主义生产的目的就是为了生产，而不是为了价值增值的假象。

商品资本的循环，就是以商品资本为出发点，通过循环又回到商品资本形态的循环形式。用公式表示为：

$$W'-G'\cdot G-W\cdots P\cdots W'$$

商品资本循环的起点和终点都是包含了剩余价值的商品。商品资本循环主要是商品价值的实现和消费，表明流通过程的重要性。但商品资本循环也存在着片面性，容易造成资本主义生产的目的是为了满足社会需要，而不是为了获取剩余价值的假象。

上述三种循环形式都存在着自身片面性。只有将三种循环形式统一起来考察，才能全面理解产业资本的运动过程及其实质。正如马克思所说："产业资本的连续进行的现实循环，不仅是流通过程的和生产过程的统一，而且是它的所有三个循环的统一。"[1]

3. 产业资本连续循环的条件

产业资本循环的关键是资本运动的正常性与连续性。要使资本正常地、连续地循环下去必须具备以下两个条件。

（1）资本的三种职能形式在空间上并存。也就是说，全部资本必须按一定比例分成三个部分，同时并存于资本循环的三个阶段上。这三个部分各占多大比例，取决于企业生产的性质、技术水平和购销状况。

（2）资本的三种职能形式在时间上相互继起。分别处在每种职能形式上的资本，都必须相继进行转化，依次从一个阶段转向下一个阶段，从一种职能形式转向下一种职能形式，经过循

[1]卡尔·马克思.《资本论》（第二卷），人民出版社 2004 年第 2 版，第 119 页。

环回到它原来的出发点，连续不断地运动。

产业资本三种职能形式在空间上的并存性和时间上的继起性是互为前提、互为条件的。没有并存性就不可能有继起性，并存性是继起性的前提；没有继起性，也就不能保持并存性，并存性是继起性的结果。总之，产业资本的三种职能形式和三种循环形式的并列存在和相继运行，是产业资本保证连续循环运动的必要条件。但是，在资本主义制度下，由于资本主义各种矛盾和经济危机的周期性爆发，使资本循环的必要条件经常遭到破坏，因而产业资本循环经常不能顺利地进行。

【例 4-1】 通用汽车破产案例

2008 年金融危机之后，美国通用汽车公司迫于近年连续亏损、市场需求萎缩、债务负担沉重等多方压力，于 2009 年 6 月 1 日，正式按照《美国破产法》第 11 章的有关规定向美国曼哈顿破产法院申请破产保护。

2009 年 7 月 10 日，通用汽车与美国政府签署文件，成功出售大部分优质资产以及 4 个核心品牌雪佛莱、凯迪拉克、别克和 GMC 给“新通用”。这也正式宣告了进入破产保护只有 39 天的通用汽车成功脱离破产保护程序。这家新公司将会继承旧 GM 的一些主要品牌（凯迪拉克、别克、雪佛莱），而其余的工厂都卖了用来偿还一些债务，而且新 GM 重新经营时将会把主要精力转向小排量汽车、环保汽车上面来。

纵观这次通用汽车破产，主要由以下原因造成。

（1）福利成本。昂贵的养老金和医疗保健成本，高出对手 70%的劳务成本以及庞大的退休员工包袱日益不堪重负，让其财务丧失灵活性。

（2）次贷冲击。次贷危机冲击了各大经营次级抵押贷款的金融公司、各大投行和“两房”、各大保险公司和银行之后，就是美国的实体经济方面。美国次贷危机给美国汽车工业带来了沉重的打击，汽车行业成了次贷风暴的重灾区，自 2008 年以来，美国的汽车销量也像住房市场一样， 开始以两位数的幅度下滑，最新数据显示，美国 2008 年 9 月份汽车销量较去年同期下降 27%，创 1991 年以来最大月度跌幅，也是美国市场 15 年来首次月度跌破百万辆。底特律第一巨头——通用汽车公司，尽管其汽车销量仍居世界之首，但 2009 年 4 月底以来通用的市场规模急剧缩小了 56%，从原本的 130 多亿美元降至不到 60 亿美元（见图 4-1）。销量下跌、原材料成本上涨导致盈利大幅减少，现金流告急（见表 4-1）。同时，通用公司的股价已降至 54 年来最低水平。始料不及的金融海啸，让通用押宝华尔街，从资本市场获得投资以渡过难关的企望成为泡影。

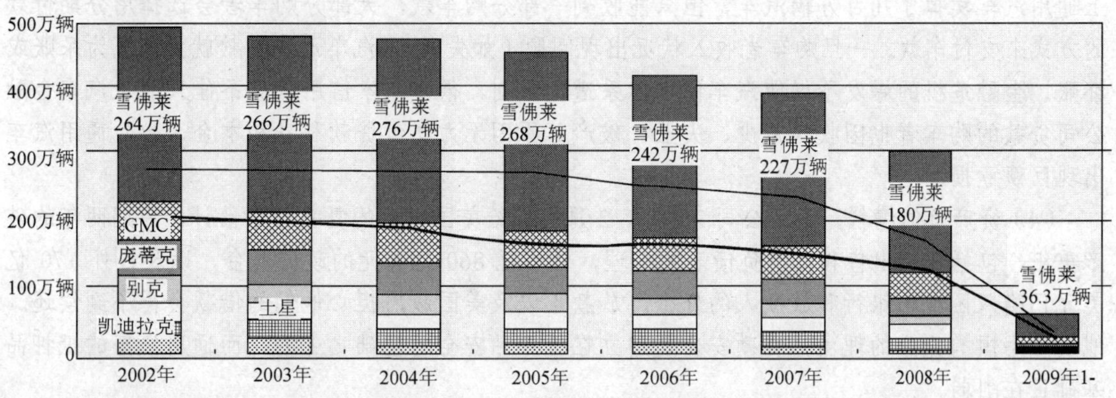

图 4-1 通用汽车销售状况图

表 4-1 通用汽车财务指标

通用汽车 2005—2008 年现金流量情况				
单位：亿美元	2008 年末	2007 年末	2006 年末	2005 年末
1. 净收入	−308.6	−387.32	−19.78	−104.17
1.1 资产折旧与损耗	100.14	95.13	108.85	157.32
1.2 分期偿还	0	0	10.21	11.42
1.3 缓付税金	22.07	355.66	−42.41	−63.86
1.4 非现金项目	157.64	−10.98	−36.35	45.05
1.5 流动资本变动	−91.90	23.82	−249.48	−218.03
2.经营活动现金	−120.65	77.31	−228.96	−172.27
2.1 资本支出/建设费用	−75.30	−75.42	−79.02	−81.14
2.2 其他投资现金总和	57.66	57.82	275.97	167.06
3.投资活动现金	−17.64	−17.6	196.95	85.65
3.1 筹资产生现金流	0	−0.05	24.90	60.29
3.2 全部现金股利支付	−2.83	−5.67	−5.63	−11.34
3.3 债务发行现金	41.26	−50.21	−56.94	−14.15
4.财务活动现金	38.43	−55.93	−37.67	34.80
4.1 外汇汇率	−7.78	3.16	3.65	−0.85
5.净变动现金	−107.64	6.94	−66.03	−52.67

（3）战略失误。2005 年来通用处在连续亏损状态，CEO 瓦格纳没能扭转这一局面。通用汽车公司除了对其他汽车生产厂家的一系列并购和重组并不成功外，在小型车研发方面也落后于亚洲、欧洲同行。其麾下的通用汽车金融公司在这一连续亏损状态中也扮演了重要角色。为了刺激汽车消费，争抢潜在客户，美国三大汽车巨头均通过开设汽车金融公司来给购车者提供贷款支持。银行对汽车按揭放贷的门槛相对较高，而向汽车金融公司申请贷款却十分简单快捷。只要有固定职业和居所，消费者甚至不用担保也可以向汽车金融公司申请贷款购车。这种做法虽然满足了一部分原本没有购车能力的消费者的购车欲望，在短期内增加了汽车销量，收取的高额贷款利息还增加了汽车公司的利润，但也产生了巨大的金融隐患。统计资料显示，目前美国汽车金融业务开展比例在 80%～85%以上。过于依赖汽车消费贷款销售汽车的后果是：名义上通用汽车卖掉了几百万辆汽车，但只能收到一部分购车款，大部分购车者会选择用分期付款的方式来支付车款。一旦购车者收入状况出现问题（如失业），汽车消费贷款就可能成为呆账或坏账。金融危机的爆发不仅使汽车信贷体系遭受重创，很多原本信用状况不佳只能从汽车金融公司贷款的购车者也因收入减少、失业、破产等原因无力支付贷款利息和本金，导致通用汽车出现巨额亏损。

（4）资产负债糟糕。通用公司 2009 年 2 月提交给美国政府的复兴计划估计，为期两年的破产重组，包括资产出售和资产负债表的清理，将消耗 860 亿美元的政府资金，以及另外 170 亿美元已陷入困境的银行和放款人的资金。放款人以及美国政府担心他们的借款会得不到偿还。他们的恐惧有充分的理由。贷款安全是建立在抵押品安全的基础之上的，而通用汽车的抵押品基础正在削弱。

（5）油价上涨。新能源、新技术的开发费用庞大，却没有形成产品竞争力；通用旗下各种品牌的汽车尽管车型常出常新，却多数是油耗高、动力强的传统美式车，通用汽车依赖运动型多用途车、卡车和其他高耗油车辆的时间太长，错失或无视燃油经济型车辆走红的诸多信号。

二、资本周转

资本家要想连续不断地获取剩余价值，资本就要不断地进行循环运动。这种周而复始、不断重复的资本循环，就是资本周转。资本循环和资本周转既有联系又有区别。两者都是个别资本运动的形式，运动目的都是为了价值增值，但两者考察资本运动的侧重点不同：资本循环是产业资本从一定的职能形式出发，并回到原来出发点的全部运动过程；资本周转则是不断重复进行的资本循环运动过程。考察资本循环的目的是为了揭示资本循环的特点和规律，而考察资本周转则主要是从资本的运动速度方面，揭示资本周转速度快慢对于剩余价值生产的影响，并进一步揭示制约资本周转的矛盾和规律。

1. 资本周转速度

资本周转速度可以从资本周转时间和资本周转次数两个方面来考察。

（1）资本周转时间。

资本周转时间就是全部预付资本从一定形式出发，经过一系列形式变化，带来剩余价值又回到原来出发点所用的全部时间，也就是产业资本循环一次的时间。资本周转速度和周转时间成反比，周转时间越短，资本周转速度就越快；周转时间越长，资本周转速度就越慢。资本周转要经过生产过程和流通过程，所以资本周转时间实际上就是资本生产时间和资本流通时间之和。

① 生产时间。生产时间是指资本停留在生产领域的时间，即从生产资料和劳动力进入生产过程开始到生产出产品为止所需全部时间，包括劳动时间和非劳动时间。

劳动时间是指劳动者运用劳动资料作用于劳动对象生产出某种产品所需要的时间。劳动时间在生产时间中起着重要作用，因为只有在劳动时间内才能创造出剩余价值。决定劳动时间长短的因素，首先是产品性质，如生产服装与生产自行车的工序复杂程度不同，劳动时间就不同；其次是生产技术水平和管理水平的高低，这主要取决于企业的不同状况。但总体来说，随着科技水平的不断提高及现代管理理论在企业中的普遍应用，劳动时间呈现出不断缩短的趋势。

非劳动时间时间是指生产资料已进入生产领域但没有与劳动力相结合的时间。包括：第一，自然力独立发挥作用的时间，即劳动对象需要一定物理的、化学的或生理的变化时间（如酿造、发酵、风干等）；第二，原材料储备时间，即为了保证生产正常进行储备一定数量生产资料所耗费的时间；第三，正常停工时间，即因为机器设备维修和工人休息而停止工作的时间。

为减少资本周转时间，资本家总是力图减少非劳动时间。减少非劳动时间的主要途径有：一是科学管理原材料库存，尽量减少不必要的生产性库存；二是采用新科技、新工艺，尽可能地缩短劳动对象受自然力作用的时间；三是尽力减少停工时间，可实行一个工作日两班制和三班制，提高劳动资料的使用效率。

【例 4-2】 窖藏酒与新酒价格的差异

古典政治经济学家李嘉图曾提出：“耗费等量劳动生产的葡萄酒，为什么窖藏时间长的陈葡萄酒会比没有窖藏、或窖藏期短的新葡萄酒有更大的价值？”（见图 4-2）

对于此问题，古典经济学家穆勒认为，在新酒窖藏的时间内，用手直接去做的劳动即直接劳动已经结束，而用手所生产的工具间接去做的劳动即积蓄劳动仍然在进行。他还认为，直接劳动和积蓄劳动都是创造价值的劳动。在生产陈葡萄酒的过程中，当人的直接劳动结束后，生产葡萄酒时耗费的全部资本在葡萄酒窖藏期间仍在劳动，因此葡萄酒的价值仍在增加。另一位古典经济学家麦克库洛赫则说："只有人占有的畜力和自然力量能够劳动和创造价值。"他依此解释说，陈葡萄酒的价值增值完全是由自然力量在酒桶内较长时间劳动的结果。因而，陈酒所包含的劳动量要比新酒所包含的劳动量大很多。

图 4-2　葡萄酒窖

马克思则用平均利润和生产价格理论解释了这个问题。新、陈葡萄酒由于窖藏时期不同，即资本周转时期不同而具有不等的利润。在资本流动较慢的情况下，由于平均利润率的形成，因而陈葡萄酒的生产价格会超过其自身的价值，会超过新葡萄酒的生产价格。

例如，使用同样葡萄作为原材料酿酒，并且使用相同劳动力。假设原材料和人工成本之和为 10 元。新酒酿造周期为一年，售价为 20 元，年利润 100%。如果窖藏酒酿造周期为 5 年，那么售价应该为多少呢？根据马克思平均利润理论，酿造新酒与酿造陈酒的年利润率肯定是相等的，否则资本就会流动使得两者相等。例如，新酒利润高，那么酿造陈酒的资本就会转移到酿造新酒行业中来，新酒酿造规模扩大，供给增加，价格回落，利润率下降；相反，酿造陈酒资本减少，规模减少，供给也减少，价格上涨，利润率上升。这种涨跌变化一直到酿造两种酒利润率相等为止。因此，酿造陈酒的年利润率也必须是 100%。在不计算复利情形下，就可以推算出，陈酒的价格必然是 60 元。

② 流通时间。流通时间是指资本停留在流通领域内的时间，包括资本家购买生产资料和雇佣劳动力所耗费的时间以及销售商品所耗费的时间。影响流通时间的主要因素包括商品的市场需求状况、生产企业距离市场远近、运输状况以及企业采取的销售策略等。缩短资本流通时间有许多办法，其中目前较为普遍采用的是改变销售策略和发展现代物流业。

【例 4-3】 网络团购为什么价格实惠？

这两年，网络团购成为一种时尚，经营团购业务的网站也是生意兴隆。根据某调研机构发布的行业数据，截至 2013 年 3 月，国内主流团购网站销售额排行中，美团网、大众点评团、窝窝团、糯米网和拉手网分列前五位，企业月销售额均超过 2 亿元，总和更是超过 20 亿元，占到当月团购总销售额的 88.7%。团购网站业务的日趋火热与网络团购的价格优惠有密切的关联。众所周知，消费者总是喜欢购买"物美价廉"的商品，而网络团购正好迎合了消费者的这一想法。

首先，团购行为本身加速了企业存货周转率，提高了资本周转速度。不仅仅是网络团购，一切团购都属于一次大规模购买行为，这种行为加速了企业存货周转，提高了资本周转速度，缩短了销售周期，减少了企业垫支资本。因此，销售企业对于团购行为往往给予"薄利多销"式的价格优惠。

其次，网络团购的预付款支付模式意味着销售时间的缩短。如今消费者在进行网络团购时，多数团购网站要求先付款后消费。这种预付款方式意味着，在商品或服务提供之前，就已经销售出去了，资本周转的销售时间被节省了，因而网络团购的价格就更加优惠。预付款模式还使得团购网站在向销售商家支付货款之前，就已经沉淀了大量闲置资金，即使存入银行"吃"利息，也收益不菲。

最后，许多商家将网络团购看做是企业广告宣传的一种替代方式，因而给予网络团购一定的价格折扣，也算是节省了广告费用。

（2）资本周转次数

资本周转次数是指全部预付资本一定时间内周转的次数。“一定时间”习惯上通常用“一年”来表示。如果用 U 代表资本周转时间的计量单位“年”（或 12 个月），用 u 代表资本周转一次所需要的时间，用 n 表示一年中资本周转的次数，则资本周转次数的公式为：

$$n=\frac{U}{u}$$

由此可见，资本周转速度与周转次数成正比。

2. 资本周转速度影响因素

影响资本周转速度的因素有两个：资本周转时间和生产资本构成。资本周转时间与资本周转速度成反比，上面已经分析过，这里主要说明生产资本的构成对资本周转速度的影响。生产资本按其价值周转方式的不同，可分为固定资本和流动资本。

固定资本是指以厂房、机器设备、其他工具等形式存在的那部分生产资本。这部分资本的特点是：从实物形态上来看，它是一次全部投入生产过程，并在多次生产过程中发挥作用；从价值形态上来看，它的价值不是一次全部转移到新的产品中去，而是按照在每次生产过程中的磨损程度逐步分次转移到新的产品中去，并随着产品销售陆续收回。固定资本的磨损分为有形磨损和无形磨损。有形磨损也叫物质磨损，是因固定资本再生产过程中的使用和自然力作用等造成的损耗。无形磨损也叫精神磨损，是指由于技术进步所造成的固定资本损失。一种情况是，因为劳动生产率提高，生产同样机器设备社会必要劳动时间减少，从而使原有机器设备的价值降低；另一种情况是，因为技术进步，出现了更先进和效率更高的机器设备导致原机器设备提前报废或价值降低所造成的损失。

固定资本的磨损必须要得到补偿，但只有有形磨损的价值能够通过提取折旧费的方式进行补偿。所谓折旧费就是根据固定资本的磨损程度从销售商品所换回的货币中相应提取出来的那部分资本。折旧费与固定资本的原始比率叫折旧率。固定资本无形磨损，无法通过提取折旧费的方式来进行补偿（依据最新会计准则可以通过提取固定资产减值准备来进行补偿）。因此，只有提高固定资本的利用率，尽快收回固定资本的价值，才能减少固定资本无形磨损带来的损失。

流动资本是指以原料、燃料、辅助材料等形式存在的那部分生产资本。这部分资本的特点是：从实物形态上来看，只在一次生产过程中发挥作用，经过一次生产过程其实物形态全部被消耗掉；从价值形态来看，它的价值经过一次生产过程全部转移到新的产品中去，并随着商品销售一次全部收回。购买劳动力的那部分资本，其价值也是经过一次生产过程，并随着商品售出一次全部收回。因此，这部分资本也属于流动资本。需要说明的是，劳动力价值并没有转移到新产品中去，而是在生产过程中由雇佣工人新创造的价值来补偿。

固定资本和流动资本从两个方面影响着资本周转速度：一是固定资本和流动资本在预付总资本中所占的比重，流动资本比重越大，预付总资本的周转速度就越快；固定资本比重越大，预付总资本周转速度就慢。二是固定资本和流动资本自身周转速度。在预付总资本的构成比例一定的前提下，固定资本和流动资本各自周转速度越快，预付资本周转速度就越快；反之，则越慢。

3. 预付资本总周转

预付总资本由固定资本和流动资本构成，而固定资本和流动资本因为价值周转不同，其周转速度也不相同，即使是固定资本本身的各个组成部分，如厂房、机器、设备、其他工具等，其周转速度也是不相同的。因此，预付资本的总周转速度只能通过资本各部分的平均周转速度来确定。马克思指出：预付资本的总周转，是它的不同组成部分的平均周转。用公式表示为：

$$预付资本总周转次数=\frac{流动资本年周转价值总额+固定资本年周转价值总额}{预付总资本}$$

【例 4-4】 某企业的固定资本为 400 万元，其中厂房为 120 万元，平均使用 30 年；机器设备为 200 万元，平均使用 10 年；小工具为 80 万元，平均使用 5 年；另外投入流动资本 200 万元，平均年周转 7 次。问该企业预付总资本总周转速度是多少。计算步骤如下：

首先计算出固定资本的年周转价值总额为：

$$固定资本年周转价值总额=(120\div30)+(200\div10)+(80\div5)=40（万元）$$

再计算出流动资本的年周转价值总额：

$$流动资本年价值周转总额=200\times7=1\,400（万元）$$

那么，预付资本总周转次数为：

$$预付资本总周转次数=\frac{40+1\,400}{400+200}=2.4(次)$$

4. 资本周转速度对剩余价值生产的影响

资本周转速度快慢，直接关系到产业资本所能带来的剩余价值量的多少。因此，投资者总是力求加快资本周转速度，资本周转速度对剩余价值生产的影响表现为以下几点。

（1）加快资本周转速度可以节约预付资本，尤其节约预付流动资本。资本周转速度加快，一方面可以减少或避免固定资本的无形磨损，提高固定资本利用率。例如，有一台 100 万的机器设备，原来固定资本周转一次是 20 年，每年折旧费 5 万，现加快周转改为 10 年，每年折旧 10 万。结果第 11 年因为技术革新出现了效率更高的机器设备，这样该资本家就可以选择更新设备，而处置原有旧机器，因为其价值已经全部收回。所以，加快固定资本折旧速度，资本家预付的资本就可以更快地收回，用来进行固定资本更新，购置效率更高的机器设备，从而减少或避免固定资本无形磨损。另一方面，加快资本周转速度，还可以使维持同样生产规模所需流动资本减少，从而节省预付流动资本，或用同样数量的流动资本满足更大生产规模需要，从而提高了资本增值能力。

（2）加快资本周转速度可增加年剩余价值量、提高年剩余价值率。在预付资本中，只有可变资本才是剩余价值的源泉。一般来说，加快资本的周转速度，可变资本的周转速度也随之加快，这意味着实际发挥作用的可变资本增加了，创造出更多的剩余价值，增加了年剩余价值量。例如，甲、乙两个企业的可变资本都是 5 万元，剩余价值率都是 100%。假定甲企业 1 年可变资本周转 12 次，参与 12 次生产过程，1 年可得剩余价值为 5×12=60（万元）；乙企业一年可变资本周转 6 次，参与 6 次生产过程，1 年内可得剩余价值仅为 5×6=30（万元）。由此可见，甲、乙两个企业所预付的可变资本和剩余价值率虽然相同，但由于两者可变资本的周转速度相差 1 倍，所获得的年剩余价值量也相差 1 倍，从而使年剩余价值率也相差一倍。所谓年剩余价值量，是指一年内生产的剩余价值总量，用 M 来表示；年剩余价值率是指一年内生产的剩余价值总量与预付可变资本的比率，用 M' 来表示，n 代表资本周转速度，则：

$$M = m \times n$$
$$M' = m' \times n$$

因此，加快资本周转速度，不但可以增加年剩余价值量，还可以提高年剩余价值率。

（3）加快资本周转还有利于剩余价值流通。这是因为资本周转速度加快了，企业就可以在保持年剩余价值水平不变的情况下，降低每次周转的利润率水平，从而降低了商品售价，实现了“薄利多销”，有利于商品销售并实现剩余价值。

第二节　社会资本再生产与流通

一、个别资本与社会资本

在资本主义社会里，有许许多多的企业，每一个企业都拥有自己的资本，各自独立地完成自己的循环和周转，实现价值增值。这种独立发挥资本职能的资本就是个别资本。各个个别资本之间并不是孤立的、毫无联系的，社会化大生产和高度发达的社会分工，使得企业与企业之间联系日益紧密。每个企业都要依靠其他企业为自己提供生产资料，同时又要依靠其他企业消费自己的产品，个别资本就是通过这种联系形成一个有机总体。这种通过市场相互联系、相互依存的个别资本总和，就是社会总资本，也叫社会资本。

同时，资本主义生产的社会化也决定了个别资本的循环和周转是相互交错、互为条件的。一个资本家的货币资本转化为生产资本的运动过程，同时就是另一个资本家的商品转化为货币资本的运动过程。这种相互交错、互为条件的各个个别资本运动的总和，则构成了社会资本的运动。

社会资本运动和个别资本运动既有共同性又有区别。共同性主要在于：运动的目的都是为了价值增值，都要在运动中经过 3 个阶段，变换 3 种职能形式。区别在于研究的对象和范围不同。

（1）个别资本运动只包括生产消费，研究个别资本运动不需要研究资本家和工人的生活消费，因为生活消费是在个别资本运动之外进行的，而社会资本运动不仅包括生产消费，而且包括资本家和工人的生活消费，因为社会资本涵盖了一切资本，资本家和工人购买个人消费品的过程，同时也是生产消费品的企业出售自己商品的过程，是实现商品的价值和剩余价值的过程，是商品资本转化为货币资本的过程；

（2）个别资本运动只包括资本流通，而社会资本运动不仅包括预付资本的流通，而且还包括一般商品的流通；

（3）社会资本运动不仅包括预付资本的运动，而且还包括剩余价值的运动，剩余价值一部分用于个人消费，一部分用作追加资本。在个别资本运动中，只有追加的资本才包括在个别资本运动中，而社会资本运动由于包括个人消费，因而社会资本运动包括全部剩余价值的运动。

二、社会资本运动核心问题

社会资本运动的核心问题是社会总产品的实现问题。社会总产品，是指社会各个物质生产部门在一定时期内（通常指一年）所生产出来的全部物质资料的总和。社会社会总产品既是生产过程的结果，又是再生产过程的条件，是整个社会存在和发展的基础。社会总产品在物质形态上表现为生产资料和消费资料，生产资料用来满足生产消费，而消费资料用来满足资本家和工人的个人生活消费。在价值形态上，社会总产品表现为不变资本（C），可变资本（V）及剩余价值（M）三大价值构成部分，称为社会总产值。在当今经济统计体系中，我们可以近似使用国民生产总值（GNP）或者国内生产总值（GDP）来替代社会总产值的概念。国民生产总值是指一个国家或地区国民在一定时期内（一般为 1 年）所生产的产品及提供的服务的价值总额，既包括本国国民在本国境内所生产的产品或提供的服务，也包括本国国民在境外所生产的产品或提供的服务，但不包括外国国民在本国境内所生产的产品或提供的服务。因而，GNP 是一个“属人”概念。国内生产总值是指一个国家或地区在一定时期内（一般为 1 年）所生产的产品及提供的服务的价值总额，这些产品和服务既包括本国国民在境内生产或提供的，也包括外国国民在本国境内生产或提供的，但不包括本国国民在境外生产或提供的。因而，GDP 是一个“属地”概念。

社会总产品的实现问题是指，社会总产品的价值补偿和实物补偿问题。所谓价值补偿，是指社会总产品各个部分的价值，如何通过商品出售以货币形式收回，用以补偿生产过程中消耗掉的预付的不变资本和可变资本，并获得剩余价值。所谓实物补偿，是指社会总产品的各个组成部分通过出售转化为货币形式以后，如何再转化为再生产所需要的生产资料和劳动力，也就是把原来投入的、在再生产过程中已经消耗掉的物质资料重新买回来，同时劳动力得以恢复，社会再生产继续进行（如图 4-3 所示）。社会资本只有在社会总产品全部销售出去转化成货币，并且能够重新购买到再生产所需要的劳动力和生产资料，以及工人和资本家用于个人消费的消费资料的情况下，才能正常进行。所以，社会总产品的实现问题是社会资本再生产的核心问题。

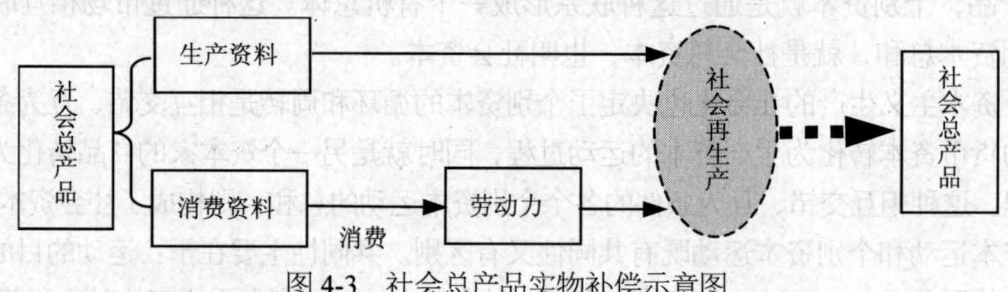

图 4-3　社会总产品实物补偿示意图

三、研究社会资本运动的两大理论前提

按照社会总产品的最终用途，其物质形式可以划分为生产资料和消费资料两部分。用于生产性消费的是生产资料，用于生活性消费的是消费资料。相应的，马克思把社会生产划分为两大部类：一类是生产生产资料的部类，称为第一部类，用符号“Ⅰ”来表示；一类是生产消费资料的部类，称为第二部类，用符号“Ⅱ”来表示。

社会总产品从价值形态上看，又可分为不变资本（c）、可变资本（v）和剩余价值（m）三部分。所以社会总产品的价值就等于 $c+v+m$。因此，整个社会总产品就分为两大部类和三个部分。它的构成可以用公式表示为：

$$\text{第一部类Ⅰ} = c + v + m \text{（生产资料）}$$

$$\text{第二部类Ⅱ} = c + v + m \text{（消费资料）}$$

把社会总产品从价值上分为三个部分以及把社会生产划分为两大部类，是马克思分析社会资本再生产的两个理论前提。正因为有了这两个理论前提，才使马克思有可能建立起他的关于资本主义社会中社会产品实现的卓越理论。

随着社会经济快速发展，第三产业在整个国民经济中占有的比重不断提高，如何来给第三产业进行归类？我们仍然可以用马克思主义政治经济学的方法来进行分析。即我们可以根据服务产品的最终用途，把为生产提供服务的部门纳入第一部类，把为生活提供服务的部门纳入第二部类。这样，所有物质生产和服务生产就构成社会总生产，社会全部物质产品和服务产品就构成社会总产品。在这个意义上，两大部类就有了新的内涵，这一新的内涵为全面认识社会再生产运动提供了更加广阔的视野。

四、社会资本简单再生产

社会资本再生产按其规模可以分为简单再生产和扩大再生产。简单再生产是指资本家把剩余价值全部用于个人消费，没有在生产中追加投资，按原有规模重复进行的社会生产。扩大再生产是指资本家把一部分剩余价值转化为资本，追加到生产过程中去，生产规模不断扩大的再生产。

（1）资本主义再生产的特征是扩大再生产，而不是简单再生产。但是，分析社会总产品实现问题必须从简单再生产开始。原因如下。

① 简单再生产是扩大再生产的基础和出发点。扩大再生产是在简单再生产的基础上，规模加以扩大和提高、简单再生产是扩大再生产的组成部分和必经阶段。

② 简单再生产是实现扩大再生产的物质基础。扩大再生产所需追加的生产资料和消费资料，都是简单再生产积累的结果，扩大再生产只能在简单再生产的基础上进行。

③ 从简单再生产开始符合从简单到复杂，从抽象到具体的认识规律。

④ 从分析方法上来说，分析社会总产品实现问题的主要困难发生在简单再生产上，如果把简单再生产实现条件搞清楚了，扩大再生产实现问题也就迎刃而解了。所以，我们首先来分析社会资本简单再生产。

（2）为排除一些次要因素的干扰，在考察社会资本再生产实现问题时，有必要做出以下假定。

① 整个社会只有资产阶级和无产阶级两大阶级。

② 商品都按价值出售，商品价值及价格不变。

③ 生产周期都是一年，不变资本在一个生产周期内全部消耗掉。

④ 没有对外贸易。

⑤ 两大部类剩余价值率都是 100%。这些假定条件有利于正确地揭示出社会资本再生产的规律性。

按照上述条件，运用马克思再生产理论的两个基本原理，我们首先来分析一下社会资本简单再生产的实现过程和条件。

现在假设：第Ⅰ部类不变资本为 4 000，可变资本为 1 000；第Ⅱ部类不变资本为 2 000，可变资本为 500；两大部类的剩余价值率为 100%。这样，两大部类全年生产出来的产品及其构成可用公式表示如下：

$$\left.\begin{array}{l}\text{I}:4\,000c+1\,000v+1\,000m=6\,000(\text{生产资料})\\ \text{II}:2\,000c+500v+500m=3\,000(\text{消费资料})\end{array}\right\}9\,000(\text{社会总产品})$$

在这个公式中，第Ⅰ部类全部产品的价值为 6 000，其物质形式为生产资料；第Ⅱ部类全部产品的价值为 3 000，其物质形式为消费资料；全年社会总产值为 9 000，表现为社会总产品。

（3）为了使第二年社会资本能够按原有规模继续进行再生产，两大部类所生产的社会总产品必须全部卖掉，在价值上得到补偿，以便重新购买再生产所需要的生产资料。同时，两大部类再生产过程中所耗费的生产资料和消费资料必须购买到，在实物上进行替换，才能进行再生产。社会总产品实现是通过商品交换进行的，具体地说，主要是通过以下 3 个方面交换来实现。

① 第Ⅰ部类内部的交换。第Ⅰ部类的 4 000c 在实物上是由生产资料构成的，再生产过程中

已经消耗掉了。为了进行简单再生产，第Ⅰ部类必须重新购买价值 4 000 的新的生产资料来补偿。由于第Ⅰ部类本身是生产生产资料的部类，因此，这 4 000c 可以在本部类内部通过各部门各企业之间的相互交换得到实现（如图 4-4 所示过程①）。

② 第Ⅱ部类内部交换。第Ⅱ部类通过一年生产，资本家得到价值 500 的剩余价值，工人得到价值 500 的工资。在简单再生产条件下，资本家所得到的剩余价值全部用于个人消费，工人所得到的工资全部用于购买消费资料。因此，第Ⅱ部类的 500v+500m 都用来购买消费资料。由于第Ⅱ部类本身是生产消费资料的部类，所以，这部分产品可以在本部类内部通过各部门各企业之间的相互交换得到实现（如图 4-4 所示过程②）。

③ 两大部类之间的交换。第Ⅰ部类的 1 000v + 1 000m 和第Ⅱ部类 2 000c 是通过两大部类之间的交换实现的。第Ⅰ部类一年生产价值 6 000 的生产资料，通过内部交换，还剩下 2 000 生产资料，而 1 000v + 1 000m 是第Ⅰ部类的工人和资本家用于生活消费的。因此，第Ⅰ部类要用价值 2 000 的生产资料向第Ⅱ部类换取价值 2 000 的消费资料，才能满足第Ⅰ部类工人和资本家的生活消费。第Ⅱ部类一年生产价值 3 000 的消费资料，通过内部交换，还剩下 2 000 的消费资料。在一年的生产中，第Ⅱ部类耗费了 2 000 的生产资料，为了维持简单再生产，第Ⅱ部类的资本家要用 2 000 消费资料向第Ⅰ部类换取 2 000 生产资料。这样，通过两大部类之间的交换，第Ⅰ部类的资本家和工人得到了所需的消费资料，第Ⅱ部类的资本家得到了维持简单再生产所需的生产资料，两大部类的需求都得到了满足（如图 4-4 所示过程③）。

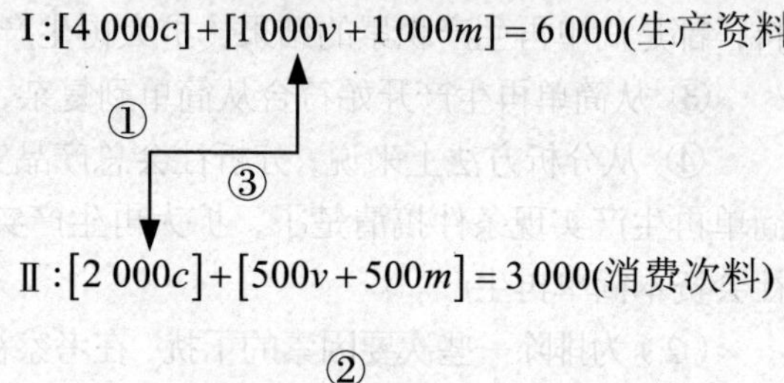

图 4-4　简单再生产两大部类交换示意图

上述三种交换，可以用图 4-4 表示（图中①②③分别代表上述 3 个方面的交换关系）。

通过这三个方面交换，两大部类生产的产品全部卖掉，在价值上得到实现；工人和资本家所需生产资料和消费资料全部得到满足，在实物上得到替换。这样，下一年再生产过程就可以顺利地进行下去了。

通过以上分析可以看到：社会资本的简单再生产要想顺利进行下去，必须满足以下条件：第Ⅰ部类的可变资本和剩余价值之和应当等于第Ⅱ部类的不变资本，用公式表示为：

$$\text{Ⅰ}(v+m)=\text{Ⅱ}c$$

因为在社会资本简单再生产的条件下，两大部类的工人和资本家所需要的消费资料的价值总额恰好等于第Ⅱ部类所需要的生产资料的价值总额时，社会总产品才能得到实现。这个实现条件反映简单再生产条件下两大部类互为前提、相互制约的内在联系。从物质内容上表明了第Ⅰ部类为第Ⅱ部类所提供的生产资料必须同第Ⅱ部类对生产资料的需求保持平衡，第Ⅱ部类为第Ⅰ部类提供的消费资料必须同第Ⅰ部类对消费资料的需要保持平衡。这是社会总资本简单再生产的基本实现条件。从这个基本实现条件可以引申出另外两个条件。

- 第Ⅰ部类生产的全部产品价值，应当等于两大部类不变资本之和，用公式表示为：

$$\text{Ⅰ}(c+v+m)=\text{Ⅰ}c+\text{Ⅱ}c$$

这个条件从物质内容上表明了社会资本简单再生产的条件下，第Ⅰ部类生产资料的生产要同两大部类对生产资料的需求保持均衡。只有这样，第Ⅰ部类全部产品才能在价值上得到补偿，两大部类消耗掉的生产资料才能在实物上得到替换，社会资本的再生产过程才能按原有规模顺利进行。这是从全社会生产资料供求角度考察社会总资本简单再生产正常进行的一个重要条件。

- 第Ⅱ部类生产的全部产品价值，要等于两大部类可变资本与剩余价值之和，用公式表示为：

$$\mathrm{II}(c+v+m)=\mathrm{I}(v+m)+\mathrm{II}(v+m)$$

这个条件从物质内容上表明了社会资本简单再生产条件下，第Ⅱ部类消费资料生产同两大部类工人和资本家对消费资料需求之间的平衡关系。只有保持这种平衡关系，第Ⅱ部类的产品才能全部销售出去，社会对消费品的需求才能得到满足，社会资本简单再生产才能顺利进行下去。上述三个条件分别各从不同的侧面，反映了简单再生产过程中，两大部类生产所必须遵循的客观比例。

五、社会资本扩大再生产

社会资本的扩大再生产可以分为两种形式：外延式扩大再生产和内涵式扩大再生产。外延式扩大再生产是指依靠扩大生产场地、增加生产资料和劳动力数量，来扩大生产规模。内涵式扩大再生产是指依靠生产资料效率的提高，即通过生产资料质量改善、技术进步，劳动者素质以及劳动生产率提高来扩大生产规模。正如马克思所说：如果生产场所扩大了，就是在外延上扩大；如果生产资料效率提高了，就是在内涵上扩大。

资本主义再生产，是以内涵式扩大再生产为特征的。这不仅是因为内涵式扩大再生产是增大相对剩余价值的重要手段，而且是投资者获取超额剩余价值、增强竞争能力的重要物质条件。但是，我们在此分析的是外延式再生产。这是因为，外延式扩大再生产不仅存在于资本主义经济生活之中，而且由于其抽象掉了技术进步、资本有机构成提高等因素，对于我们揭示社会资本再生产得以进行的条件及其固有矛盾，说明社会资本扩大再生产一般规律提供了便利条件。因此，对社会资本扩大再生产的考察，是以外延式扩大再生产为对象的。

1. 社会资本扩大再生产必须具备的两个前提条件

前面讲过，社会资本扩大再生产是以资本积累为前提。所以，扩大再生产条件下，资本家必须把剩余价值的一部分积累起来，作为追加资本投入生产。其中，一部分作为追加的不变资本，用来购买追加的生产资料，另一部分作为追加的可变资本，用来购买追加劳动力所需的消费资料。由于相对过剩人口的存在，用于追加的劳动力不成问题，可以从庞大的产业后备军中得到补充。因此，扩大再生产中的主要问题在于，社会总产品必须为扩大再生产的实现提供追加的生产资料和追加劳动力所需的消费资料。这就要求扩大再生产必须具备两个前提条件。

（1）要进行扩大再生产，必须有可供追加的生产资料。社会资本扩大再生产需要追加的生产资料是由第一部类生产的，因此，第一部类一年中生产的全部产品除了维持两大部类简单再生产所需要的生产资料以外，还必须有一个余额，用以满足两大部类扩大再生产对追加生产资料的需要，用公式来表示就是：

$$\mathrm{I}(c+v+m)>\mathrm{I}\,c+\mathrm{II}\,c$$

简化后的公式为：

$$\mathrm{I}(v+m)>\mathrm{II}\,c$$

即第一部类的可变资本与剩余价值之后，必须大于第二部类的不变资本。

（2）要进行扩大再生产，必须有可供追加的消费资料。社会资本扩大再生产需要追加的消费资料是由第二部类生产的，因此，第二部类生产的全部产品除了满足原来两大部类的工人和资本家所需要的消费资料外，也必须有一个余额，用以满足两大部类扩大再生产对追加消费资料的需要。用公式表示为：

$$\text{Ⅱ}(c+v+m) > \text{Ⅰ}(v+\frac{m}{x}) + \text{Ⅱ}(v+\frac{m}{x})$$

简化后的公式为：

$$\text{Ⅱ}(c+m-\frac{m}{x}) > \text{Ⅰ}(v+\frac{m}{x})$$

其中，m/x 代表资本家个人消费的剩余价值，$m\text{-}m/x$ 是用于积累的剩余价值。

上述两个前提条件为扩大再生产的实现提供了可能性，但可能性不等于现实性。只有两大部类的产品全都得到实现，社会资本扩大再生产的可能性才会变为现实性。因此，我们需要进一步研究社会资本扩大再生产的实现过程和条件。假设社会资本扩大再生产条件下全年社会总产品的构成如下：

$$\left.\begin{aligned}&\text{Ⅰ}:4\,000c+1\,000v+1\,000m=6\,000\\&\text{Ⅱ}:1\,500c+750v+750m=3\,000\end{aligned}\right\}9\,000$$

假设第一部类资本家为了扩大再生产，把剩余价值 1 000 m 的一半，即 500 m 用于追加资本，另一半作为个人消费。仍旧按原有 4:1 的资本有机构成来追加，这样追加的不变资本是 400 c，追加的可变资本是 100 v。第一部类全部产品根据扩大再生产需要，在价值形态上重新组合以后为：

$$\text{Ⅰ}(4\,000\,c+400\,\Delta c)+(1\,000\,v+100\,\Delta v)+500\frac{m}{x}=6\,000$$

公式中Δc 代表追加的不变资本，Δv 代表追加的可变资本。

Ⅰ（4 000 c + 400 Δc）是准备用来维持和扩大第一部类生产的，所以用来购买生产资料，而第一部类本身是制造生产资料的，所以这一部分可以在第一部类内部购买到（如图 4-5 所示过程①）。剩下的还有 1 000 v + 100 Δv + 500 m/x 部分。这些产品在价值上是代表用于工人和资本家的个人消费的，但实物上则表现为生产资料，这些产品在本部类内部无法实现交换，只有同第二部类交换，才能实现。

但是，此时第二部类需要在物质上补偿的不变资本价值只有 1 500 c，比第一部类为它提供的生产资料少 100，这样第二部类就得拿出 100m 剩余价值作为追加的生产资料，使生产相应扩大。从另一方面说，也只有当第二部类把不变资本由 1 500 c 增加到 1 600 c 时，第一部类提供的全部生产资料才有可能完全实现。

第二部类既然追加了 100c，在资本有机构成 2:1 不变的情况下，也必须相应地拿出 50m 剩余价值作为追加的可变资本，用于购买劳动力，这样第二部类 750 剩余价值在扣除 100Δc + 50Δv 的积累后，只有 600 用于资本家的个人消费。第二部类在第一年里生产出来的总产品按其用途可以重新组合如下：

$$\text{Ⅱ}(1\,500c+100\Delta c)+(750v+50\Delta v)+600\frac{m}{x}=3\,000$$

其中，800v 和 600m/x 代表用于第二部类工人和资本家的消费资料价值，可以在本部类内部的交换中得到实现（如图 4-5 所示过程②）。剩下的 1 600c，在物质形式上是消费资料，价值上代表第二部类已经消耗掉的和追加的生产资料价值，只有通过两大部类之间的交换才能得到实现（如图 4-5 所示过程③）。

社会总产品各部分的交换可用图 4-5 来表示。

通过上述三大交换关系，社会总产品全部得到实现，在价值上得到补偿，在实物上得到替换。第二年初，第一部类、第二部类的资本分别为：

$\text{Ⅰ}:4\,000c+1\,000v \rightarrow \text{Ⅰ}:4\,400c+1100v$

$\text{Ⅱ}:1\,500c+750v \rightarrow \text{Ⅱ}:1\,600c+800v$

第二年年终，生产出如下社会总产品：

$$\left.\begin{array}{l}\text{I}:4\,400c+1100v+1100m=6\,600\\ \text{II}:1\,600c+800v+800m=3\,200\end{array}\right\}=9\,800$$

这样，社会资本再生产的规模，就由上一年的9 000，扩大到9 800，从而实现了社会资本的扩大再生产。

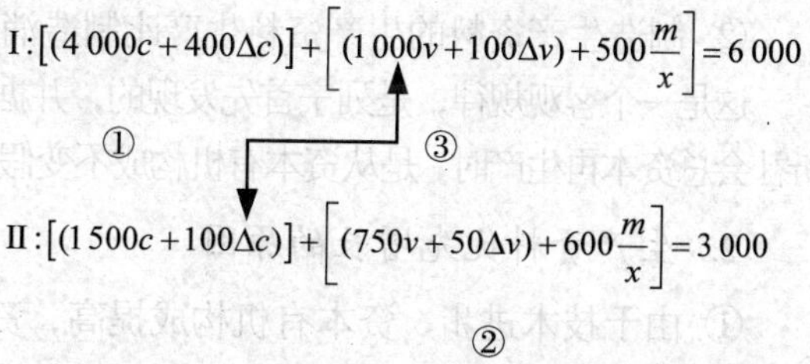

$$\text{I}:[(4\,000c+400\Delta c)]+\left[(1\,000v+100\Delta v)+500\frac{m}{x}\right]=6\,000$$

① ③

$$\text{II}:[(1\,500c+100\Delta c)]+\left[(750v+50\Delta v)+600\frac{m}{x}\right]=3\,000$$

②

图4-5 扩大再生产两大部类交换示意图

2. 社会资本扩大再生产的实现条件

从社会资本扩大再生产实现过程的分析中，可以揭示出社会资本扩大再生产的实现条件如下。

（1）扩大再生产基本实现条件。

$$\text{I}(v+\Delta v+m/x)=\text{II}(c+\Delta c)$$

这个等式表明了在扩大再生产条件下，两大部类之间的内在联系。即第一部类生产资料的生产同第二部类对生产资料的需求之间，以及第二部类消费资料的生产同第一部类对消费资料的需求之间的比例关系。

从这个基本的条件中，可以派生出扩大再生产的另外两个实现条件。

（2）生产资料生产的实现条件。

$$\text{I}(c+v+m)=\text{I}(c+\Delta c)+\text{II}(c+\Delta c)$$

这一公式反映了在扩大再生产条件下，第一部类生产资料的生产和两大部类对生产资料的需求之间必须保持的平衡关系。价值上等于两大部类的（$c+\Delta c$），使用价值上既要满足补偿两大部类消耗掉的生产资料的需要，又要满足两大部类追加生产资料的需要。

（3）消费资料生产的实现条件。

$$\text{II}(c+v+m)=\text{I}(v+\Delta v+m/x)+\text{II}(v+\Delta v+m/x)$$

这一公式反映了在扩大再生产条件下，第二部类消费资料的生产和两大部类工人与资本家对消费资料需求之间必须保持平衡关系。同样，该条件要求第二部类全年产品，在价值上等于两大部类（$v+\Delta v+m/x$）之和，在使用价值上既要满足两大部类对已经消耗掉的消费资料的补偿需要，又要满足两大部类对追加消费资料的需要。

通过以上分析，说明：①社会总资本扩大再生产是在简单再生产的基础上进行的，两大部类的产品必须首先满足简单再生产的补偿需要，然后才有扩大再生产。②扩大再生产的实现，不仅要具备前提条件，而且要具备实现条件。③两大部类在积累和生产的扩大上存在着互相依存、互为条件、互相制约的内在联系。第一部类规定了第二部类积累和扩大再生产的规模，对第二部类扩大再生产有决定作用。但是第二部类对第一部类生产的扩大也有制约作用。只有第二部类的生产相应扩大，才能使第一部类的产品全部实现，并能为第一部类再生产提供相应的消费资料。因此，两大部类的任何一个部类的扩大再生产都离不开另一部类，都要以另一部类提供的追加物质资料为条件，否则扩大再生产就无法顺利进行。

六、生产资料生产的优先增长

以上分析都是从外延扩大再生产的角度进行的，而且假定考察期间的生产技术和资本有机构成没有发生变化。但在实际中，资本有机构成和生产技术都是不断发生变化的。

1. 生产资料生产优先增长的原理

生产资料生产优先增长的原理。包括以下内容。

① 在技术进步和资本有机构成提高的条件下，生产资料的生产要比消费资料的增长快些。

② 制造生产资料的生产资料生产比制造消费资料的生产资料生产增长得快些。

这是一个客观规律，是列宁首先发现的，并据此提出了生产资料生产优先增长的原理。马克思在分析社会总资本再生产时，是从资本有机构成不变假定出发，因而没有展开说明，列宁对此作了重要补充。

2. 生产资料优先增长的原因

① 由于技术进步、资本有机构成提高，资本家用于追加的剩余价值会越来越多地用作不变资本，用作可变资本的比重相对减少，社会对生产资料的需求比对消费资料的需求增长更快，从而客观上要求生产资料优先增长。

② 一般来说，第一部类的资本有机构成比第二部类的资本有机构成提高得快些，这样制造生产资料的生产资料生产必然比制造消费资料的生产资料生产增长得更快。

且不论生产资料的生产或消费资料的生产都要耗费生产资料。第一部类既要为本部类企业提供生产资料，又要为第二部类企业提供生产资料，因此提供给第一部类企业的生产资料的生产增长速度，也将比提供给第二部类企业的生产资料的生产速度要快一些。

3. 生产资料生产优先增长的条件

① 生产资料的优先增长是以技术进步使资本有机构成提高为前提。如果技术在一定时期内相对稳定，会出现生产资料与消费资料同步增长；或由于生产资料生产已经增长过快，消费资料生产大大落后，使两大部类比例失调，或由于其他原因，社会要求增加消费资料生产的投资，在这样的条件下，消费资料的生产还会快于生产资料的增长。

② 生产资料的生产依赖于消费资料的生产，并受其制约。生产资料的优先增长，并不意味着生产资料生产可以脱离生活资料生产而孤立地增长，更不意味生产资料生产比生活资料生产增长得越快越好。因为，生产资料生产的增长，归根到底要受制于生活资料生产的增长。这表现在：第一部类生产的发展，需要追加劳动力和劳动力需要的消费资料。第一部类的生产是为了给生产消费资料的生产部门提供机器设备、原材料等生产资料。如果没有第二部类生产的相应发展，第一部类的这部分产品最终也无法实现。

第三节 资本主义经济危机

前面对资本主义再生产过程的分析表明，在资本主义生产过程中，各个部门要协调发展，但是由于资本主义基本矛盾即生产的社会化和资本主义私人占有之间的矛盾的存在，常常使这种协调性遭到破坏，从而引发经济危机。

一、资本主义经济危机的实质与根源

1. 资本主义经济危机实质

资本主义经济危机，实质是生产相对过剩。列宁说："危机是什么？是生产过剩。生产的商品不能实现，找不到需求。"[1]危机爆发时，大量商品积压卖不出去，物价下跌；企业利润减少、亏损增大，股市下跌，生产规模急剧下降，大批工厂倒闭、破产，失业人数迅速增加；企业利润减少和失业人数增加（见图 4-6），使得偿债能力下降，银行遭到挤兑纷纷倒闭（见图 4-7），

[1]弗拉基米尔·列宁，《列宁全集》第 2 卷，人民出版社中文第 2 版，第 139 页。

信用关系破坏（见图 4-8），许多企业和个人又因缺少信用来源而破产。经济危机使社会生产力遭到极大破坏，人民生活水平受到严重影响。（见图 4-9）

图 4-6　1929 年危机时失业者排队等待就业

图 4-7　1929 危机时银行遭到挤兑

图 4-8　1929 年股市下跌拍卖汽车还债

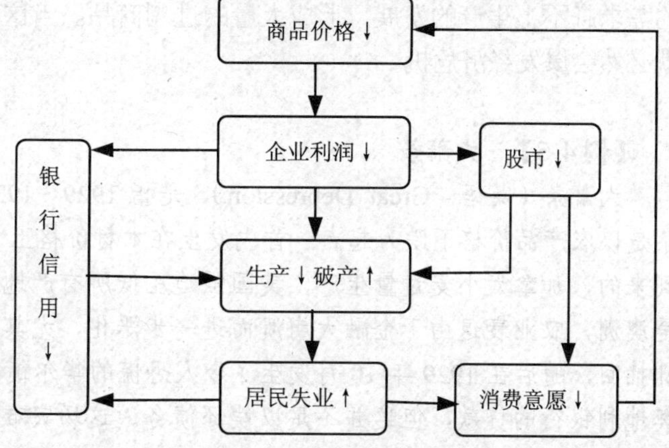

图 4-9　经济危机传导示意图

马克思、恩格斯曾做了形象描述："危机期间，发生一种在过去一切时代看来好像是荒唐现象的瘟疫，即生产过剩的瘟疫。社会转瞬间回到突如其来的野蛮状态，仿佛是一次大饥荒、一场毁灭性的大战争，完全吞噬了社会的全部生活资料；仿佛是工商业全被毁了。经济危机的种种表现，归根结底是由"生产过剩的瘟疫"造成的。生产过剩是经济危机的实质。

所谓生产过剩，并不是绝对过剩，即不是资本主义生产的社会财富超过了社会的实际需要，而是相对过剩，即相对于劳动人民有支付能力的需求来说，生产的商品过剩了。在危机期间，一方面是大量商品堆积卖不出去，甚至人为地加以销毁；另一方面却是千百万劳动人民连最基本的生活资料都得不到满足，处于困苦的境地。可见，所谓的生产过剩只是生产的相对过剩。

2. 资本主义经济危机根源

经济危机的根源在于资本主义基本矛盾。即生产社会化和生产资料资本主义私人占有之间的矛盾。具体来说，资本主义基本矛盾主要表现在两个方面。

（1）资本主义个别企业生产有组织性和整个社会的无政府状态之间的矛盾。生产资料的资本主义私有制，决定了资本家对所属企业具有绝对支配权。为了获得更多剩余价值，资本家总是力求改进技术，加强生产管理，使资本主义企业生产具有一定的组织性。但由于生产资料资本主义私人占有制，使整个社会生产又处于无政府状态，每个资本主义企业生产什么、生产多少，都由价值规律自发调节。这样，随着资本主义发展，个别企业生产有组织性和整个社会生产无政府状态间的矛盾不断加剧，社会再生产实现条件得不到保证，两大部类之间、生产与消费之间的比例严重失调，大量商品积压卖不出去，形成严重生产过剩，就会导致经济危机爆发。

（2）资本主义生产无限扩大的趋势同劳动人民有支付能力需求相对缩小之间的矛盾。由于资本家对剩余价值的追求和竞争的外在压力，迫使他们不断地进行资本积累，扩大生产规模；同时平均利润趋向下降规律的作用，也促使资本家力图通过扩大再生产来增加利润量，而生产社会化程度的提高，最新科学技术成就在生产中的应用和信用关系的发展，又为扩大再生产提供了可能性，使资本主义生产具有一种盲目扩大的趋势。但另一方面，却是广大劳动人民有支付能力的需求相对缩小的趋势。这是因为，资本主义生产的目的是为了追求剩余价值。为了榨取更多的剩余价值，就要加强对工人阶级的剥削；随着资本积累和扩大再生产的进行，资本有机构成不断提高，必然会造成大量相对过剩人口；另外，资本家还利用大生产的优势，不断排挤和掠夺小生产者，必然造成广大城乡小生产者的破产。这一切都使广大劳动人民有支付能力的需求赶不上生产的发展，形成大量的过剩商品。当这种生产和消费的矛盾达到一定程度时，就必然会爆发经济危机。

【例 4-5】 大萧条

大萧条（英语：Great Depression），是指 1929～1933 年全球性的经济大衰退。这次经济萧条是以农产品价格下跌为起点：首先发生在木材价格上（1928 年）；但更大的灾难是在 1929 年到来的，加拿大小麦过量生产，美国强迫压低所有产地基本谷物的价格。不管是欧洲、美洲还是澳洲，农业衰退由于金融大崩溃而进一步恶化，尤其在美国，一股投机热导致大量资金从欧洲抽回，随后在 1929 年 10 月发生了令人恐慌的华尔街股市暴跌。1931 年法国银行家收回了给奥地利银行的贷款，但这并不足以偿还债务。这场灾难使中欧和东欧许多国家破产了：它导致了德国银行家为了自保，而延期偿还外债，进而也危及到在德国有很大投资的英国银行家。资本短缺，在所有的工业化国家中，都带来了出口和国内消费的锐减：没有市场必然使工厂关闭，货物越少，货物运输也就越少，这必然会危害船运业和造船业。

20 世纪 20 年代被称为“新时代”，财富和机会似乎向刚在第一次世界大战中获胜的美国人敞开了自己吝啬的大门。整个社会对新技术和新生活方式趋之若鹜，“炫耀性消费”成为时代潮流。胡佛总统认为，“我们正在取得对贫困战争决定性胜利的前夜，贫民窟将从美国消失”。

1929 年 10 月 24 日被美国股市称为黑色星期四。这一天，美国金融界崩溃了，股票一夜之间从顶巅跌入深渊，价格下跌之快连股票行情自动显示器都跟不上。从 1929 年 10 月 24 日到 11 月 13 日短短的两个星期内，共有 300 亿美元财富消失，相当于美国在第一次世界大战中的总开支。但美国股票市场崩溃不过是一场灾难深重的经济危机爆发的火山口。

当时纽约流行一首儿歌：“梅隆拉响汽笛，胡佛敲起钟。华尔街发出信号，美国往地狱里冲！”（Mellon pulled the whistle, Hoover rang the bell, Wall Street gave the signal and the country went to hell）随着股票市场崩溃，美国经济随即全面陷入毁灭性的灾难之中，可怕的连锁反应很快发生：疯狂挤兑、银行倒闭、工厂关门、工人失业、贫困来临、有组织的抵抗、内战边缘。农业资本家和大农场主大量销毁“过剩”产品，用小麦和玉米代替煤炭做燃料，把牛奶倒进密西西比河（见图 4-10），使这条河变成“银河”（Milky Way）。城市中的无家可归者用木板、旧铁皮、油布甚至牛皮纸搭起了简陋的栖身之所，这些小屋聚集的村落被称为“胡佛村”。流浪汉的要饭袋被叫作“胡佛袋”，由于无力购买燃油而改由畜力拉动的汽车叫作“胡佛车”，甚至露宿街头长椅上的流浪汉上盖着的报纸也被叫作“胡佛毯”。而街头上的苹果小贩则成了大萧条时期最为人熟知的象征之一。在那些被迫以经营流动水果摊讨生活的人中，有许多从前是成功的商人和银行家。

图 4-10　农场主倒牛奶

股票市场大崩溃导致了持续 4 年的大萧条，这次经济危机很快从美国蔓延到其他工业国家。对千百万人而言，生活成为吃、穿、住的挣扎。各国为维护本国利益，加强了贸易保护的措施和手段，进一步加剧恶化世界经济形势，这是第二次世界大战爆发的一个重要根源。

大萧条也造成了严重的社会问题。大萧条期间约有 200～400 万中学生中途辍学；许多人忍受不了生理和心理的痛苦而自杀；社会治安日益恶化。其中最重要的问题是失业。在美国，失业人口总数达到了 830 万，在美国各城市，排队领救济食品的穷人长达几个街区。英国则有 500～700 万人失业，不得不排着更长的队伍等候在劳务交易市场内。

经历了大萧条的人们在思想上发生了转变。工人从 20 年代的麻木状态中清醒过来，发动了富有战斗性的罢工。自由主义者被苏联表面的暂时繁荣吸引，成了马克思主义者。而保守主义者由于惧怕布尔什维克主义，日益转向法西斯主义。

关于大萧条的成因一直众说纷纭。最早的解释是英国经济学家凯恩斯提出的。他认为市场对商品总需求的减少，是经济衰退的主要原因，因而提出由政府采取扩张性财政策略来刺激需求。这一点成为 50 年代～70 年代人们普遍的看法。但也有一些人提出不同的观点。现任美国联邦储备局主席伯南克认为是因当时美国兴起了消费借贷所致。持续性的借款终使美国人个人债务日增，而所造成的消费热潮也就在大萧条时期结束。诺贝尔经济学奖得主弗里德曼则认为是当时美国政府在大萧条前对经济做了很多管制所致，尤其是对银行的管制，使银行无法对货币需求做出反应，在通货紧缩下导致大萧条。

二、资本主义再生产的周期性

经济危机是资本主义固有的，但并不是说资本主义经济运动每时每刻都处于经济危机之中。资本主义经济危机每隔若干年爆发一次，是周期性出现的。资本主义经济危机周期性，指资本主义再生产过程中，从一次危机开始到另一次危机开始之间周而复始的阶段性。每一个周期一般都要经过危机、萧条、复苏和高涨 4 个阶段（见图 4-11）。

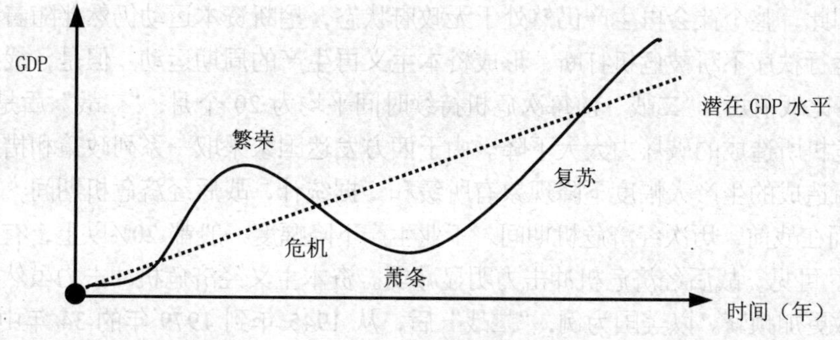

图 4-11　资本主义经济周期示意图

危机是再生产周期中决定性的阶段，它既是前一个周期的终点，又是下一个周期的起点。

在危机阶段，生产与消费的矛盾空前激化，商品大量积压，物价猛烈下跌，利润率急剧下降，生产大量缩减；资本周转困难，银根紧缩，利息率高涨，股票价格下跌，银行破产倒闭，并引发信用危机。总之，经济危机猛烈冲击着资本主义经济活动，使资本主义国家的社会经济生活受到严重影响。

萧条是再生产周期的停滞阶段。危机持续一段时间后，由于资本家缩减生产、关闭企业、销毁存货或者降价销售，市场上积压商品减少，供求矛盾逐渐缓解。这个阶段，生产水平不再下降，失业人数不再增加，商品价格也不再下跌。但是，商品销售仍旧很困难，大批工人尚未就业，社会购买力依然萎靡。整个市场冷冷清清，生产处于停滞状态，经济社会生活呈现一派萧条景象。此时，资本家往往为了摆脱困境，想方设法改进技术、更新或添加新的设备。设备的更新或增加，引起对生产资料和劳动力的需求增加，从而推动了生产的恢复，于是萧条阶段转入复苏阶段。

复苏是再生产周期的恢复时期。在这个阶段，资本主义经济从危机打击中逐渐恢复和苏醒过来。投资继续增长，工人就业人数日益增多，社会购买力开始提高，物价缓慢回升，利润逐步增加。工商企业的活跃增加了对借贷资本的需求，推动了信用的扩展。当社会生产恢复并超过危机前最高水平时，复苏阶段就转入高涨阶段。

高涨是再生产周期的“繁荣”阶段。这一阶段，生产迅速发展，新企业不断建立，就业人数急剧增加，社会购买力不断提高，商品畅销，物价上涨，市场活跃，信用关系扩张，整个社会经济呈现一片“繁荣”景象。但这种繁荣中又孕育着新的危机。

资本主义经济危机之所以呈现周期性，是由资本主义基本矛盾所决定的。因为，经济危机的发生，是通过大批工厂关闭、生产猛烈下降的方式，使生产与消费的矛盾暂时得到解决，再生产所需比例关系暂时得到重新平衡。但是，这只不过是资本主义再生产过程中各种矛盾暂时、强制的解决，而不是这些矛盾的根本消失。因而，每次危机过后，随着生产的恢复和发展，资本主义固有的各种矛盾还会重新发展和激化，再生产中比例失调的现象还会发生，新的经济危机还会爆发。资本主义除非改变生产资料所有制形式，否则这种矛盾是没有办法消除的。这一矛盾的存在和发展必然导致危机的周期性发生。

三、当代资本主义经济危机的新特点

1. 危机频繁，周期缩短，冲击力减弱

第二次世界大战以后，国家垄断资本主义并没有消除资本主义再生产各个环节之间存在的尖锐矛盾。因此，整个社会再生产仍然处于无政府状态，垄断资本运动仍然伴随着周期性经济危机，经济运行秩序不断被危机打断，形成资本主义再生产的周期运动。但是，战后经济危机持续的时间都比战前短，“二战”前每次危机持续时间平均为 20 个月，“二战”后是 11 个月左右。而且，危机所造成的破坏力大大下降。由于西方发达国家采取一系列政策和措施，使经济危机爆发后所造成的生产大幅度下降现象有所缓和。据统计，战后经济危机期间，下降幅度不超过 15%，而在战前，历次经济危机期间，工业生产下降幅度一般都 20%以上，有些国家竟高达 40%以上。可见，战后经济危机冲击力明显减弱。资本主义经济危机冲击力虽然减弱了，但爆发危机次数更加频繁。以美国为例，“二战”后，从 1945 年到 1979 年的 34 年中就发生了 6 次经济危机，平均约 6 年爆发一次。

2. 生产停滞与通货膨胀并存

危机阶段，普遍存在物价上涨现象，同时“滞胀”贯穿于再生产周期的各个阶段之中。“二战”前，资本主义经济危机发生后，由于生产过剩， 商品滞销， 物价总是急剧下跌。可是“二战”后，即使经济危机发生，物价仍然不下跌，而是仍旧上涨，只是物价上涨有所减弱而已。这种情况的出现，源于国家垄断资本主义采用扩张性财政金融政策作为“反危机”措施。国家日益增大财政开支，造成国家预算入不敷出，财政赤字巨大。弥补财政赤字的主要办法就是印刷钞票和发行公债，其结果是大大增加货币供应量，通货膨胀由此产生。为了刺激生产所采取的降低利率，扩大信贷等措施又进一步加剧了通货膨胀。为了医治通货膨胀国家又不得不采取紧缩措施，如压低政府支出，减少货币发行量，提高利率、缩小信贷等，这又将使投资疲弱，市场萎缩，其结果是加重了经济停滞。这样，一方面在社会资本再生产过程中出现了生产的长期停滞。另一方面在货币信用领域出现了经常的严重通货膨胀。这两个过程相互重叠，相互交织，相互结合，形成了停滞与膨胀并存的局面。可见，当代资本主义经济危机是国家垄断资本主义条件下社会资本矛盾运动的必然产物，也是战后发达资本主义国家长期奉行凯恩斯主义，采取种种“反危机”措施的恶果。

3. 结构性危机与周期性危机互相交织

随着战后科学技术的进步和西方国家对本国经济中长期经济计划的实施，发达资本主义国家对本国经济结构进行调整，从而引发了结构性危机，如原料危机、传统工业危机、结构性失业、政府结构性财政赤字以及石油危机、世界性通货膨胀、国际债务危机、贸易收支失衡等。结构性危机具有不同于周期性危机的特点。

① 周期性危机持续的时间较短，通常是一年左右，最长也不过两三年，结构性危机持续时间比较长，往往要 10 年、15 年甚至更长。

② 周期性危机是生产过剩造成的，而结构性危机不一定表现为生产过剩，也可表现为生产不足，物价不一定下跌，也可能是上涨。

③ 周期性危机通常是从生产领域波及流通领域，并形成全面的经济危机，而结构性危机可能只发生在某一个或某几个领域和部门。

④ 周期性危机在各国基本上表现相同，只是深刻程度和时间长短等会有差别，而结构性危机在各国的表现和影响并不一样，甚至完全相反。战后，结构性危机和周期性危机，往往同时并存，互相交织。20 世纪 70 年代迄今发生的三次周期性危机都有这种情况，它使当代资本主义经济危机更加深刻。

4. 经济危机的同期性与非同期性交替出现、同期性明显加强

第二次世界大战以前，随着资本主义世界市场的发展和世界资本主义体系的形成，资本主义各国经济联系日益紧密，因而各主要资本主义国家生产周期进程逐渐统一，经济危机常在几个国家同时爆发。而战后，由于各国政府采取宏观经济政策的措施和力度不同，因而使各资本主义国家经济危机有时会出现非周期性特征。从第二次世界大战后到 20 世纪 60 年代，资本主义国家经济危机基本上都是非同期性的，这有利于各资本主义国家相互转嫁危机，在一定程度上减轻了危机严重性。但是从 20 世纪 70 年代起，先后爆发的 1973～1975 年和 1980～1982 年的两次世界性经济危机，席卷了所有的主要资本主义国家，同期性明显增强。1997 年爆发的东南亚经济危机和 2007 年下半年从美国爆发、席卷世界的次贷危机，都说明在经济一体化条件下，经济危机的同期性明显增强。

5. 金融资本的过度扩张成为经济危机爆发的重要原因

20 世纪 90 年代以来，伴随着经济全球化和金融全球化加速，一些垄断资本主义国家和金融寡头利用手中掌握的巨额投机资金，借助一系列金融产品创新，使金融衍生品极度扩张，从而形成了巨大金融泡沫。当泡沫严重脱离实体经济，达到一定程度时，危机便不可避免地爆发了。而且，发达国家一些金融寡头还通过资本在国际间转移，在全球范围内进行过度投机，操纵和控制全球经济，并转嫁经济危机。如日本 20 世纪 90 年代经济危机、1997 年亚洲经济危机和 2007 年次贷危机都是源于金融泡沫破灭后，经济陷入长期萧条，且越陷越深。究其原因，并不表现为典型的生产过剩危机，而是泡沫经济破灭后导致银行体系瘫痪。在传统资本主义危机中，经济萧条也会导致银行系统紊乱，但经济萧条是因，银行危机是果，而在 20 世纪 90 年代后的经济危机却出现了因果倒置的情况，银行系统紊乱导致经济萧条，这些都说明当代资本主义经济危机出现了新特点。

材料一 解密京东的盈利模式

京东商城的商业模式甚至也和国美、苏宁这样的传统零售商一样——以低价(甚至低于进价)销售产品，获得较大规模的销售量，然后靠厂商返点和其他补贴获得利润。这一商业模式的要点，一是要从上游厂商拿到尽可能低的价格，另外就是要有庞大的销售量。

超级低价让京东商城保持着惊人的销售增长。据京东商城提供的数据，从 2004 年正式启动电子商务，公司每年保持着 300%～400%的增长率。其销售额由 2006 年的 8 000 万元迅速增长到 2008 年的 14 亿元左右。此前在中关村做了 6 年多媒体外设代理商的刘强东很清楚自己的机会所在。3C 厂商对待传统渠道心态矛盾。

3C 产品被厂商生产出来，经过经销商、代理商、零售商等四五个层级后，最终到消费者手中的时间一般在 3 到 6 个月，因为产品在每一级渠道商手中都会有积压，而在这段时间里产品就在贬值，这导致厂商的毛利率一直不高。厂商为了提高毛利率实际上一直希望减少层级，直接与大的终端零售商合作。刘强东很清楚让上游厂商接受他的唯一途径是大规模的销售额。

京东商城首先突破的是多媒体外设产品线。得益于之前做传统代理商的积累，刘强东 2004 年开始做电子商务的时候已经在多种多媒体外设产品线上做到全国总代理的规模。这使得京东商城能够在初期迅速提高多媒体外设销售规模，得以从厂商直接进货，获得理想的价格。但多媒体外设之外的产品拓展，让刘强东和他的团队经历了一个“很痛苦的过程”。由于刚开始出货量少，京东商城很难从厂家或者总代理直接拿货，即便拿到货也没有任何价格优势。在最初的两年，京东商城为了保证低价完全是以进价销售，并且一直在亏损。无论如何，这是一个极其倚赖现金储备的业务扩张模式。刘强东甚至承认最初都是在亏本销售，而当时的资金储备来自此前做传统代理时的盈利。

佳能是京东商城锁定的第一家直供产品的厂商。虽然与佳能多次沟通，但在卖佳能产品长达半年的时间里，京东商城只能和佳能在中关村的几个代理商合作，而且京东商城一直拿不到自己希望的价格。“2005 年下半年，我们的量达到一定程度，佳能主动提出来给我们直接供货。”刘强东说。与佳能直接合作之后，京东商城不仅获得了自己希望的进货价格，更主要的是自己在完成销量之后，将获得更高的年终返点，并从厂家那里获得促销费、广告费等一系列的费用支持。

这一模式成为京东商城与其他品牌直接合作的固定模式——如果一个产品的日订单量稳定在 500 个以上，京东商城就会绕过经销商试探性地与厂商接触，以取得直接进货权限。据刘强东提供的数据，截至 2008 年 8 月，京东商城 50%以上的商品都直接从厂家进货。

京东商城给厂商的另一个诱惑是更短的回款周期。京东商城向家电厂家许诺 10 天账期，而国美、苏宁账期至少要 40 多天。但更短的账期对于京东商城来说却是巨大的资金压力。作为一个卖场式的商业模式，京东商城在低利润的情况下必须依靠厂商账期带来的现金流支撑自己的增长。这就需要京东商城必须保证自己的回款周期。

与其他电子商务公司的小额支付不同，京东商城所销售的产品通常金额较大，这使得很多消费者都选择货到付款。为了能够缩短回款周期，京东商城 2006 年开始自组配送队伍。目前，在北京、上海、广州等一线城市共有 300 个配送员，以保证这些城市的货到付款业务。

在刘强东看来，自建物流虽然会增加成本，但通过自己做物流可以利用自己的信息系统加快货物流转率，降低运营成本。现在京东商城的商品从厂家买进到卖出仅需要 7 天，国美、苏宁为 40 多天。“我们一度存货长达 18 天，但现在仓库中只有 7 天的存货。”刘强东说。一个 60 人的信息团队不断调整产品的参数——季节、地域、节日、产品换代、网友的评价等，以准确预测在未来 7 天能卖出去多少数量。

京东商城还和神州数码进行数据库对接。消费者在京东商城下订单时，倘若京东商城库存中无此产品，系统会直接访问神州数码的库存数据库并且预约下此商品。这样能大大地加快库存的周转。现在京东也在努力说服更多供货商能够与之进行这方面的合作。

2007 年 8 月，京东商城拿到今日资本 1 000 万美元风险投资，这使得刘强东有能力向家电产品线拓展，此前京东商城的产品线主要集中在电脑和通信。虽然早在 2005 年就开始销售小家电，但直到 2008 年年初京东商城才将空调、冰箱、洗衣机、电视等大家电产品线逐一扩充完毕。和电脑、通信产品不同，家电是国美、苏宁这样零售巨头的核心产品线，京东商城无疑将面临更大的阻力。2013 年前，尚没有任何一家家电厂商为京东商城直接供货。

“零售企业都是熬出来的。”刘强东声称已准备好接下来数十年都做相同的事情：降低成本，提高效率。

材料二 1997 年亚洲金融危机

20 世纪 80 年代末、90 年代初，泰国、马来西亚、印度尼西亚、新加坡和韩国经济在经历了 8%～12%的高 GDP 增长，这被称为“亚洲经济奇迹”。因此，南亚经济体，以其高利率，尤其吸引追逐高回报率的外国投资者。据统计，1997 年以前，亚洲地区吸引了将近一半的向发展中国家的资本净流入。巨大的资金流入，引起了资产价格剧烈的上涨，包括房地产市场和股票市场，最终引发金融危机。

图 4-12 金融大鳄索罗斯

1997 年 7 月 2 日，泰国宣布放弃固定汇率制，实行浮动汇率制，引发了一场遍及东南亚的金融危机。当天，泰铢兑换美元的汇率下降了 17%，外汇及其他金融市场一片混乱。在泰铢波动的影响下，菲律宾比索、印尼盾、马来西亚令吉相继成为以索罗斯（见图 4-12）为主的国际炒家的攻击对象。8 月，马来西亚放弃保卫林吉特的努力。一向坚挺的新加坡元也受到冲击。印度尼西亚虽是受“传染”

最晚的国家，但受到的冲击最为严重。10 月下旬，中国台湾地区也受到了冲击，危机加大了对港元和中国香港股市的压力。

1997 年 10 月，当索罗斯利用资金横扫东南亚后，索罗斯带领的国际炒家将目光投向了中国香港。当时香港主权移交中国不足 3 个月。虽然香港地区基本没有当时泰国那么糟糕，但是房地产和股市泡沫也不少，最后琼斯及索罗斯选定香港地区作为第二波冲击的主战场，他们认为维持住联系汇率制度的成本高昂，认定香港特区政府挺不过去，所以便开始积极研究，很快便发动攻势。1997 年 11 月，对冲基金开始了对港元长达十几个月的进攻。宏观对冲基金在汇市、股市、期市联动造市，全方位发动对港元的立体式袭击：首先大量沽空港元现汇换美元，同时卖空港元期货，然后在股市抛空港股现货，此前后在恒生指数期货市场大量沽售期指合约。但在香港特区政府的抵抗下，三次进攻均未摧毁港元。

11 月中旬，韩国爆发金融危机，17 日，韩元对美元汇率跌至创纪录的 1008：1。21 日，韩国政府不得不向国际货币基金组织求援，暂时控制了危机。但到了 12 月 13 日，韩元对美元的汇率又降至 1737.60：1。韩元危机也冲击了在韩国有大量投资的日本金融业。1997 年下半年日本的一系列银行和证券公司相继破产。于是，东南亚金融危机演变为亚洲金融危机。

1998 年 8 月 5 日，在美国股市大跌、日元汇率重挫的配合下，对冲基金开始对港元发动第四次冲击。量子基金和老虎基金发动攻势，开始炒卖港元，先向银行借来大量港元向香港政府抛售，换来美元借出以赚取利息，同时大量卖空港股期货。香港特区政府被迫把息率大幅调高，隔夜拆息一度高达 300%（这并非发生在 1998 年 8 月，应是发生在 1997 年 10 月）。后来被谑称为“任一招”。1998 年 8 月，时任财政司司长曾荫权率同财政司官员，采灵活手法，没有大幅加息，只大量动用外储美元承接港元沽盘，再将港元购入香港蓝筹股，作长线投资。这一个全新策略成功稳定港元汇率以及恒生指数。香港特区政府更于 8 月 15 日宣布动用外汇储备于股市及期指市场入市，打击炒家操控市场的行为。 最终以近 1 200 亿港元（约 150 亿美元）大量购入港股，炒家撤退。在此一役，香港特区政府动用了大量外汇储备投入股市，一度占有港股 7%的市值，更成为部分公司的大股东，一旦股市下挫联系汇率将有可能崩溃。其后，香港特区政府成立外汇基金投资公司管理，并于 1999 年 11 月，港府把购买的港股以盈富基金上市，分批售回市场。经过这次打击，香港 10 年以后人均 GDP 才恢复到 1997 年的水平。

早在 1994 年，经济学家保罗·克鲁格曼发表一篇文章抨击了“亚洲经济奇迹”的说法。他认为东亚经济增长是长期以来增加资本投入的结果。然而，全要素生产率的增长实际上微乎其微。克鲁格曼认为，只有全要素生产率的增长才可以带来长期繁荣，而非大量资本投入。

泰国经济因“热钱”陷入了泡沫；泡沫膨胀过程中，需要的钱就更多。同样的情况发生在马来西亚和印度尼西亚，这两地的局势因为裙带资本主义的存在而更加复杂。到 20 世纪 90 年代中期，泰国、印度尼西亚和韩国在私有部门都有着巨大的经常账户赤字，而固定化利率的维持鼓励了外向借款，并导致金融和实业企业承受额外的外汇风险。

20 世纪 90 年代中期，一系列事件冲击着经济环境：人民币和日元的贬值、美国利率上升及进而走强的美元、半导体价格骤降，这些都影响了它们的经济增长。当美国经济在 20 世纪 90 年代早期从衰退中恢复时，格林斯潘领导的美联储开始提高美国利率来对抗通货膨胀。相较于南亚，美国一直以较高的短期利率吸引热钱，这使得美国成为比南亚各国更有吸引力的投资目的地，这抬高了美元的价值。对于那些把货币锚定美元的南亚国家来说，走高的美元使得它们的出口更加昂贵、失去国际竞争力。同时，1996 年春，南亚国家的出口增长预期显著下滑，使他们的经常账户更为恶化。

一些经济学家提出把中国的出口增长作为南亚国家出口放缓的因素之一，不过，这些经济学家仍然认为主因在于过度的房地产投机行为。在 20 世纪 90 年代开始实行一系列出口导向改革之后，中国与其他亚洲出口国开始竞争。其他经济学家则否认中国的影响，并指出南亚国家和中国在 20 世纪 90 年代早期都经历了快速出口上涨。许多经济学家认为亚洲金融危机不仅由市场心理或技术导致，更是由扰乱借贷激励的政策所导致。大量的信用关系使经济杠杆化严重，推高资产价格直到一个无可维持的地步。资产价格最终崩溃，迫使个人和企业对债务违约。

巨大的恐慌导致债务债权的大量逃出，带来信用紧缩和破产。另外，在外国投资者尝试着取出现金时，外汇市场便被危机国家的货币淹没，加大它们的贬值压力。为了避免货币崩溃，这些国家的政府把国内利率提到极高的程度（使借出钱对投资者更有吸引力，以缓解资本外逃的现象）；为了干涉外汇市场，用外汇储备以固定汇率买下多余的本国货币。而这两种政策都不可能长期维持。

很高的利率本身就可能危害一个健康的经济体，对一个脆弱的经济将会造成严重的灾难，而政府正在耗竭数目有限的外汇储备。当资本外逃之势无可避免之时，当局便放弃固定汇率，转而允许汇率浮动。本国汇率的走低意味着，那些以外汇标价的负债转以本国货币的标价急速上涨，这就导致更多的企业破产、危机加深。

本章小结

（1）个别资本运动包括资本循环和资本周转。产业资本循环包括购买、生产、销售 3 个具体阶段，资本采取货币资本、生产资本和商品资本 3 种职能形式，资本循环也被分成了货币资本循环、生产资本循环和商品资本循环 3 种形式。资本 3 种职能形式在空间上的并存性以及在时间上的继起性是产业资本正常循环的两个基本条件。资本周转速度可以用资本周转时间和周转速度来衡量。影响资本周转时间包括生产时间和流通时间。影响资本周转速度的因素除了资本周转时间以外，就是生产资本构成，即流动资本和固定资本的比例及各自周转速度。资本周转速度快慢对于剩余价值生产的影响是多方面的。

（2）社会资本是通过市场联系起来的个别资本的总和。为了便于考察社会资本运动，马克思将社会资本分为两大部类，即生产生产资料的第Ⅰ部类与生产消费资料的第Ⅱ部类，又将社会总产品分为了 C、V 和 M 三大价值组成部分。社会资本简单再生产的实现条件，扩大再生产的前提条件和实现条件。

（3）资本主义经济危机的实质是相对生产过剩，而爆发危机的根源在于资本主义社会的基本矛盾。资本主义生产具有周期性，一个完整的周期包括：危机、萧条、复苏和高涨 4 个阶段。近年来，资本主义经济危机爆发呈现出许多新的特征。

习题

一、单选题

1. 资本循环的三种职能形式是________。

A. 产业资本、商业资本、借贷资本　　B. 固定资本、流动资本、生产资本

C. 货币资本、生产资本、商品资本　　D. 不变资本、可变资本、流通资本

2. 资本周转速度与________。

A. 周转时间成正比，与周转次数成反比　B. 周转时间成正比，周转时间成正比
C. 周转时间成反比，与周转次数成正比　D. 周转时间成反比，与周转次数成反比

3. 区分为固定资本和流动资本的依据是________。
A. 价值周转方式不同　B. 价值增殖中作用不同
C. 物质存在形态不同　D. 运动速度不同

4. 预付资本的总周转是指________。
A. 固定资本和流动资本的平均周转　B. 不变资本和可变资本的平均周转
C. 生产资本和流通资本的平均周转　D. 货币资本和商品资本的平均周转

5. 加快资本周转之所以能增加年剩余价值量和提高年剩余价值率，根本的是因为________。
A. 预付的资本量增加了　B. 实际发挥作用的可变资本增加了
C. 流通对生产的反作用　D. 剩余价值率提高了

6. 社会资本再生产的核心问题是________。
A. 社会生产两大部类的划分问题　B. 社会总产品的价值构成问题
C. 生产资料生产优先增长的问题　D. 社会总产品的实现问题

7、社会资本简单再生产的基本实现条件是________。
A. $\text{I}(v+m)>\text{II}\ c$　B. $\text{I}(v+m)=\text{II}\ c$
C. $\text{I}(v+m)<\text{II}\ c$　D. $\text{I}(v+m)=\text{II}(c+v)$

8. 某企业有一台价值2 000元的高精度磨床，使用年限为10年。目前已使用2年。这时由于生产该种设备的劳动生产率提高，其价值降为15 000元。此时，这台高精度磨床的物质磨损是________。
A. 1 000元　B. 2 000元　C. 3 000元　D. 4 000元

二、多选题

1. 资本的生产时间包括________。
A. 资本处于生产领域的时间　B. 劳动时间
C. 生产资料储备时间　D. 自然力对劳动对象独立发挥作用的时间
E. 正常的停工时间

2. 用于购买劳动力的资本________。
A. 按其在剩余价值生产中的作用，属于可变资本
B. 按其周转方式，属于固定资本
C. 按其周转方式，属于流动资本
D. 属于生产资本
E. 从其价值周转方式看，与购买原料、燃料、辅助材料的资本价值一样都是转移到新的商品中去

3. 影响资本周转速度的因素有________。
A. 生产时间　B. 流通时间　C. 固定资本和流动资本的比例
D. 固定资本的周转速度　E 流动资本的周转速度

4. 牛奶厂的奶牛属于________。
A. 固定资本　B. 流动资本　C. 不变资本
D. 可变资本　E. 商品资本

5. 社会资本简单再生产的实现条件是________。

A. $\mathrm{I}(C+V+m)=\mathrm{I}(C+\Delta C)+\mathrm{II}(C+\Delta C)$

B. $\mathrm{II}(C+V+m)=\mathrm{I}(V+m)+\mathrm{II}(V+m)$

C. $\mathrm{I}(V+m)=\mathrm{II}C$

D. $\mathrm{I}(C+V+m)=\mathrm{I}C+\mathrm{II}C$

E. $\mathrm{II}(C+V+m)=\mathrm{I}(V+\Delta V+m/X)+\mathrm{II}(V+\Delta V+m/X)$

6. 社会资本扩大再生产的实现条件是________。

A. $\mathrm{I}(c+v+m)=\mathrm{I}c+\mathrm{II}c$

B. $\mathrm{I}(v+\Delta v+m/x)=\mathrm{II}(c+\Delta c)$

C. $\mathrm{I}(c+v+m)=\mathrm{I}(c+\Delta c)+\mathrm{II}(c+\Delta c)$

D. $\mathrm{II}(c+v+m)=\mathrm{I}(v+\Delta v+m/x)+\mathrm{II}(v+\Delta v+m/x)$

E. $\mathrm{II}(c+v+m)=\mathrm{I}(v+m)+\mathrm{II}(v+m)$

三、简述题

1. 简述产业资本循环正常进行的两个条件。

2. 影响资本周转速度的因素有哪些？

3. 加快资本周转速度对于剩余价值生产的影响有哪些？

4. 某工厂拥有固定资本 2 000 万元，具体为：厂房价值 1 000 万元，使用年限 20 年；机器设备价值 800 万元，使用年限 8 年；其他辅助工具 200 万元，使用年限 4 年。拥有流动资本 400 万元，一年周转 4 次，试算该工厂预付总资本的周转次数？

5. 时下“网络团购”十分流行，尤其是年轻人十分喜爱这种时尚的消费方式，不仅产品种类繁多，还快递送货上门，几乎足不出户就可以“逛街购物”。而商家也给予“网络团购”一族很大的价格折扣，价格优惠也成为团团族们纷纷参团购物的直接理由。一时间，诸如“拉手网”、“美团网”、“窝窝团”及“58 团购”等团购网站纷纷兴起，聚集了一大批团团族。结合有关资本周转的理论知识，谈谈你对“网络团购”的认识。

四、材料题

阅读下列有关“次贷危机”的材料并回答问题

材料一：2008 年 3 月，华尔街著名投资银行“贝尔斯登”被“摩根大通”以 2.4 亿美元低价收购，次贷危机持续加剧，首次震动美国。7 月，美联储和财政部宣布救助两大房贷融资机构房利美和房地美，美国国会批准 3 000 亿美元住房援助议案，授权财政部无限度提高“两房”贷款信用额度，必要时可不定量收购其股票。9 月，美国银行宣布将以 440 亿美元收购美林；美国政府出资最高 850 亿美元救助美国国际集团（AIG）；美联储批准高盛和摩根史丹利转为银行控股公司的请求，华尔街投行退出历史舞台。30 日，道琼斯指数迅速跌破 10 000 点，这是 2004 年 10 月以来，首度跌破万点关口。10 月，美国“大萧条”以来最大规模 7 000 亿美元金融救助计划获批，美政府当月底以 1250 亿美元注资本国 9 大银行。

同年 10 月，受美国金融危机蔓延影响，欧洲各国提高个人存款担保额度；富通集团比利时和卢森堡业务被巴黎银行收购；冰岛遭遇“国家破产”危机；英政府宣布向本国 4 大银行注资 350 亿英镑。11 月，欧、英国央行分别降息 50 和 150 个基点；日、欧经济正式步入衰退；中国出台 4 万亿人民币经济刺激计划；欧盟提出 2 000 亿欧元经济刺激计划。12 月，全球多家央行再度同步大幅降息。

材料二：国务院总理温家宝 5 日主持召开国务院常务会议，研究部署进一步扩大内需，促进经济平稳较快增长的措施。会议确定了当前进一步扩大内需、促进经济增长的 10 项措施。一是加快建设保障性安居工程。加大对廉租住房建设支持力度，加快棚户区改造，实施游牧民定居工程，扩大农村危房改造试点。二是加快农村基础设施建设。加大农村沼气、饮水安全工程和农村公路建设力度，完善农村电网，加快南水北调等重大水利工程建设和病险水库除险加固，加强大型灌区节水改造。加大扶贫开发力度。三是加快铁路、公路和机场等重大基础设施建设。重点建设一批客运专线、煤运通道项目和西部干线铁路，完善高速公路网，安排中西部干线机场和支线机场建设，加快城市电网改造。……初步匡算，实施上述工程建设，到 2010 年底约需投资 4 万亿元。为加快建设进度，会议决定，今年四季度先增加安排中央投资 1 000 亿元，明年灾后重建基金提前安排 200 亿元，带动地方和社会投资，总规模达到 4 000 亿元。

材料三：二十国集团伦敦金融峰会 2 日落下帷幕，与会领导人就国际货币基金组织(IMF)增资和加强金融监管等全球携手应对金融经济危机议题达成多项共识。英国首相戈登•布朗在会后举行的新闻发布会上说，二十国集团领导人同意为 IMF 和世界银行等多边金融机构提供总额 1.1 万亿美元资金，其中国际货币基金组织资金规模将扩大至现在的 3 倍，由 2 500 亿美元增加到 7 500 亿美元，以帮助陷入困境的国家……为促进贸易以帮助全球经济复苏，二十国集团领导人同意在未来两年内提供 2 500 亿美元用于贸易融资。在加强金融监管方面，二十国集团领导人认为有必要对所有具有系统性影响的金融机构、金融产品和金融市场实施监管和监督，并首次把对冲基金置于金融监管之下。信用评级机构和企业高管薪酬也在监管之列，而会计准则和金融企业资本金要求有必要完善。

此外，二十国集团领导人一致承诺，保持贸易和投资开放，抵制保护主义。与会领导人重申在去年 11 月份华盛顿峰会上所做出的承诺，即不设置任何新的投资或贸易壁垒，不采取任何新的出口限制措施，不实行任何违反世贸组织规则的出口刺激措施……

（1）材料一中“次贷危机”在政治经济学中属于什么经济现象？在资本主义社会，这种现象产生的根本原因是什么？该阶段的基本特征是什么？

（2）资本主义国家调节和干预经济的政策措施包括哪些？阅读材料二，你认为我国所采取的应对“次贷危机”的政策属于何种政策？该政策包括哪些基本内容？

（3）依据材料三，结合所学知识，就“次贷危机”产生原因及各国的危机应对措施，谈谈你的认识。

第五章

剩余价值分配

本章目标是掌握剩余价值分配理论，包括平均利润与生产价格的形成，商业资本、借贷资本参与剩余价值分配的过程，以及地租理论。

教学重点及难点

1. 平均利润与生产价格的形成；
2. 商业资本与商业利润；
3. 借贷资本与利息；
4. 股份公司；
5. 级差地租与绝对地租。

本章是在前面阐明剩余价值生产及资本运动的基础上，继续考察剩余价值如何转化成平均利润、商业利润、利息、地租等其他形式，在资本主义各资本家集团之间进行分配的。古典政治经济学将生产要素分为劳动力、资本和土地三大类。劳动力获得工资报酬，土地获得地租报酬，资本获得利润。而资本由于分为产业资本、商业资本和借贷资本，故利润又进一步转化为平均利润、商业利润、利息、股息等多种分配形式。

第一节　平均利润与生产价格

一、剩余价值转化为利润

通过学习前面内容，我们知道商品价值由三部分构成，即生产中消耗的不变资本（c）、可变资本（v）和剩余价值（m），用公式表示为：

$$W=c+v+m$$

这三部分都是生产商品的实际劳动的耗费。c 是耗费的生产资料的价值，是以前劳动的产物，体现的是“物化劳动”。（$v+m$）是工人在生产过程中新创造的价值，体现的是“活劳动”。但对资本家来说，生产商品所耗费的仅仅是自己预付的资本，即不变资本和可变资本的和。也就是说，资本家在计算生产商品的消耗时，只计算他所耗费的资本量，即不变资本和可变资本之和，这个耗费就是商品的成本价格。成本价格，即不变资本和可变资本之和，也称为资本主义生产费用或生产成本。如果用 k 表示成本价格，则商品价值就转化为：

$$W = k + m$$

成本价格出现以后，不变资本和可变资本的区别消失了。剩余价值本来是可变资本带来的，但现在却变成了成本价格的增值额，表示为资本家全部预付资本所带来的产物。这就使得剩余价值的真正来源被掩盖了。

1. 剩余价值转化为利润

当剩余价值被资本家看作其全部预付资本所带来的产物时，剩余价值就转化为了利润。所以，剩余价值和利润本来是同一个东西，在量上是相等的，但在这里却成了两个不同概念。就剩余价值来说，它是可变资本的产物，而利润则是全部预付资本的产物。剩余价值是利润的本质，利润则是剩余价值的现象形态。正因为利润本质上是剩余价值，只是在观念上表现为全部预付资本的产物，所以说，利润是剩余价值的转化形式。剩余价值转化为利润，掩盖了剩余价值的真正来源。因为剩余价值被看做是由全部预付资本带来的，而不是由可变资本带来的，这就掩盖了剩余价值实际上是由工人劳动创造的事实，掩盖了资本家对工人剥削的实质。

如果用 p 来表示利润，则商品价值 W 便进一步转化为：

$$W = k + p$$

既然利润表现为全部预付资本的产物，那么资本家在核算实际盈利程度时，就不是使用利润与可变资本的比例来核算，而是使用利润与全部预付资本的比率，即利润率来核算。如果用 P' 来表示利润率，则利润率计算公式如下：

$$p' = \frac{m}{c + v} = \frac{p}{k}$$

（c+v）表示预付的全部不变资本和全部可变资本之和，即生产成本 K。而剩余价值也可以用利润来表示。由此可见，剩余价值率和利润率不过是同一剩余价值与不同资本相对比所得出的不同比率。所以也可以说，利润率是剩余价值率的转化形式。

由于预付资本总是大于可变资本，所以利润率总是小于剩余价值率。剩余价值率和利润率不仅在数量上有明显差别，而且所反映内容也不同。剩余价值率反映的是资本家对工人的剥削程度，是剥削率；而利润率反映的则是资本家全部预付资本的增值程度，即资本家的赚钱程度，是增值率。由此可见，剩余价值率转化为利润率，不但掩盖了资本对劳动的剥削关系，而且还掩盖了资本家对工人的剥削程度。

2. 影响利润率的因素

由于利润率是资本增值程度的标志，在资本总量不变时，利润的大小就由利润率的高低决定。为了用最小资本去获取最大限度利润，资本家总是千方百计地去追求更高利润率。正如马克思引用当时英国评论家托约·登宁的话那样："资本害怕没有利润或利润太少，就像自然害怕真空一样。一旦有适当的利润，资本就胆大起来。如果有 10%的利润，它就保证到处被使用；有 20%的利润，它就活跃起来；有 50%的利润，它就铤而走险；为了 100%的利润，它践踏一切人间法律；有 300%的利润，它就敢犯任何罪行，甚至冒绞首的危险。如果动乱和纷争能带来利润，它就会鼓励动乱和纷争。走私和贩卖奴隶就是证明。"[1]

在实际经济活动中，利润率是经常变动的，下面我们试图探讨影响利润高低的因素，我们先对利润率计算公式做如下变换：

---

[1] 卡尔·马克思，《资本论》（第一卷），人民出版社 2004 年第 2 版，第 829 页。

$$p' = \frac{m}{c+v} = \frac{\frac{m}{v}}{\frac{c}{v}+1}$$

由上述公式我们可以看出，影响利润率的因素有两个：剩余价值率与资本有机构成。

① 剩余价值率。在预付资本一定且资本有机构成不变的情况下，利润率高低取决于剩余价值量，而剩余价值量多少又取决于剩余价值率。所以，剩余价值率越高，利润率相应的就越高。

② 资本有机构成。在其他条件不变情况下，资本有机构成越低，预付资本中不变资本比重越小，可变资本比重越大，创造的剩余价值就越多，从而利润率也就越高；反之，资本有机构成越高，预付资本中不变资本比重越大，可变资本比重越小，所使用的劳动力也就越少，创造的剩余价值就越少，利润率就越低。所以，资本有机构成与利润率呈反方向变化。但这是就不同部门而言，如果是同一部门内不同企业相比，资本有机构成越高，说明技术水平越进步，利润率就越高；反之，资本有机构成越低，说明技术水平越低，利润率就越低，这时资本有机构成与利润率呈正方向变化。

除了从上述公式中推导出的两个影响因素以外，影响利润率的还包括以下几个因素。

① 资本周转速度。在其他条件不变情况下，资本周转速度加快，可以提高利润率。因为，资本周转速度越快，说明资本使用效率越高，可变资本使用效率也就越高，创造的剩余价值就越多，利润率就越高。反之，利润率则越低。

② 不变资本节约。不变资本本来不能生产剩余价值，只是创造剩余价值的一个条件。但是，在其他条件不变情况下，不变资本节省（例如减少固定资产有形磨损、提高流动资本利用率）可以减少预付总资本额，降低成本价格，从而提高利润率。

二、利润转化为平均利润

通过以上分析，我们可以了解到，资本有机构成不同，资本周转速度不同的部门，利润率也就不同，即投入等量资本到不同部门，最终获得的利润率可能并不相同。但在现实经济生活中，不论资本投入哪个部门，等量资本差不多总能获得等量利润。劳动价值理论与利润平均化似乎在表面上是存在矛盾的。解决这个矛盾的核心，在于对平均利润形成过程的进行分析。

在资本主义社会里，资本之间的竞争可分为两类：一类竞争是在同一部门内展开的竞争，通过技术革新、管理提效使企业劳动生产率提高，最终获得超额剩余价值。另一种竞争是在部门之间展开的，竞争目的是为了取得有利的投资场所和获得较高利润率。竞争方式是资本自由转移，竞争结果使得各个部门不同的利润率趋于平均，形成平均利润率。具体来说，哪个部门或行业利润率高，其他部门或行业的资本就会往这里转移，通过资本转移，资本在各部门间的配置比例发生变化。原先利润率高的部门，资本数量增加，生产规模扩大，产品供给增加，价格下降，最终导致利润率下降；相反，原先利润率低的部门，资本数量减少，生产规模缩小，产品供给减少，价格上升，利润率反而上升。当资本转移使这两个部门利润率反转时，资本又开始进行倒流，一直到两个部门的利润率趋于平均，即形成平均利润率时，资本转移才会停止。所以，资本在不同部门之间的自由转移，使平均利润率形成，利润才转化为平均利润。现在，举例说明平均利润率的形成过程。

假设资本主义社会只有 3 个部门，食品工业、纺织工业和机械工业，具体情况如表 5-1 所示。

表 5-1　平均利润的形成

生产部门	投入资本	剩余价值率	剩余价值	产品价值	利润率	平均利润率	平均利润	平均利润与剩余价值的差额
机械工业	$90c+10v$	100%	10	110	10%	20%	20	+10
纺织工业	$80c+20v$	100%	20	120	20%	20%	20	0
食品工业	$70c+30v$	100%	30	130	30%	20%	20	−10

从表 5-1 可以看出，起初，这 3 个部门投入等量资本获得的利润率并不相同，机械部门资本有机构成最高，利润率最低；食品部门资本有机构成最低，利润率反而最高。这种利润率的差异会引起资本在这两个部门之间转移，转移的结果使各个部门的利润平均化。最终，机械工业多得的利润，正是食品工业失去的利润。所以，利润率的平均化过程，实际上是各生产部门的剩余价值重新分配的过程。

因为平均利润率是相对于全社会总资本来讲的，所以平均利润率是社会剩余价值总量与社会总资本的比率，一定预付资本根据平均利润率取得的利润就是平均利润，用公式表示就是：

$$平均利润率=\frac{社会剩余价值总额}{社会预付资本总额}\times 100\%$$

$$平均利润=预付资本\times 平均利润率$$

当然，利润率平均化只是一种趋势，而不是利润率绝对平均化。利润平均化并不排斥有些部门利润率暂时高于或低于其他部门，因为较短时间内资本不可能实现完全自由转移。不过，这仍会引起部门之间竞争，最终使利润平均化。另外，平均利润率形成后，也不排除少数企业由于采用先进技术，提高劳动生产率，使个别生产价格低于社会生产价格而获得超额利润。

平均利润率形成后，各部门资本家所获得的利润量和本部门所生产的剩余价值量并不一定相等。资本有机构成高的部门，所得利润高于本部门工人所创造的剩余价值；资本有机构成低的部门，所得利润则低于本部门工人所创造的剩余价值。只有资本有机构成相当于社会平均资本有机构成的部门，其所获利润与本部门所创造剩余价值才大体相等。剩余价值在各个部门之间重新分配的结果是等量资本最终获得等量利润，不同部门取得的利润完全取决于预付资本的多少。

利润转化为平均利润后，资本主义剥削关系被进一步掩盖了。前面提到剩余价值转化成利润，已经掩盖了剩余价值的真正来源，但那时利润量和剩余价值量毕竟还是相等的，还能看到利润和剩余价值之间的关系。但利润转化成平均利润后，不同部门所获利润多少，完全取决于本部门投入资本量多少。这就造成了一个假象，好像利润多少只与投入资本有关，而与工人劳动无关，利润本质和来源也就完全被歪曲和掩盖了。

三、价值转化为生产价格

随着平均利润的形成，许多部门得到的利润和本部门生产的剩余价值有了数量上的差别。这样，这些部门的商品价格便与价值不一致了。前面讲过，商品价值等于生产成本加剩余价值，现在剩余价值转化为平均利润，商品就不再按成本价格加剩余价值的价格来销售了，而是按成本价格加平均利润构成的价格来销售。这种由成本价格加平均利润构成的价格，就是生产价格。生产价格是商品价值的转化形式。可见，价值转化为生产价格，是以利润转化为平均利润为条件的。平均利润形成过程也就是生产价格形成过程，这从表 5-2 中可以看出。

表 5-2 生产价格的形成

生产部门	投入资本	剩余价值	产品价值	平均利润	生产价格	平均利润与剩余价值的差额
机械工业	$90c+10v$	10	110	20	120	+10
纺织工业	$80c+20v$	20	120	20	120	0
食品工业	$70c+30v$	30	130	20	120	−10
合计		60	360	60	360	

从上表可以看出，生产价格与价值在量上是有差别。资本有机构成高的部门，生产价格高于其价值；资本有机构成低的部门，生产价格低于其价值；只有资本有机构成相当于社会平均构成的部门，其生产价格才与价值相等。

价值转化为生产价格以后，价值规律作用形式也相应发生了变化。商品市场价格不再是围绕商品价值上下波动，而是开始围绕生产价格上下波动。生产价格成了市场价格波动的中心。从表面上，看这似乎是违背了价值规律，但其实并没有违背价值规律，生产价格只是价值的转化形式。原因有以下几点。

（1）生产价格是以价值为基础形成的。成本价格是商品价值的一部分，平均利润是剩余价值在各个部门的重新分配形成的。从各个生产部门看，不同部门获得的平均利润或高于或低于本部门工人创造的剩余价值，但从全社会来看，整个社会的平均利润总额仍然等于剩余价值总额。

（2）由于全社会平均利润总额等于剩余价值总额，商品的价值总额也必然和生产价格总额相等。因此，从整个社会来看，商品按照生产价格出售，实际上仍然是按照价值来出售。

（3）生产价格变动归根到底取决于价值的变动，即生产商品社会必要劳动时间的变动。商品价值由不变资本（c）、可变资本（v）和剩余价值（m）构成，其中 c 和 v 的变动会引起成本价格变动，m 的变动会引起平均利润变动。因此，价值任何一部分发生变动都会相应的引起生产价格变动。

同商品价值有个别价值和社会价值的区别一样，商品生产价格也有个别生产价格和社会生产价格之分。社会生产价格是指部门内由社会平均生产条件所决定的生产价格，等于社会成本价格加平均利润；个别生产价格等于个别成本价格加平均利润。商品市场价格并不取决于个别生产价格，而是取决于社会生产价格。所以，个别生产价格低于社会生产价格的差额便形成超额利润。因此，平均利润率形成以后，各部门中少数先进企业，由于个别生产价格低于社会生产价格，仍然可以得到超额利润。

马克思关于平均利润和生产价格理论具有十分重要的意义。

（1）平均利润和生产价格理论科学地解决了劳动创造价值与等量资本获得等量利润之间表面上的矛盾。它表明，生产价格只是价值的转化形式，生产价格的基础仍然是生产商品所耗费的社会必要劳动时间。价值转化为生产价格，只不过是资本家重新瓜分剩余价值而已。因此，平均利润和生产价格理论是对劳动价值论的丰富和发展，它科学地说明了平均利润形成的原因和过程，解决了政治经济学的一大理论难题。[1]

（2）平均利润和生产价格理论揭示了整个资产阶级和整个无产阶级之间的对立，说明了各部门资本家共同瓜分整个工人阶级创造的剩余价值的事实，表明工人不仅受本部门本企业资本家的剥削，而且受整个资产阶级的剥削。

（3）资本家共同瓜分工人创造剩余价值这一事实说明，资本家之间虽然有竞争、有冲突，但他们的根本利益是一致的。因此，无产阶级要改变自己地位，摆脱被剥削、被压迫的状况，

[1] 该理论难题最早是古典政治经济学家李嘉图提出的“陈酒与新酒价格差异”，即陈酒和新酒耗费的劳动相同，但市场价格迥异。

必须团结起来，推翻整个资产阶级统治，消灭资本主义剥削制度。

第二节　商业资本与商业利润

在前面的章节中，我们是以产业资本为例进行分析的，假定工人创造的剩余价值全部都被产业资本家占有。但在实际经济活动中，资本主义经济除了产业资本，还有商业资本、借贷资本等其他形式资本，这些资本也要求获得相应利润。也就是说，工人创造的剩余价值，要在产业资本家、商业资本家和其他资本家之间进行重新瓜分。本节将论述商业资本及其获取的利润形式——商业利润。

一、商业资本

1. 商业资本起源与发展

商业资本源于商人资本，是专门投资于商业领域，以获取利润的资本形态。商人资本是人类历史最悠久的资本形态之一，它大约产生于奴隶社会初期的社会第三次大分工，并在奴隶社会后期、封建社会得到一定程度的发展。

【例 5-1】　我国古代商业起源

公元前 2215 年，契（居商丘）帮助大禹治水有功于百姓，被舜封之商，并赐姓子氏，授为司徒，掌管以礼教民。契封商后传子昭明，昭明再传其孙相土。相土为侯，于公元前 2132 年发明马拉车（见图 5-1），使商地贸易日臻兴隆。

世传"商业"一词发端于商地人熟操之业，即商品贸易业。商业的繁荣，不仅使商族人有了发展，而且为商地经济发达奠定了一定基础，商部落因此逐渐强盛起来。契的世孙，有的善于治水，有的注重发展畜牧业，部落势力日渐强盛，后来扩展到渤海一带，其第十四代世孙汤消灭了夏桀，终建立了商朝。

图 5-1　马拉车

我国商业发展到封建社会中后期，已经相当繁荣。北宋画家张择端的《清明上河图》（见图 5-2）就反映了北宋时期东京汴梁繁荣的商业场景。

图 5-2　张择端《清明上河图》（局部）

欧洲商业曾繁荣于古代丝绸之路。但文艺复兴之后的大航海开启了欧洲近代更加繁荣的商业资本主义时代。资本主义商业资本，无论就其来源、职能和牟取利润方式来说，都不同于以往社会的商业资本。资本主义商业资本的产生与产业资本有着密切联系，是从产业资本中分离出来的独立发挥作用的商品资本。

大航海时代开启之前，威尼斯曾是传统丝绸之路在欧洲的终点，是当时著名的商都（见图 5-3）。大航海时代开始后，葡萄牙里斯本（见图 5-4）贸易逐渐兴盛，并逐渐取代威尼斯成为欧洲资本主义新的商业中心。17 世纪，荷兰崛起，阿姆斯特丹又取代里斯本成为欧洲商业新中心。

图 5-3 水城威尼斯

图 5-4 葡萄牙里斯本

在资本主义发展初期，生产规模和市场范围都还不大，产业资本家还可以既从事生产，又从事销售，独自完成资本循环的三个阶段。随着商品生产不断发展和市场范围不断扩大，将大量商品销售出去，成为一种非常繁杂的事情，这使产业资本家感到，再继续自产自销，不仅会分散精力，影响生产，而且在流通领域投入的资本，支付的大量商业费用，会相对缩小投入生产领域中的资本，这对资本家是十分不利的。于是，产业资本家逐渐通过让渡利润的形式将商品销售交给商业资本家去代为完成，将销售商品活动缩小为只与商业资本家打交道。这样，商业资本逐渐从产业资本循环中分离出来，成为独立的资本形态。所以，商业资本职能是从属于产业资本职能的，也就是说，商业资本从事商品买卖活动，客观上是为产业资本的商品销售过程服务的。

2. 商业资本职能、作用与经营业态

商业资本从产业资本中分离出来以后，执行的是商品资本的职能，即代替产业资本完成商品销售工作。商业资本家投资商业，不断地向产业资本家购进商品，然后把它卖给消费者，实现商品的价值和剩余价值。商品资本独立化为商业资本，对于促进资本主义经济发展起着积极作用。

（1）可以使产业资本家集中精力从事生产活动。由于商业资本家专门经营商品购销业务，产业资本家便可集中精力和资本从事生产，这就必然会提高生产效率，改善商品质量，增加企业利润。

（2）可以缩短流通时间。由于商业资本家代替产业资本家从事销售活动，所以产业资本家只要把商品出卖给商业资本家，就完成了商品转化为货币的过程，流通时间缩短了。即使将商业资本家出售商品的过程也算在内，同产业资本家自己出售商品时相比，由于销售过程专业化，流通时间也会缩短。因为商业资本家专门经营商业，对于市场状况和商品流通渠道更为熟悉，

因而商品销售周期也更短。

（3）可以节约流通费用，增加生产过程中的资本数量。商业资本家专门从事商业活动，使商业活动可以集中进行，从而减少整个社会用于流通过程的资本，增加了用于生产过程的资本数量。

可见，商业资本的存在的确有助于加快资本周转速度，增加剩余价值的生产，提高利润率。但是由于一部分商品资本独立出来成为商业资本，专门从事商品的买卖，往往会使生产和消费脱节，造成市场虚假繁荣景象。另外，商业资本的投机行为在一定程度上会人为扩大市场的供求缺口，使供求矛盾进一步加剧。例如，近几年我国商品市场上频繁出现的某类产品紧缺、价格暴涨现象，“蒜你狠”、“姜你军”、“豆你玩”，就分别是由于商人囤积大蒜、姜和绿豆造成的相关产品价格的暴涨。

在现代社会，商业资本经营可分为批发业务和零售业务两种。其中，与我们生活息息相关的零售业务主要有以下几种经营业态。

① 超级市场（Supermarket）。超级市场，俗称“大卖场”，于20世纪30年代初最先出现在美国东部地区，“二战”后在世界范围内得到较快发展。目前，超级市场是许多国家特别是经济发达国家的主要商业零售组织业态。超级市场中最初经营的主要是各种食品，以后经营范围日益广泛，逐渐扩展到销售服装、家庭日用杂品、家用电器、玩具、家具以及医药用品等。与其他传统零售业态相比，超级市场最大的特点就是产品齐全、价格便宜、购物环境优越。目前，世界上比较大的超级市场有沃尔玛、家乐福以及乐购等。

② 百货店（Department Store）。百货店，即百货商店，指在一个建筑物内，经营若干大类商品，实行统一管理，分区销售，满足顾客对时尚商品多样化选择需求的零售业态。世界上最早的百货商店是1862年在法国巴黎创办的，名为“好市场”。目前，世界上最大的百货商店是美国的“希尔顿”百货商店。与其他零售业态相比，百货店经营定位比较明确和单一，主要有奢华型、时尚型和生活型三类百货商店。

③ 专营店（Specialty Store）。专营店，有时也称专卖店、合伙店、加盟店，是指专门经营某一类商品，或者授权经营某一品牌商品的商店。专营店最大的特点就是“专”，其经营的某类商品往往品种齐全、品牌含量高，能够满足某一购物人群的特殊需求，这是其他综合性商店所不能比拟的。现实生活中，专营家电的国美、苏宁，以及一些服装品牌店、婴儿用品店等，都属于专营店。

④ 便利店（Convenience Store）。便利店，英文简称CVS，是位于居民区附近，以经营即时性商品为主，满足顾客应急性、便利性需求，采取自选购物方式的小型商店。该业态最初起源于美国，相继衍生出传统型便利店和加油站型便利店两种模式。与超市、百货店等其他零售业态相比，便利店经营最贴近生活场所，其营销核心为“Get What you forget”（买到你在超市忘记买的东西），以方便周边居民为经营核心。

二、商业利润

商业资本家投资于商业领域，目的也是为了获得利润。而且，商业资本家不但要获得利润，还要求获得平均利润。商业资本家获得的平均利润也是通过资本在商业部门和产业部门之间的自由转移形成的。如果商业领域利润低，商业资本就会转移到产业部门去；反之，资本则会从产业部门转移到商业领域里来。通过商业资本与产业资本之间的这种竞争，最终形成了社会平均利润率，公式表示为：

$$社会平均利润率（\overline{p}'）=\frac{剩余价值总额}{产业资本总额+商业资本总额}$$

商业利润的获取也是通过商业工人的劳动来实现的。商业工人在流通领域的劳动可以分为两种：一是生产性劳动，这部分活动是生产性活动在商业领域的继续，如商品的包装、保管、运输等活动。这部分活动可以增加商品价值，是创造剩余价值的劳动。二是非生产性劳动，这部分活动属于纯粹的商业活动，如单纯的商品宣传、销售活动。这部分活动仅仅有助于实现商品的价值和剩余价值，但不会增加商品价值。在这里，我们只考察后一种商业活动。

商业资本在流通领域进行的活动，只是实现商品的价值和剩余价值，并不能创造价值和剩余价值。那么，商业利润从何而来呢？

从现象上看，商业利润好像来源于商业资本家购买和销售商品之间的差价，即商人以一个较低价格从产业资本家那里购买商品，然后再提高价格把它销售出去。似乎商业利润来自商品单纯加价，来自流通领域。但这只是商业资本取得利润的途径，并不能说明商业利润的真正来源。商业利润的真正来源仍然是产业工人创造的剩余价值的一部分。因为商业资本承担了产业资本的一部分职能，产业资本家就不能独占全部剩余价值，必须把剩余价值的一部分以商业利润的形式转让给商业资本家。转让途径就是商品的购销差价。现在举例说明。

假定一年中整个社会预付的资本总额为 $720c+180m=900$（万元），剩余价值率为 100%，则剩余价值为 180 万元。不变资本的价值全部转移到新的产品中去，这时，一年内生产出来的社会总产品价值或生产价格为 $720c+180v+180m=1\ 080$（万元）。商业资本家替产业资本家把这些商品销售出去，在商业领域中也必须追加投资，假设商业资本家投资 100 万元，如此，社会预付资本总额变成 1 000 万元。由于商业部门的纯粹买卖活动并不创造剩余价值，剩余价值总额仍为 180 万元。这时产业资本和商业资本共同的平均利润率为 $180\div1\ 000\times100\%=18\%$。按照 18%的平均利润率再进行分配，产业资本家获得的平均利润是 900 万元 × 18%=162 万元，商业资本家得到的平均利润是 100 × 18%=18 万元。这样，产业资本家便按照 $720c+180v+162m=1\ 062$（万元）的出场价格把商品卖给商业资本家，而商业资本家则按照 1 062 万元+18 万元=1 080（万元）的市场价格把商品卖给消费者。按这个价格来出售，商业资本家就得到了 18 万元的平均利润。

商业资本家参与了剩余价值分配以后，商品生产价格就等于成本价格加产业利润再加上商业利润。从表面上看来，商业资本不参加剩余价值的生产，却参加剩余价值的分配，因而降低了整个社会的平均利润率，似乎对产业资本家不利。实际上，如果没有商业资本家替产业资本家销售商品，仍由产业资本家自产自销，其增加的流通费用恐怕会更多，平均利润率的下降还会更厉害。另外，从资本周转的角度看，商业资本的存在加速了商品周转速度，提高了产业资本年剩余价值率和利润率水平。可见，商业利润的存在事实上是对产业资本家有利的。

三、商业工人的必要劳动与剩余劳动

商业资本家不同于小商小贩，他虽然参与商业，但是自己却不参加劳动，只是凭借所预付的商业资本取得商业利润。商品的购买和销售，是依靠其雇佣的商业工人进行的。

从表面上看，商业工人只是在流通领域中从事商品的买卖活动，这种活动不创造剩余价值，商业利润仍然来源于产业工人所创造的剩余价值，这样似乎就不存在商业资本家剥削商业工人的问题了。其实不然，商业工人和产业工人一样，也是靠出卖自己的劳动力为生，他们虽然不直接创造价值和剩余价值，但却为资本家实现商品的价值和剩余价值。他们的劳动也分为必要劳动和剩余劳动。其中，在必要劳动里实现的剩余价值部分，用来补偿自身的价值即商业资本家支付给工人的工资；在剩余劳动时间里所实现的剩余价值，一部分被用来补偿除工资以外的纯粹流通费用，如广告费、办公费、薄记费、商品信息费等，另一部分则被商业资本家无偿占有，形成商业利润。

第三节 借贷资本与利息

与商业资本一样，借贷资本也是资本主义经济活动中不可缺少的资本形式。借贷资本的存在有助于解决产业资本和商业资本周转过程中的资金短缺问题，有助于这两类职能资本扩大生产经营规模，促进社会生产力进步。

一、借贷资本

1. 借贷资本起源与发展

借贷行为最早可以追溯到原始社会私有制出现以后，据说在距今 6000 多年前的苏美尔文明时，借贷行为就产生了，这个时间甚至比商业出现的时间更早。在商品经济较为发达的封建社会，随着商业日渐繁荣，高利贷行为也逐渐发展起来。在资本主义以前的奴隶社会和封建社会，生息资本主要表现为高利贷资本，如我国古代的钱庄，就主要经营高利贷业务。大航海时期，西欧商业的繁荣也带动了高利贷行业发展。商业资本主义发展到一定时期，随着商业银行、股份制等信用形式的发展和创新，货币资本也逐渐从其他资本中分离出来，最终发展为借贷资本。见例 5-2。

【例 5-2】 莎士比亚名作《威尼斯商人》

文艺复兴时期，莎士比亚的名作《威尼斯商人》讲述了一个嫁给正直青年绅士的富家女儿的故事。威尼斯商人安东尼奥为了帮助好友巴萨尼奥成婚，向犹太人夏洛克借了 3 000 金币高利贷。夏洛克因为安东尼奥借给别人钱不要利息（安东尼奥是虔诚的基督徒，而基督教禁止放贷取息行为），影响了他的生意，借机报复，在借约上声称 3 个月期满还不上钱，就从安东尼奥身上割下一磅肉抵债。安东尼奥为了帮助好友，就同意了。结果，安东尼奥因其货船在海上失事，不能如期还钱。于是，犹太人夏洛克就提起公诉，要求安东尼奥履行借约。在这个故事中，夏洛克代表的是高利贷阶层。这个阶层主要由当时意大利的犹太人把持，这是有历史传统的。犹太人在当时欧洲属于异教徒，国王和教会禁止他们合法拥有土地和房产，因此犹太人从很早就以商业和放贷为生。

2. 借贷资本及其来源

借贷资本是指货币资本所有者为了获取利息而暂时借给职能资本家使用的货币资本。借贷资本与产业资本和商业资本是不同的。产业资本是生产性资本，商业资本则是经营商品买卖的资本，两者都在经济领域中发挥着某一方面的职能，因而属于职能资本。借贷资本既不从事生产活动，又不从事商品销售活动，只是凭借借贷关系来获取利息，是一种纯粹的货币资本。借贷资本主要来源于产业资本循环和周转过程中暂时闲置的货币资本，具体包括：

① 正在积累中的折旧基金。即在固定资本更新前，按磨损程度逐年提取的固定资本折旧基金，这部分基金在固定资本没有更新前都暂时处于闲置状态。

② 闲置待用的流动资本。当商品出售换回货币以后，并不一定需要立即购买原材料和支付

工资，这部分流动资本也会暂时闲置起来。

③ 正在积累中的剩余价值。资本积累往往需要达到一定的数额时才能用来扩大厂房、增加机器，进行扩大再生产。在此之前，一部分积累基金也会以货币形式暂时闲置。

这些闲置资本停止了运动，不能给资本家带来增值，这显然是与资本的本性相违背。资本家必然会为这部分资金寻找出路来获取一定收益，办法就是直接借贷出去来获取利息。与此同时，另一些职能资本家在生产和流通过程中也需要临时补充一部分资本，如有的产业资本家在商品未销售出去时需要立即购买生产资料和支付工资，或是打算扩大生产规模，但自己积累的基金又不足，这时就需要及时补充货币资本。这样一来，一方面有资金的供给者；一方面又有需求者，双方就形成了借贷关系。这些在资本循环过程中暂时分离出来的、闲置的货币资本就成为借贷资本。借贷资本除了来自暂时闲置的货币资本外，有一部分还来自食利者手中的货币资本。另外，居民手中的货币存入信用机构后也会转化为借贷资本。

借贷关系依据信用形式的不同分为两种：一种是通过银行作为中介形成间接融通资本的信用形式，称为银行信用；另一种是基于股份制契约关系通过发行股票形成的直接融通资本的信用形式，称为股份公司信用。这两种信用形式在后面将分别讲述。

二、利息

借贷资本家把货币资本借给职能资本家使用，目的是为了获取利息。因此，职能资本家在归还贷款时，必须向借贷资本家支付一定数量的货币作为使用这笔货币资本的报酬，这就是利息。

利息是由职能资本家支付的，其来源归根结底是产业工人创造的剩余价值的一部分。职能资本家用借到的货币从事工业、农业、商业活动等，获取平均利润，但职能资本家不能独占这些利润，因为利润的获取是由于运用借贷资本而获得的。因此，职能资本家必须拿出一部分作为利息付给借贷资本家。这样，利息的产生使平均利润被分割成两部分：一部分以利息的形式支付给借贷资本家；另一部分是归职能资本家所有的企业利润（见图 5-5）。可见，利息是职能资本家为了取得货币资本的使用权而支付给借贷资本家的一部分剩余价值，是剩余价值的转化形式。

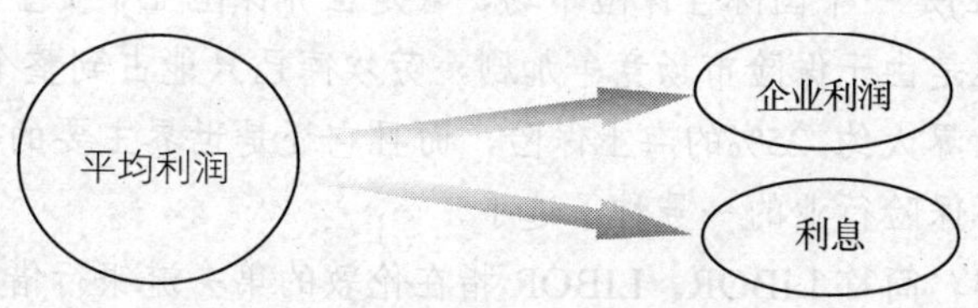

图 5-5　企业利润与利息

利息量的大小取决于利息率的高低。利息率是利息与借贷资本的比率，通常用百分数来表示。

$$利息率=\frac{利息量}{借贷资本量}\times 100\%$$

利息率可以按月计算（月息），也可以按年计算（年息）。

利息是平均利润的一部分，因而利息率要低于平均利润率。只是在个别的特殊情况下，利息率才会超过平均利润率。比如，在经济危机时期，某个资本家为挽救企业，不得不以高于平均利润率的利息率取得贷款。正常情况下，平均利润率就是利息率的最高界限，最低不能等于零。所以，利息率一般在零和平均利润率之间浮动。

【例 5-3】 伦敦金融城及 Libor 利率

在世人的眼里，伦敦是世界上最富历史传奇和现代情趣的城市之一。它不仅以其丰蕴的文化内涵、美丽的自然及人文景观吸引着来自全球各地的旅游者和留学研究人员，更以其深厚的金融基础、便利的交通、通信和优越的金融经济政策吸引着世界上各大金融机构在此聚集。

在伦敦著名的圣保罗大教堂东侧，有一块被称为“一平方英里”(Square Mile)的地方。这里楼群密布，街道狭窄，虽不像纽约曼哈顿那样高楼密集，但稳健、厚重的建筑风格和室内豪华、大气的装饰却有过之而无不及。这里聚集着数以百计的银行及其他金融机构，被看做是华尔街在伦敦的翻版，这里就是伦敦的“金融城”。从金融城往东不远，是一个叫金丝雀码头(Canary Wharf)的地方。那儿面积不大，却矗立着数幢几十层的高楼。从楼顶上的 HSBC（汇丰）、Barclays（巴克莱）、Citibank（花旗银行）等广告牌可以看出，这里也是金融机构扎堆的地方，因此也被叫作“金融城”。与“一平方英里”不同的是，这儿的楼群都是近 20 年内建起来的，规划更新，设计也更现代化。因此有人把这里称为“新金融城”，与“一平方英里”那边的“老金融城”遥相呼应（见图 5-6）。

图 5-6 伦敦金融城

伦敦金融城是世界上金融机构最为密集的地方，这里有世界最大的外汇市场和国际保险市场，还有最古老的证券交易所、黄金市场。而且，这里的欧洲货币市场和商品市场在国际上也占有举足轻重的地位。在金融城中心，有一座没有窗户的堡垒似的 8 层大厦，这就是被称为“银行之王”的英国中央银行——英格兰银行。与英格兰银行相毗邻的一栋竖火柴盒形的现代化建筑是伦敦股票交易所。伦敦股票交易到今天已有 200 多年的历史，可称得上是世界证券交易的鼻祖。其股票交易量位于纽约和东京之后，居世界第三位。伦敦黄金市场是西方世界最重要的黄金市场，其黄金交易量曾达到世界黄金交易总量的 80%，是反映黄金行市的晴雨表，一般认为伦敦金市是金条质量控制方面的公断人。伦敦城的劳埃德(LIOYD'S，劳合社)是一个国际性保险市场，曾是世界保险业中资金最雄厚、保险费收入最高的保险垄断组织。但是由于保险市场竞争加剧，劳埃德已只能占到整个保险市场 1%的份额。然而，它仍然拥有全世界大约 25%的海上保险，而且它还是世界主要的再保险中心，因此伦敦城的保险市场仍是国际保险行业的一号种子选手。

伦敦同业拆放利率，简称 LIBOR。LIBOR 指在伦敦的第一流银行借款给伦敦的另一家第一流银行资金的利率。现在 LIBOR 已经作为国际金融市场中大多数浮动利率的基础利率，作为银行从市场上筹集资金进行转贷的融资成本，贷款协议中议定的 LIBOR 通常是由几家指定的参考银行，在规定的时间(一般是伦敦时间上午 11：00)报价的平均利率。最大量使用的是 3 个月和 6 个月的 LIBOR。我国对外筹资成本即是在 LIBOR 利率的基础上加一定百分点。从 LIBOR 变化出来的，还有新加坡同业拆放利率(SIBOR)、纽约同业拆放利率(NIBOR)、香港同业拆放利率(HIBOR)，等等。

影响利息率变动的因素有：① 平均利润率的高低。在其他条件不变的情况下，平均利润率高，利息率就高；平均利润率低，利息率就低。② 借贷资本的供求状况。当借贷资本的供给大于需求时，利息率就会下降；借贷资本供不应求，利息率就会提高。③ 各国对利率的调控。各国会依据宏观经济状况，由中央银行通过相关业务和政策，对基准利率水平进行调控。例如在我国，利率政策主要由国务院下属中国人民银行及其货币政策委员会来制定和实施。此外，各国、各地区的习惯和法律，以及物价变动等，也会影响利息率的变化。

三、银行资本与银行利润

1. 银行

在资本主义制度下，货币资本的借贷主要是通过银行办理的。银行是专门经营货币资本的企业。它通过吸收存款的方式，把社会上闲置的货币吸收起来，然后贷出去，是贷款人与借款人的中介。现代商业银行的主要业务包括三方面：存款业务、贷款业务及转账结算业务。

【例 5-4】　我国古代金融机构——邸店、柜坊、飞钱、质库

我国古代的金融机构，除了我们较为熟悉的钱庄与票号外，还有以下几种。

① 邸店。邸店是唐代以后供客商堆货、交易、寓居的行栈的旧称，亦称“邸舍”、“邸阁”、“邸肆”、“塌房”。“邸”原是指堆放货物的货栈，“店”原是指沽卖货物的场所。唐初以后,邸店除堆放货物外，也兼住商客。商客带着货物住进邸店后，邸店主人与牙人为商客做中间人，将货物卖出,或再购买货物。这样邸店又发展为客商交易的场所,具有仓库、旅舍、商店多种性质。邸店收取邸值(栈租)。由于获利丰厚，唐中期以后，贵族官僚和寺观也纷纷开设邸店，于是邸店大量涌现在长安、洛阳等大城市的市场四周，少的有百余处，多者达三四百处。随着商业的发展，宋代许多城市都有邸店，宋诗“邸店如云屯”就是形容旅店业兴旺，南宋临安邸店大为兴盛。明代，政府曾将邸店官营，于两京设立塌房。后来塌房从邸店中分离出来成为现代带有企业性质的商业仓库。

② 柜坊。柜坊是由邸店衍生出来的，是唐宋在城市中替别人保管银钱的商户。柜坊实际上是我国最早的银行雏形，在唐玄宗开元初年（公元 713 年）已出现，比欧洲早几百年。唐代广泛使用铜钱，人们预先将铜钱存放在柜坊，在进行买卖时，取用比较方便。铜钱每贯重 6 斤 4 两，要携带大量铜钱出门，既重且很不方便。有些邸店开始代客保管钱物，后发展为专门的柜坊。柜坊经营的业务是代客商保管金银财物，商人需用时，凭帖（相当于支票）或信物提取，为最早的银行雏形。跟现在的银行要付给存款人利息不同，柜坊不仅不付息，存放者还要向柜坊缴纳租金。柜坊所藏物品，主要是钱帛、粟麦。钱，一部分是柜坊自备的资金，一部分是别人的存款。因柜坊资金大，有钱人愿意寄存钱财，柜坊又兼似后世的钱庄。钱以外的帛、粟、麦，是农民借钱的抵押品。柜坊剥削的主要对象，仍是农民。

③ 飞钱。飞钱又称“便换”，始于唐宪宗元和初年，是中国历史上早期的汇兑业务形式。当时商人外出经商带上大量铜钱有诸多不便，便先到官方开具一张凭证，上面记载着地方和钱币的数目，之后持凭证去异地提款购货。此凭证即“飞钱”。《新唐书（卷 54）· 食货志》载：宪宗以钱少，复禁用铜器。时商贾至京师，委钱诸道进奏院及诸军、诸使富家，以轻装趋四方，合券乃取之，号“飞钱”。飞钱有两种形式：一是官办，商人在京城把钱交给诸军、诸使或诸道设于京城的“进奏院”，携券到其他地区的指定地方取钱；二是私办，大商人在各道或主要城市有联号或交易往来，代营“便换”，以此牟利。这种汇兑方式一方面减低了铜钱的需求，缓和钱币的不足，同时商人前往各地进行贸易活动时，亦减轻了携带大量钱币的不便。“飞钱”实质上只是一种汇兑业务，它本身不介入流通，不行使货币的职能，因此也不是真正意义上的纸币。

④ 质库。质库亦称质舍、解库、解典铺、解典库等，是我国古代进行押物、放款收息的商

铺，即后来典当的前身。在南朝时，僧寺经营的质库已见于文献记载。唐宋以后，社会经济日益发展，质库亦随之发达。富商大贾、官府、军队、寺院、大地主纷纷经营这种以物品作抵押的放款业务，同时还从事信用放款。明代质库的经营者多为徽商，他们遍及许多城市，"每以质库居积自润"。明嘉靖间，礼部尚书董某"富冠三吴"，除田产外，"有质舍百余处，名以大商主之，岁得子钱数百万"。送入质库抵押的物品，除一般的金银珠玉钱货外，有时甚至还包括奴婢、牛马等。普通劳动人民则多以生活用品作抵押。质库放款时期限很短，利息甚高，往往任意压低质物的价格，借款如到期不能偿还，则没收质物，因此经常导致许多人家破产。

【例 5-5】 西欧银行业起源

西方银行业起源，可溯及公元前古巴比伦时期。考古学家在阿拉伯大沙漠发现的石碑证明，在公元前 2000 年以前，巴比伦寺院已对外放款，而且放款是采用由债务人开具类似本票的文书，交由寺院收执，且此项文书可以转让。据大英百科全书记载，早在公元前 6 世纪，在巴比伦已有一家"里吉比"银行。

人们公认早期银行的萌芽，出现在文艺复兴时期的意大利。"银行"一词英文称为"Bank"，是由意大利文"Banca"演变而来的。在意大利文中，Banca 为"长凳"之意。最初的银行家均为祖居在意大利北部伦巴第的犹太人，他们为躲避战乱，迁移到英伦三岛，以兑换、保管贵重物品、汇兑等为业。他们在市场上人各一凳，经营货币兑换业务。倘若有人遇到资金周转不灵，无力支付债务时，就会招致债主们群起捣碎其长凳，兑换商的信用也即宣告破碎。英文"Bankruptcy"，即"破产"，正源于此。

这一时期银行业的产生与国际贸易发展有密切的联系。文艺复兴时期意大利的威尼斯、热那亚等城市是当时重要的贸易中心，商贾云集，市场繁荣。但由于当时社会封建割据，货币制度混乱，各国商人所携带的铸币形状、成色、重量各不相同，为了适应贸易发展的需要，必须进行货币兑换。于是，单纯地从事货币兑换业并从中收取手续费的专业货币商便出现了。随着异地交易和国际贸易不断发展，来自各地的商人们为了避免长途携带货币而产生的麻烦和风险，开始把自己的货币交存在专业货币商处，委托其办理汇兑与支付。这时候的专业货币商已反映出银行萌芽的最初职能：货币兑换与款项的划拨。随着接受存款的数量不断增加，商人们发现多个存款人不会同时支取存款，于是他们开始把汇兑业务中暂时闲置的资金贷放给社会上的资金需求者。最初，商人们贷放的款项仅限于自有资金，随着代理支付制度的出现，借款者即把所借款项存入贷出者之处，并通知贷放人代理支付。可见，从实质上看，贷款已不仅限于现实的货币，而是有一部分变成了账面信用，这标志着现代银行本质特征已经出现。

这一时期成立的主要银行有 1171 年设立的威尼斯银行和 1407 年设立的圣乔治银行等。16 世纪末开始，银行普及到欧洲其他国家，如 1609 年成立的阿姆斯特丹银行，1619 年成立的汉堡银行，1621 年成立的纽伦堡银行等，都是欧洲早期著名的银行。在英国，银行业起源于商业资本主义时期的私人金匠银行（GoldSmithBank）。当时的有钱人将贵重的黄金存储在私人金匠那里来确保安全。起初，金匠借此收取保管费。后来，收取的黄金多了，金匠就不再满足于仅仅收取保管费，而是开始将这些闲置黄金用于放贷，收取利息。再到后来，有些金匠开始发行"金匠券"，这些"金币券"就是存取金币的收据，一些信用比较高的金匠发行的"金币券"在一定程度上起到了替代金币流通的效果。可见，金匠银行在当时已经初步具备了吸收存款、发放贷款，甚至发行货币的职能。

资本主义商业银行的产生，基本上通过两种途径：一是旧的高利贷性质的银行逐渐适应新的经济条件，演变为资本主义银行。在西欧，由金匠业演化而来的旧式银行，主要是通过这一途径缓慢地转化为资本主义银行。另一途径就是新兴的资产阶级按照资本主义信用原则组织的股份制银行，这一历史过程，在最早建立资本主义制度的英国表现得尤其明显。1694 年，为了给战争筹款，在政府的帮助下，伦敦的商人们通过发行股票筹集了 120 万英镑，建立了历史上第一家资本主义股份制的商业银行——英格兰银行（见图 5-7）。英格兰银行的成立，标志着资本主义现代银行制度开始形成以及商业银行的产生。从这个意义上说，英格兰银行是现代商业银行的鼻祖。继英格兰银行之后，欧洲各资本主义国家都相继成立了商业银行。从此，现代商业银行体系在世界范围内开始普及。

图 5-7　英格兰银行

2. 银行资本与银行利润

经营银行的资本来源主要有两个：一是通过大量吸收存款获取资本，二是银行股东的自有资本。或者就银行资产负债表来说，它的借贷资本总额（即总资产）等于银行存款（负债）加自有资本（所有者权益）之和，即：

借贷资本 = 存款 + 自有资本

其中，银行存款主要来源有 3 个：一是职能资本家暂时闲置的货币资本，现实中表现为企业存款；二是货币资本家即食利者的存款；三是社会各个阶层的居民储蓄。

除吸收大量存款外，经营银行还必须垫支自有资本。垫支自有资本的用途除去用于借贷资本、支付银行相关营业费用以外，最重要用途就是防范信贷经营风险。众所周知，银行放贷属于杠杆经营，银行所形成之借贷资本，大部分属于吸收来的存款。对银行而言，这部分资本属于负债，若在放贷过程中稍有不慎，就会导致借贷资本和利息的损失。此时，自有资本就起到抵御经营风险，弥补潜在损失的作用。

【例 5-6】　现假设某银行自有资本为 1 000 万元，同时吸收存款 9 000 万元，借贷资本合计 1 亿元。假设银行将其中 8 000 万元放贷出去，贷款年均利息为 10%，存款年均利息是 5%。

第一种情况，银行所贷放资金全部安全收回。此情况下，银行收取的贷款利息为 800 万元，需支付的存款利息为 450 万元，在不计经营费用情况下，该银行本年获取的银行利润为 350 万元，自有资本利润率（净资产收益率）为 35%。

第二种情况，银行所贷放资金有 10%本息不能收回，需当作坏账核销并冲减利润。在此种情况下，银行获取的贷款利息为（7 200 万 × 10%）720 万元，需支付存款利息 450 万元，在不计经营费用情况下，银行本年的经营利润为 270 万元，但由于核销了 800 万元贷款本金及 80 万元应收利息，银行本年度的利润为−610 万元。这部分亏损先有银行自有资本 1 000 万元来弥补，暂不影响储户存款的安全。

第三种情况，银行所贷放资金有 20%本息不能收回，需当作坏账核销并冲减利润。在此情况下，银行本年度的获取的贷款利息为 640 万元，需支付存款利息 450 万元，在不计经营费用情况下，银行本年经营利润为 190 万元，但考虑到核销了 1 600 万贷款本金和 160 万应收利息，银行本年度营业利润最终为−1 570 万元。这部分亏损，银行自有资本 1 000 万元是弥补不了的，这时就会影响储户存款的安全。

从上述三种情况看出，银行贷款业务是有风险的，而自有资本起到了弥补信贷风险的作用。因此，各国中央银行为了防范银行信贷风险，对各家商业银行自有资本充足率和存贷比提出了监管要求。自有资本充足率是银行自有资本与全部信贷资产的比率，后来的《巴塞尔协议》将资本充足率定义为银行自有资本总额与加权风险资产总额的比例。较高的资本充足率有利于抵御银行经营过程中的风险，保护储户在内的银行债权人债权的安全，但不利于银行获得较高利润水平。

经营银行的资本家，其垫付的银行资本也要求获得与其业务风险相适应的社会平均利润率。如果得不到平均利润率，他就不肯开办银行，而会将资本投入到其他部门去。在资本主义竞争规律的作用下，银行资本家所获得利润大体上与一般工商企业所获得的利润相等，即平均利润。

银行利润表面上是来自于贷款利息和存款利息之间的差额，但存贷款利息差并不构成银行的全部利润，还要减去经营银行业务的费用后才是银行的利润。银行利润究其根源，仍然来自于产业工人所创造的剩余价值。银行贷款给工商业资本家，工商业资本家将本部门工人创造的一部分剩余价值，作为利息支付给银行。

四、股份公司与股票

1. 股份公司

股份公司是通过发行股票而设立的公司形式。股份公司兼有股份制和公司制两大特征。公司制比股份制出现得早，因此我们先讲述公司制。

（1）公司制起源。

迄今为止，人类社会的企业组织形式共有三种：业主制（Ownership），合伙制（Partnership）和公司制（Company）。在西欧封建社会，业主制和合伙制是当时企业的主要组织形式。这两种企业的特点是企业资产由业主和合伙人自己所有、自己经营，所有权和经营权合一。但是，由于这两种企业的资本均来源于个人、家庭以及亲友范围，因而规模较小。公司制较之业主制和合伙制两类传统企业形式出现的比较晚。有一种说法认为，公司制起源于中世纪后期的教会组织。当时很多教徒为了死后能够上天堂，在生前或死后将大量财产捐给教会。这样教会就聚集了大量财富需要人管理，教士们忙于教务，又不精通财富管理，于是就聘请有才能的人代为管理这些财富。这样一来，财富的所有权和经营权分离了，委托代理出现了，就产生了现代企业形式——公司制。因此，有人认为公司制的核心就是基于所有权与经营权分离的委托代理关系。

后来，在文艺复兴前的意大利，许多城邦如威尼斯、热那亚等，濒临地中海，海上贸易兴隆，利润丰厚，于是许多人纷纷打算投资购船，从事海上贸易。但当时购买或建造一艘商船造价不菲，而且驾船出海也不是人人都能掌握的技能。这时，公司制商船出现了。首先，众多投资人通过成立公司聚集资本，购买建造一艘商船；而后，投资人通过聘请有才能的船长来进行海上贸易，此时公司制的核心委托代理关系出现了，所有权与经营权也分离了；最后，由于实行委托代理，投资人只以出资额为限承担有限责任，即使船长做了海盗，损害了其他人的利益，投资人们也不必承担所有责任，从而分担了经营风险。这种公司制的商船，一时间被普遍使用，促进了当时城邦海上贸易的繁荣。

（2）殖民贸易时期的股份公司。

准确地说，股份公司出现在西欧大航海之后的殖民贸易时期。当十四、十五世纪大航海时代到来后，大规模的航海和殖民贸易成为西欧社会聚敛财富的主要经济活动。而在当时进行航海贸易，不但所需资本的规模是庞大的，而且其所承担的航行风险也是巨大的。有人测算过，当时从西欧去印度的一次航行，所费与今天进行一次火星探险是相当的。这显然不是公司制可以承担的。为了解决巨额融资、分担巨大航海风险，股份公司应运而生。股份公司通过发行股票向社会公众募集大量资金。同时，股东承担有限责任，这又分担和避免了航行所遇到的巨大风险。这一时期，最著名的股份公司要数英国东印度公司（1600 年）[1]和荷兰东印度公司（1602 年）。与英国东印度公司仅向少数商人发行股票不同，荷兰东印度公司采取了公开发行股票的做法，因而被认为是人类历史上最早的规范的股份公司（见例 3-6）。英国东印度公司成立后垄断了英国与印度的贸易 250 多年，并将触角引向了亚洲其他国家。在其存续期间，股东获利丰厚。而荷兰东印度公司建立起的舰队打败了西班牙的无敌舰队，垄断了海上贸易运输，使得荷兰成为“海上马车夫”。股份公司一时间促进了西欧殖民贸易的大发展。但好景不长，1720 年南海公司股票泡沫事件后，英国立法禁止股份公司设立，股份公司暂时退出了历史舞台。

【例 5-7】 南海股票泡沫事件

1711 年，英国为了向南美洲扩张贸易，成立南海公司。公司成立后 8 年间，除了无休止向南美贩运黑奴外，几乎不从事其他盈利业务。1720 年，为了偿还国债，英国政府决定将南海股票卖给公众。为了顺利卖出股票，政府编织了公司美好的盈利前景。巨大的骗局使公众失去了理性，人人纷纷投机股票。有一首歌谣描述了当时的情形：当星辰出现在夜空，买卖开始兴隆，绅士们摩肩接踵，女士们涂脂抹粉，开始了冒险（见图 5-8）。

图 5-8 当时炒作南海股票的场景

大众的狂热，使南海股价迅速飙升。从 1720 年 3 月到 9 月，短短半年时间，股票价格从每股 330 英镑涨到了 1 050 英镑。后来没有业绩支撑的股价大跌，泡沫破裂，包括科学家牛顿在内的普通社会大众损失惨重。愤怒的人们涌向广场，将象征自由的女神像推入水池中进行鞭挞，以此来发泄不满（见图 5-9）。为了平息人们的情绪，英国议会通过了《反泡沫法》，禁止新的股份公司成立。从此，英国没人再敢问津股票，在那之后整整 100 年间，英国再没发行一张股票。

---

[1] 不列颠东印度公司（或作“英国东印度公司”，British East India Company），是一个股份公司。1600 年 12 月 31 日英皇伊丽莎白一世授予该公司皇家特许状，给予它在印度贸易的特权而组成。随着时间的变迁东印度公司从一个商业贸易企业变成印度的实际主宰者。它垄断了包括香料、硝石在内的主要商品，并进行殖民垄断，向包括中国在内的亚洲贫穷国家倾销鸦片，获利丰厚。在 1857 年印度人民大起义后，东印度公司于 1858 年被解除行政权力，并且最终国有化。

图 5-9 股票泡沫破灭后广场上愤怒的人群

（3）工业革命时期的股份公司。

马克思说："假如必须等待积累去使某些单个资本增长到能够修铁路的程度，那么恐怕直到今天世界上也没有铁路。"工业革命对于资本的巨大需求，使得股份公司不得不重新登上历史舞台。1862 年 7 月 1 日，美国总统林肯批准通过了《太平洋铁路法案》。基于该法案而成立的"联合太平洋铁路公司"和"中央太平洋铁路公司"共同承建横贯北美大陆的太平洋铁路。两家公司通过发行股票的方式聚集了大量资本，1869 年铁路建成完工。铁路竣工宣告了美国大陆在经济运行上开始连成一体，推动美国成为联结太平洋和大西洋的经济大国。法国著名科幻小说家凡尔纳在他的《80 天环游地球》里也提到了这段铁路的意义：如果没有它，80 天环游地球的梦想永远只是梦想而已。过去，从纽约到旧金山最快也要走 6 个月，而铁路建成后只需要 7 天。

第二次工业革命时期，随着资本主义经济的发展，资本家要开办一个企业所需的资本最低限额越来越大。另外，与资本主义生产发展相适应，一些大的公共工程项目，如修建铁路、公路等，都需要巨额投资，单个资本家往往力不从心，这样股份公司就重新登上了历史舞台。这一时期，股份公司在美国和德国取得了显著发展，涌现出了如范德比尔特铁路公司、洛克菲勒美孚石油公司、卡内基钢铁公司、西门子电气公司等庞大的股份公司。股份公司，作为一种新兴的资本组织方式，既集中了资本又分散了风险，极大地促进了资本主义社会交通运输、石油化工、电力电气等产业的兴起和发展。

（4）股份公司的作用。

纵观股份公司发展的历史，其在经济发展中起到的积极作用主要体现在三个方面：首先，它通过发行股票聚集资本，有利于加速资本集中，适应了社会化大生产的需要。其次，股份公司实行所有权和经营权相分离的公司治理结构（见图 5-10），企业由经过专业培训具有经营才能的经理阶层进行管理，大大地提高了企业的管理水平和经营效率。最后，股份公司采取发行股份方式设立，股权较为分散，有利于股东之间分担经营风险。而且，股份公司由于不直接参与经营，只对公司经营承担有限责任。这些都有利于一些高风险行业，如航海、采矿、高科技等行业的发展。

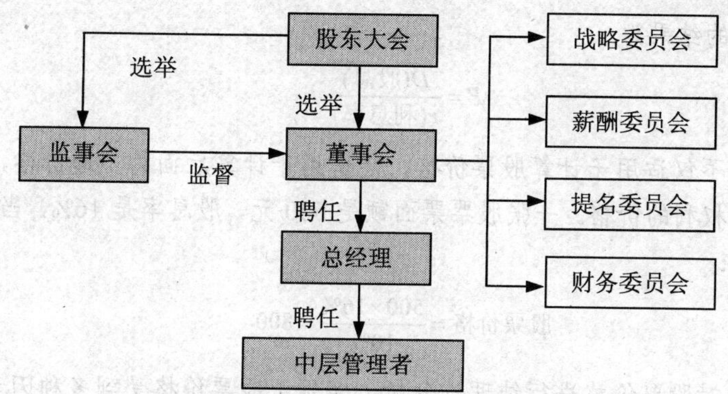

图 5-10　股份公司治理结构图

2. 股票

股份公司的资本主要是通过发行股票，将许多个别资本联合成一个大资本而形成的。股票是股东投资入股并以此取得股息的凭证。股票代表着股东对股份公司的所有权，这种所有权是一种综合权利，如参加股东大会，投票表决，领取股息或分享红利等。股票按股东享有权利和承担风险的不同可分为优先股和普通股两种。优先股是对公司资产，利润享有优先权利的股份，但表决权受限。优先股有以下特征：①优先取得固定的股息。②优先得到清偿。普通股是享有股东普通权利的股份，普通股的股息是随着公司利润的变动而变动的；公司破产时剩余财产的分配要列在优先股之后；普通股持有者享有股东的基本权利，在股东大会上有表决权、选举权等。股票的主要特征是：非返还性，流通性，营利性及风险性。

股票的持有人是公司的股东，股东有权参加定期召开的股东大会，讨论决定企业的重大经济活动。但是对大多数中小股东来讲，这是一种形式上的权利，因为，在股东大会上，表决权是一股一票，而不是一人一票，真正操纵股份公司的是那些大股东，大股东只要掌握股票的半数甚至三分之一，就可以控制整个股份公司的经济活动。这种可以完全控制股份公司所需要的股票额，叫做“股票控制额”。股份公司是大资本控制中小资本、实现资本集中的工具。

股息是股票持有者根据票面额从企业盈利中获得的收入。实质上，股息是雇佣工人创造的剩余价值的一部分，股息分配以投资额为依据。股息的分配形式主要有两种：现金股息和股票股息。股票股息是用增发股票当做股息，一般以增发普通股形式发给普通股股东。股息是企业利润的一部分，它的源泉也是工人创造的剩余价值。股票持有者即股东无权向公司退股，而只能在股票市场上出卖股票，买卖股票的价格称作股票行市。股票之所以能出卖并有价格，主要在于它能够带来股息收入，股票的买卖实际上是买卖获取股息的权利。股票价格的高低取决于股息额和利息率两个基本因素，用公式表示就是：

$$股票价格=\frac{股息（股票面额\times股息率）}{利息率}$$

【例 5-8】　贴现现金流法（DCF 法）计算股票价格

股票是一种股权凭证，没有价值，之所以有价格，是因为持有股票可以获得持续的现金流，而股票价格就是这些现金流的贴现值之和。这种计算股票价格方法称为贴现现金流法（Discounted Cash Flow）。现假设股票每年派发的股息均为 D，以利息率 r 作为贴现利率，那么股票价格 P 就应该等于未来 n 年股息流的贴现值之和，用公式表示就为：

$$P=D+\frac{D}{(1+r)}+\frac{D}{(1+r)^2}+\frac{D}{(1+r)^3}+\cdots+\frac{D}{(1+r)^{n-1}}+\cdots$$

上式经计算后的结果为：

$$P=\frac{D(\text{股息})}{r(\text{利息率})}$$

贴现现金流法不仅适用于计算股票价格，还适用于计算后面的土地价格，以及任何可以在未来带来现金流的权利的价格。一张股票票面额是500元，股息率是16%，当年利息率为10%，则该股票的价格是：

$$\text{股票价格}=\frac{500\times 16\%}{10\%}=800$$

当然，这只是对股票价格进行纯理论分析。实际上股票价格受到多种因素的影响，如国家的宏观经济状况、发行股票企业的业绩、股份公司的发展前景、政治社会因素、投机者的投机活动、心理因素、自然环境等。股票行市变化实际上已成为经济、政治状况的晴雨表。

第四节　资本主义地租

一、资本主义土地所有制与地租本质

资本主义地租与资本主义土地所有制有着密切关系。资本主义土地所有制是从封建土地所有制演变而来的，是资本主义生产方式在农业中发展的结果。列宁把资本主义土地所有制的形成过程归结为两条道路：一条是改良的道路，或称普鲁士式道路。就是地主阶级为了适应资本主义发展的需要，通过某些改良的方法，在保留农奴制残余的基础上，使封建土地所有制逐渐演变为资本主义土地所有制的道路。历史上，它以普鲁士为代表，因此被称为普鲁士道路。另一条是革命的道路，或称美国式道路。这是一条彻底摧毁封建大地主经济，使小农经济迅速发展起来，然后通过小农经济的迅速分化，农民的小土地所有制逐渐为资本主义大土地所有制所代替的道路。历史上它以美国最为典型，因此被称为美国式道路。资本主义在农业中的发展形式尽管不同，但在本质上都是资本主义土地私有制形成的过程。资本主义土地所有制的特点有以下几点。

（1）土地所有权与土地经营权相分离。这种分离导致在资本主义农业经营过程中出现了投资于农业生产经营的农业资本家，和靠出租土地为生计的大土地所有者。

（2）土地所有权与劳动者人身依附关系相分离。随着封建土地制度瓦解，大量破产农民失去了土地，成为依靠出卖劳动力为生的农业产业工人，受雇于农业资本家，赚取工资。农业资本家通过雇佣农业产业工人，来榨取剩余价值，获取农业经营的利润。

地租是土地所有者凭借对土地的占有权而获得的剥削收入，是土地所有权在经济上的实现。不同的土地所有制下具有不同性质的地租。资本主义地租是资本主义土地所有权在经济上的实现。在资本主义农业中，大土地所有者占有土地，但不耕种土地，土地由农业资本家雇佣农业工人耕种。农业资本家投资于农业，就要求获得平均利润，而土地所有者出租土地就必然要求获取地租收入。这样，农业资本家租种土地就必须在农业领域不仅获得平均利润，而且还要获得超额利润，前者归自己所有，后者交给土地所有者。交给土地所有者的超额利润就构成资本主义地租。因此，资本主义地租是农业资本家为取得土地使用权而交给大土地所有者的超过平均利润的那部分剩余价值，是超额利润的转化形式。它体现了大土地所有者和农业资本家共同剥削农业雇佣工人的关系。依据形成超额利润的原因和条件的不同，资本主义地租可以分为级差地租和绝对地租两种形式。

二、级差地租

1. 级差地租形成的条件和原因

级差地租是指租种较优土地必须缴纳的、数量有等级差别的地租。这种地租因与土地等级相联系，因此被称为级差地租。

构成级差地租的超额利润从何而来？很显然，它只能来自于农产品的社会生产价格和个别生产价格的差额。由于土地自然条件不同，投入等量资本在不同条件土地上，劳动生产率和收益不同。投资于条件差的土地，劳动生产率低，产量就低，其个别生产价格就高。而投资于生产条件较好的土地，劳动生产率高，产量就高，其个别生产价格就低。当它们按社会生产价格出售农产品时，自然条件好的这块地的农产品的个别生产价格就低于社会生产价格而获得一个超额利润，这个超额利润要作为级差地租交给大土地所有者。可见，级差地租形成的条件是土地的优劣。

但是，土地自然条件的优劣仅仅是形成级差地租的条件，而不是级差地租形成的真正原因。其真正原因是资本主义土地经营权的垄断。所谓资本主义土地经营权的垄断是指土地是有限的，特别是优等土地和中等土地是有限的，土地作为经营对象被农业资本家租种以后，就形成对这部分土地的经营权的垄断。

（1）资本主义土地经营权的垄断，使得经营较优土地的农业资本家能够获得稳固的超额利润。在工业中，先进企业获得的超额利润是暂时的、不稳固的。原因是他们赖以获得超额利润的先进生产条件的优势不能长期保持。资本家竞争的结果必然导致先进的生产条件如设备、技术等会被广泛采用，一旦大多数资本家都采用了先进的技术和设备，原来的超额利润就会消失。农业中的情况则不同，农业中的超额利润是与土地的自然条件相联系的，而土地数量有限，特别是较优土地有限，它不会像机器设备那样随意添加，也不会像科学技术那样可以在一定时期内广泛传播。因此，垄断了较优土地经营权的资本家就能够凭借其垄断地位，保持其生产条件上的优势，稳固地获得超额利润。

（2）资本主义土地经营权的垄断，使得凡是耕种劣等地以上的农业资本家都能获得超额利润。在工业中，只有少数先进企业才能获得超额利润，原因是工业品的社会生产价格，是由平等的或中等的社会生产条件决定的。而农业则不同，土地经营的垄断，使得农产品的社会生产价格不是由社会平均的或中等的生产条件决定，而是由劣等地的生产条件决定。因为，如果农产品的社会生产价格由中等地的生产条件来决定，那么租种劣等地的资本家就会因得不到平均利润而放弃租种。然而，较优土地是有限的，而且这些较优土地的经营权已经被人垄断，经营劣等地的资本家就必然将资本转移到农业以外的部门中去。这样一来势必会造成农产品供不应求，价格上涨。当价格涨到租种劣等地也能获取平均利润时，劣等地就会有人重新来租种。可见，正是由于土地经营权的垄断，导致农产品的社会生产价格由劣等地生产条件决定，从而使经营劣等地以上等级的资本家，他们的农产品的个别生产价格都低于社会生产价格，因而都可以得到超额利润。

由此可见，级差地租形成的原因在于资本主义土地经营的垄断。那么，土地私有权和级差地租是什么关系呢？列宁指出：“级差地租的形成和土地私有制毫无关系，土地私有制只是使土地占有者有可能从农场主手中取得这种地租。”也就是说土地私有权同产生的级差地租毫无关系，但它是农业中超额利润转归土地所有者的原因。因为资本家经营的土地是从土地所有者那里租来的，土地所有者凭借他们对土地的占有，向租种较优土地的资本家索取地租。而经营较优土地的资本家已经获取了平均利润，也可以把这部分超额利润交给土地所有者。因此，土地私有权是使农业中超额利润以级差地租的形式从农业资本家手中转到大土地所有者手中的原因。

级差地租的源泉是农业雇佣工人创造的剩余价值，而不是土地“自然的恩赐”。因为耕种较优土地的农业工人的劳动是一种具有较高劳动生产率的劳动，能够创造出超额剩余价值。可见，土地的自然条件只是创造超额利润的自然基础，如果没有雇佣工人的劳动，土地是绝对不能长出超额利润的。

2. 级差地租的形态

级差地租依据形成条件的不同可以分为两种形态：级差地租第一形态和级差地租第二形态。

（1）级差地租第一形态。

级差地租第一形态，简称级差地租Ⅰ，它是由于土地肥沃程度不同和地理位置优劣等产生的级差地租。

土地肥沃程度不同，是指土壤的结构以及其包含的植物营养素的程度不同，土地肥沃程度不是一成不变的，它在相当大的程度上受人们生产活动的影响。如人们改良土壤、兴修水利、合理施肥等，都可以提高土地的肥沃程度。尽管如此，但在一定时期和一定技术条件下，土地肥沃程度总是有差别的。因而投入等量资本，在不同地块的产量是不同的，产量较高的，其产品的个别生产价格便低于社会生产价格。这样，经营较优土地就能获取超额利润，这个超额利润形成级差地租Ⅰ（见表5-3）。

表5-3 因土地肥沃程度差异形成的级差地租

土地类别	生产价格	产量	个别生产价格	社会生产价格	产品总值	超额利润
优等地	120	5*t*	24/*t*	40/*t*	200	80
中等地	120	4*t*	30/*t*	40/*t*	160	40
劣等地	120	3*t*	40/*t*	40/*t*	120	0

级差地租Ⅰ还与土地的地理位置有关。土地的位置不同，是指土地距离市场的远近不同。这里所指的土地与市场的距离，不仅指自然地理上的绝对距离，也指包括由交通条件所决定的相对距离。由于地理位置的不同，不同的土地上生产的农产品的运费也不相同，地理位置差，运费就高，农产品的个别生产价格就高；地理位置好，运费低，农产品的个别生产价格就低。而农产品的社会生产价格是由地理位置最差的农产品的个别生产价格决定，因此，地理位置好的土地便能获取超额利润，这个超额利润也形成级差地租Ⅰ（见表5-4）。

表5-4 因地理位置差异形成的级差地租

土地位置	生产价格	产量	运费	个别生产价格	社会生产价格	产品总值	超额利润
A（5 km）	120	5*t*	25	29/*t*	39/*t*	195	50
B（10 km）	120	5*t*	50	34/*t*	39/*t*	195	25
C（15 km）	120	5*t*	75	39/*t*	39/*t*	195	0

注：每公里运费1元/*t*

（2）级差地租第二形态。

级差地租第二形态，简称级差地租Ⅱ，它是指在同一块土地上连续追加投资所产生的超额利润转化成的地租。在同一块土地上连续追加投资会提高该土地的劳动生产率，只要追加投资生产率高于决定农产品社会生产价格的劣等地投资生产率，它就可以获得超额利润，从而形成级差地租Ⅱ（见表 5-5）。

表 5-5 同一地块连续追加投资形成的级差地租

土地类别	生产价格	产量	个别生产价格	社会生产价格	产品总值	超额利润
优等地	120	5t	24/t	40/t	200	80
中等地	120	4t	30/t	40/t	160	40
	+120	+5t	24/t	40/t	200	+80
劣等地	120	3t	40/t	40/t	120	0

级差地租第一形态与级差地租第二形态是有明显区别的。首先，两者产生的条件不同。级差地租第一形态以不同土地肥沃程度和地理位置差别为条件；而级差地租第二形态则是以同一块土地上连续投资形成的生产率差别为条件。其次，超额利润转化为级差地租的过程不同。一般来讲，构成级差地租第一形态的超额利润都要转化为地租，归大土地所有者占有。这是因为土地肥力和位置差别是租约订立之前就已经知道的，租约订立时，大土地所有者就会要求这一部分超额利润转化为地租。而构成级差地租第二形态的超额利润，则是在订立租约后产生的，在租约期内，它归农业资本家所有，租约期满后，土地所有者就会提高地租力图将这部分超额利润转化为地租。农业资本家和土地所有者之间经常为了租期长短与地租的多少展开斗争，这种斗争反映了两个剥削阶级集团在瓜分剩余价值上的矛盾。

三、绝对地租

在分析级差地租时，我们是假定耕种劣等地的农业资本家是不缴纳地租的。但在资本主义社会，土地私有权的垄断要求租种任何一块土地，即使是最贫瘠、位置最差的土地，也要缴纳地租，否则大土地所有者宁肯让土地荒芜，也不会让土地发挥作用。这种由于土地私有权的存在，因而租种任何土地都必须缴纳的地租叫绝对地租。

这样一来，耕种劣等地既要提供平均利润，又要提供绝对地租，那么绝对地租从何而来？从历史上来看，绝对地租形成的条件是农业资本的资本有机构成低于社会平均的资本有机构成，从而使农产品的价值高于社会生产价格而形成的。

在资本主义社会，农业的发展曾长期落后于工业，农业生产技术落后于工业，导致农业资本有机构成普遍较低，致使等量资本在农业中比在工业中可以吸收更多的劳动力。在剩余价值率相同的情况下，农业生产的剩余价值量大于工业，从而使农产品的价值高于它的社会生产价格。农产品按价值来销售，在价值和社会生产价格之间就产生了一个差额，这个差额就是构成绝对地租的超额利润。

那么农产品为什么可以按照高于生产价格的价值来出售呢？其原因在于资本主义土地私有权的垄断。在工业中，资本有机构成也是不同的。资本有机构成低的部门，其产品价值高于社会生产价格；资本有机构成高的部门，其产品价值就低于社会生产价格。但在工业中由于资本可以自由转移，因此价值高于社会生产价格形成的余额，会参加利润的平均化，提高平均利润率的水平，不可能由资本有机构成低的部门的资本家占有。农业则与工业情况不同。农业中存在着土地私有权的垄断，阻碍资本自由转入农业部门，从而使价值高于社会生产价格的差额不参加利润的平均化过程，形成绝对地租（见表 5-6）。另外，由于土地私有权存在，租种任何土地都必须缴纳地租。所以，农产品有可能按照高于生产价格的实际价值来出售，由此而产生的超额利润便成为农业资本家交给土地所有者的绝对地租。可见，资本有机构成低于社会平均的资本有机构成，只不过是绝对地租形成的物质条件，而土地私有权垄断才是绝对地租形成的根本原因。

表 5-6 农业超额利润形成过程

土地类别	投入资本	C：V	剩余价值 M'=100%	生产价格	产品价值	超额利润
机械行业	100	8:2	20	125	120	0
食品行业	100	7:3	30	125	130	0
农业	100	5:5	50	—	150	25

绝对地租既然是农产品价值的一部分，因此实质上是由农业雇佣工人创造的剩余价值的一部分转化来的，体现的仍然是对雇佣工人的剥削关系。

马克思主义的绝对地租理论，有着重大的革命意义。马克思说："依照我的关于绝对地租的见解，土地私有权(在一定的历史情形下)确实会使原生产物(指农业、林业、矿业等土地生产物)的价格变得昂贵。这一点，从共产主义的立场说，是极有用的。"由于绝对地租使得粮食和农业原料的价格变得昂贵，这不仅加重了劳动人民负担，而且对于资本主义工农业发展也是有害的。绝对地租理论既然揭示了土地私有制对于社会生产力的严重阻碍作用，这就为社会主义革命消灭土地私有制、实现土地公有制提供了理论根据。

四、土地价格

在资本主义制度下，土地所有者不仅靠土地私有权攫取大量地租，而且，在必要时还可以通过土地的出卖，制定高额的土地价格来获取高额利润。

土地是天生的自然物，不是劳动的产品，因而是没有价值的。但是，在商品货币关系普遍存在的情况下，在土地私有制条件下，凭借对土地的占有可以获取一定地租收入。因而，土地也可以作为商品进行买卖，并按一定价格来出售。可见，土地价格并不是土地价值的货币表现，而是资本化的地租。马克思说："这个购买价格不是土地的购买价格，而是土地所提供的地租的购买价格。"这就是说，人们买卖土地，实际上是在转让收取地租的权利。对土地的售卖者来说，出卖土地是转让收取地租收入的权利；对土地的购买者来说，购买土地是为了获得收取地租的权利。因此，土地价格等于这样一笔货币资本，如果把这笔货币资本存入银行，每年获得的利息收入至少应相当于从这块土地上获得的地租收入。用公式表示：

$$\text{土地价格} \times \text{利息率} = \text{地租}$$

将上述公式转化后得出：

$$\text{土地价格} = \frac{\text{地租}}{\text{利息率}}$$

地价的高低首先取决于地租量的大小。其次，土地所有者在决定出售土地的时候，又必须考虑到当时银行利息率的水平。土地价格同地租成正比，同银行利息率呈反比。但在现实经济生活中，土地价格的决定往往要复杂得多，要受多种因素影响，如国家政策、经济发展水平、城市化进程、人口稠密度和人口素质等。

【例 5-9】 世界上地价最高的地区——日本东京银座

银座是东京最繁华的商业区，相传从前这一带是海，后来德川家康填海造地，这一块地方成为铸造银币的“银座役所”。明治三年（公元 1870 年）这里更名为“银座”。这里有“东京的心脏”之称。银座大道全长 1.5 公里，北起京桥、南至新桥，大道两旁的百货公司和各类商店鳞次栉比，专门销售高级商品。银座大道后街有很多饭店、小吃店、酒吧、夜总会。从 1970 年 8 月起，银座大道禁止一切车辆通行，成为步行商业街，街上有许多茶座，游客可以坐在街心饮茶谈天。入夜后，路边大厦上的霓虹灯变幻多端，构成了迷人的银座夜景（见图 5-11）。2007 年 3 月，东京银座地价突破 3 000 万日元/平方米。其中，位于中央区的银座四丁目地价高达每平方米 3 060 万日元（约合人民币 200 万元）。有一个流行的说法，说东京银座街的地价高得惊人，一个脚印的土地是日本内阁高级官员一个月的工资。

图 5-11 日本东京银座夜景

随着资本主义经济发展，资本主义社会的地价呈现出上涨趋势，尤其是建筑地段的价格更是如此。这主要是由于，一方面随着经济发展，资本主义地租有上涨的趋势；另一方面，随着资本不断积累，货币资本总量供给增加，利率水平呈下降趋势。两方面因素综合起来，地价就呈现出上涨趋势。

阅读材料

材料一 苏美尔贷款[1]

苏美尔文明出现于约公元前 5000 年的今伊拉克南部。灌溉农业的发明使得苏美尔人由游牧部落转变为定居居民。定居生活使得生产逐渐走向专业化，而这又促进了社会分工和产品交换的发展，相伴而生的还有“私有制”。为了满足商业行为和活动的记录要求，楔形文字（Wedge-Writing）产生了，这种文字同时也记载了苏美尔人最初的借贷行为。

苏美尔文明的经济形态并不是典型的商品经济，而是近似于一种有计划的经济形态。在这种经济形态下，巴比伦的寺庙成为整个社会经济活动的中心。首先，寺庙负责社会成员食物、生活用品的配给。根据保存下来的陶片上楔形文字的记载，寺庙按月分配给每个成年男子的大

[1] 引自《价值起源》，威廉·N·戈兹曼，有删改。原文来源：Marc Van De Mieroop, “The Invention of Interest”, in: W.N. Goetzmann and K.G. Rouwenhorst, eds., The Origins of Value. The Financial Innovations that Created Modern Capital Markets, Oxford: Oxford University Press 2005, 17-30

麦数量是 60 升，而女子则是 30 升。其次，寺庙负责待配给产品的征集。这种征集又称为“强制性捐献（Obligatory Contribution）”，即每个社会成员除了生产满足自身需要外，还要定期向寺庙“捐献”自己的劳动产品。之所以加引号，是因为这种捐献并非自愿，而是一种强制，这种强制是配给的基础。当农场主、渔夫或者其他人因为某些原因（生病、运气不佳、天气）到期无法按约定捐献劳动产品时，他们可以选择从寺庙借贷来完成捐献，由此借贷行为出现了。这种借贷行为使用楔形文字记录在泥土烧成的陶片上，这可以看作是最早的借据（借据可以看作无价证券的一种形式）。从残留下的陶片上，考古学者们依稀辨认出了出借人（寺庙通常以神的名义，如太阳神）、借款人姓名以及所欠大麦的数量。

后来随着寺庙事务的繁忙，寺庙的主管开始利用中间人来完成“强制性捐献”的征集工作。由此，代缴捐款的行为出现了，这进一步促进了捐献的借贷行为。当时的一些穷人由于收成不好，或因家庭事务（婚丧嫁娶），无力捐献时，往往会求助于“白银中间人”（即富人）代缴捐款。这种帮助并不是无偿的，而是一种借贷行为，并用陶片记录下来作为借据。此类借据的记载更加详细（如规定借什么、借多少、谁借、归还方式以及归还日期等），并且通常规定了比从寺庙借贷更高的利息。债权人通常会保存借据（陶片）至债务偿还为止，然后将陶片泡入水中销毁以重复利用。当借款人无法按期偿还本金和利息时，往往卖身成为债权人的奴隶。这种“民间借贷”（即从中间人借贷）比“官方借贷”（即从寺庙借贷）更加普遍，而且手续简便，因而发展很快，并且出现了转借行为。借据的转让，可以看作是贷款合约的转让。虽然当时这种债权转让并不多见，并且有时还需征求债务人意见，但债券的转让还是存在的。在某些陶片的文字记载中，学者们发现了债权人姓名信息的变动。

借贷合约（即借据）通常规定了债务人需支付的利息。利息，在苏美尔语言中是“mas”，即羊羔的意思，这或许与借贷绵羊有关。在当时的人看来，“偿还大于借入”的做法（即收取利息）是难以理解的。因而，寺庙如遇债务人由于疾病原因而进行借贷时，往往免除利息。这种“免息”的思想一直影响到了公元前 4 世纪的希腊，亚里士多德就曾抨击过放贷取息行为，他说：“货币是用于交换的，而不是用于生息的。”即使如此，在苏美尔人需要向中间人借贷时，利息往往仍然需要收取。为了避免收取过高利息，巴比伦的寺庙通过法典规定了中间人放贷取息的利率，如白银 20%，大麦 33.3%。这个比率在当时一直得到了严格的遵守。但也有例外，“高利贷”还是出现了。史料记载，有些短期借贷，特别是发生在即将收获年份的借贷，其年利率高达 720%，被称为“最后一根救命稻草”。在收获季节到来之前，很多穷人已无法捐献，甚至无法获取满足自身生活需要的食物，于是向富人短期借贷。由于借贷期限短而且至关重要，富人往往趁火打劫收取高息。在利息收取方式上，除了支付白银和实物外，有些地区出现了“债务劳役”，即用劳务来偿还利息。公元前 21 世纪，巴比伦的北部地区，拥有大量土地的富人缺乏劳动力耕作，因而债务人在借据上规定利息用劳务来偿还。

从上述资料中可以看出，人类金融活动起源可以追溯到人类文明的发端阶段。虽然最初的苏美尔贷款并不是产生于商品经济之上，但这种借贷行为已相当规范（如陶片借据完整记载的贷款信息、官方规定的借贷利率等），而且有些借贷行为还相当成熟（如高利贷、债务劳役和债权转让）。可以说，苏美尔人的借贷行为与今天的金融模式已相差不远。

材料二　巴塞尔协议

巴塞尔协议(Basel Accord)，全名是资本充足协议(Capital Accord),该协议是国际清算银行（BIS）的巴塞尔银行业条例和监督委员会的常设委员会——“巴塞尔委员会”于 1988 年 7 月在瑞士的巴塞尔通过的“关于统一国际银行的资本计算和资本标准的协议”的简称。协议第一次建立了一套完整的国际通用的、以加权方式衡量表内与表外风险的资本充足率标准，有效地扼制了与债务危机有关的国际风险。巴塞尔协议的出台源于前联邦德国 Herstatt 银行和美国富兰克林国民银行（Franklin National Bank）的倒闭。这是两家著名的国际性银行。它们的倒闭使监管机构在惊愕之余开始全面审视拥有广泛国际业务的银行监管问题。

巴塞尔委员会是 1974 年由十国集团中央银行行长倡议建立的，其成员包括十国集团中央银行和银行监管部门的代表。自成立以来，巴塞尔委员会制定了一系列重要的银行监管规定，如 1983 年的银行国外机构的监管原则（又称巴塞尔协定，Basel Concordat）和 1988 年的巴塞尔资本协议（Basel Accord）。这些规定不具法律约束力，但十国集团监管部门一致同意在规定时间内在十国集团实施。经过一段时间的检验，鉴于其合理性、科学性和可操作性，许多非十国集团监管部门也自愿地遵守了巴塞尔协定和资本协议，特别是那些国际金融参与度高的国家。1997 年，有效银行监管的核心原则的问世是巴塞尔委员会历史上又一项重大事件。核心原则是由巴塞尔委员会与一些非十国集团国家联合起草，得到世界各国监管机构的普遍赞同，并已构成国际社会普遍认可的银行监管国际标准。至此，虽然巴塞尔委员会不是严格意义上的银行监管国际组织，但事实上已成为银行监管国际标准的制定者。

2002 年 10 月 1 日，巴塞尔委员会发布了修改资本协议建议的最新版，同时开始新一轮调查（第三次定量影响测算，QIS3），评估该建议对全世界银行最低资本要求的可能影响。从 1975 年 9 月第一个巴塞尔协议到 1999 年 6 月《新巴塞尔资本协议》（或称“新巴塞尔协议”）第一个征求意见稿的出台，再到 2006 年新协议的正式实施，时间跨度长达 30 年。几十年来，巴塞尔协议的内容不断丰富，所体现的监管思想也不断深化。

本章小结

（1）剩余价值是利润的本质，利润是剩余价值的转化形式。资本主义行业之间的竞争，使得资本在利润率不同部门间流动，最终形成平均利润。平均利润形成后，价值就转化为生产价格。

（2）商业资本是专门从事于商品流通的资本形式。商业利润是产业资本家转让给商业资本家的由产业工人创造的剩余价值的一部分。

（3）借贷资本是货币资本所有者为了取得利息而转让给职能资本家暂时使用的货币资本。利息是借贷资本的报酬，它同样来源于工人创造的剩余价值。借贷资本有两种具体形式，银行资本和股份公司资本。

（4）资本主义地租是资本主义土地所有制在经济上的体现。地租是农业资本家为了取得土地使用权而支付给大土地所有者的超过平均利润以上的那部分剩余价值。依据超额剩余价值的来源不同，地租可以分为级差地租和绝对地租。

习题

一、单选题

1. 利润率是指________。

A. 剩余价值与不变资本的比率　　B. 剩余价值与全部产品价值的比率

C. 剩余价值与全部预付资本的比率　　D. 剩余价值与可变资本的比率

2. 剩余价值转化为利润，是将剩余价值看作是________。

A. 不变资本的产物　　B. 可变资本的产物

C. 全部预付资本的产物　　D. 全部固定资本的产物

3. 反映预付资本增殖程度的概念是________。

A. 剩余价值率　　B. 利润率　　C. 年剩余价值率　　D. 利息率

4. 资本主义部门之间的竞争所采取的手段是________。

A. 价格竞争　　B. 资本转移　　C. 改进技术　　D. 劳动力转移

5. 资本家赔本或赚钱的界限是________。

A. 商品价值　　B. 商品成本价格　　C. 实际生产费用　　D. 销售价格

6. 利润（p）与剩余价值（m）、利润率（p'）和剩余价值率(m')的关系是________。

A. $m>p, m'>p'$　　B. $m<p, m'<p'$　　C. $m=p, m'=p'$　　D. $m=p, m'>p'$

7. 平均利润率的形成是________。

A. 部门内部各企业竞争的结果　　B. 各部门之间竞争的结果

C. 各部门资本有机构成趋向一致的结果　　D. 各部门剩余价值率趋向一致的结果

8. 在价值转化为生产价格后，市场价格上下波动围绕的中心是________。

A. 价值　　B. 生产价格　　C. 市场价格　　D. 生产成本

9. 生产价格形成的条件是________。

A. 商品价值的形成　　B. 剩余价值转化成利润

C. 平均利润的形成　　D. 不变资本和可变资本转化为成本价格

10. 商业利润的真正来源是________。

A. 商业销售人员创造的剩余价值　　B. 商品购销价格的差额

C. 产业工人所创造的剩余价值　　D. 商业职工和产业工人创造的剩余价值

11. 借贷资本家所获得的利息，其真正来源是________。

A. 银行利润　　B. 产业利润

C. 商业利润　　D. 产业工人所创造的剩余价值

12. 利息率和平均利润率在数量上的关系是________。

A. 利息率和平均利润率相等　　B. 利息率不能等于或低于平均利润率

C. 利息率不能等于或高于平均利润率　　D. 利息率必须高于平均利润率

13. 假定某产业资本家，依靠借贷资本 100 万元经营产业，平均利润率为 18%，年利息率为 10%，该产业资本家获得企业利润为________。

A. 8 万元　　B. 10 万元　　C. 18 万元　　D. 20 万元

14. 面额为 200 元的股票，一年领取 20 元股息，当年存款利息率为 5%，则这张股票价格为________。

A. 200 元　　B. 220 元　　C. 300 元　　D. 400 元

15. 资本主义级差地租产生的原因是________。

A. 土地的优劣　　B. 土地的有限

C. 土地的私有权垄断　　D. 土地的资本主义经营权垄断

16. 资本主义绝对地租产生的原因是________。

A. 土地的私有权垄断　　B. 土地的经营权垄断

C. 土地有优劣差别　　D. 农业资本有机构成低

17. 资本主义土地经营权的垄断使农产品的社会生产价格决定于农业生产中的________。

A. 社会平均生产条件　　B. 优等地的生产条件

C. 中等地的生产条件　　D. 劣等地的生产条件

18. 土地价格是________。

A. 土地价值的货币表现　　B. 资本化的股息收入

C. 土地的价值或价格　　D. 资本化的地租收入

二、多选题

1. 利润和剩余价值的关系是________。

A. 二者本来是同一东西　　B. 前者是后者的转化形式

C. 后者是前者的本质　　D. 前者掩盖资本主义剥削关系

E. 利润量小于剩余价值量

2. 影响利润率高低的因素主要有________。

A. 剩余价值率　B. 资本有机构成　C. 资本周转速度

D. 不变资本的节省　E. 预付资本的多少

3. 平均利润率的形成同时就是________。

A. 劳动力成为商品的过程　　B. 货币转化为资本的过程

C. 剩余价值转化为利润的过程　　D. 价值转化为生产价格的过程

E. 剩余价值在各部门分割的过程

4. 影响利息率高低的因素有________。

A. 利润率的高低　B. 平均利润率的高低　C. 市场商品供求情况

D. 借贷资本供求情况　E. 社会习惯和法律传统

5. 所谓股票________。

A. 一种是债权凭证　　B. 本身没有价值，但具有价格

C. 能给它的持有者带来收益或风险　　D. 它的持有者有权参与企业的管理

E. 有一定的还本付息期限

6. 剩余价值的具体形式有________

A. 产业利润　B. 商业利润　C. 银行利润

D. 利息　E. 地租

7. 级差地租产生的条件有________。

A. 土地肥沃程度的不同　　B. 土地距离市场远近的不同

C. 同一块土地连续追加投资的生产率不同　　D. 土地上基础设施多少不同

E. 具有特殊优越条件的土地的稀缺

8. 垄断价格是________。

A. 垄断资本取得垄断利润的主要手段　　B. 垄断资本凭借垄断地位规定的商品价格

C. 成本价格加平均利润　　D. 成本价格加垄断利润

E. 不受价值规律制约

9. 垄断利润是________。

A. 垄断资本凭借垄断地位获得的利润　　B. 超过平均利润的高额利润

C. 通过资本自由转移而形成的一种利润　　D. 来源于垄断企业应用的先进技术

E. 垄断资本经济权力的一种体现

10. 垄断利润的来源途径有________。

A. 垄断企业工人创造的剩余价值

B. 通过制定垄断高价将消费者一部分收入转化为垄断利润

C. 通过制定垄断低价占有非垄断企业的一部分利润

D. 通过国民收入再分配将一部分国民收入转化为垄断利润

E. 通过对外扩张资本输出占有其他国家一部分财富

三、简述题

1. 简述影响利润率的因素。

2. 简述级差地租和绝对地租形成的条件和原因。

3. 简述级差地租Ⅰ与级差地租Ⅱ的联系与区别。

4. 假设整个社会只有机械、纺织和食品三个生产部门，且三个部门资本有机构成（C: V）分别为: 机械行业 9:1，纺织行业 7:3，食品行业 6:4。分别在三个部门投入预付资本 K=100 万元，三部门预付资本一年周转 1 次，机械和纺织部门的剩余价值率为 100%，而食品行业剩余价值率为 200%。试计算整个社会的平均利润率，并填写下表。

行业（C: V）	C	V	M	W	平均利润（p）	生产价格
机械(9:1)						
纺织(7:3)						
食品(6:4)						
合计						

平均利润率=

四、材料分析题

1. 阅读下列有关“产业资本转移”的材料并回答问题。

材料一：《家电企业搞房地产》

如今的家电业，无论生产厂家还是销售商家，几乎都杀向群雄割据的房地产业。以小家电起家的苏泊尔集团于 6 月 23 日在沈阳拍下了两块土地，同时还宣布斥资 15 亿元参与沈阳北部 CBD（中央商务区）建设。苏泊尔对房地产的青睐并不是特例。6 月 27 日，苏宁电器旗下的苏宁地产，与 15 家房地产公司共同竞购北京崇文门菜市场地块，虽未成功，但苏宁觊觎地产生意的野心昭然若揭。其实，家电企业进军地产业并非新鲜事，海尔、美的、格力、海信分别在 2002 年、2004 年、1991 年、1995 年设立房地产公司。格兰仕、长虹、奥克斯、春兰也纷纷“插足”地产业务。“高利润趋势之下，利润微薄的家电企业纷纷踏入房地产这块热土。房地产毛利率在 35%以上，有些高端项目甚至超过 50%，而制造业也就 10%左右，利润相形见绌。”一位业内人士道出了其中的玄机。

材料二：《127 家上市房地产企业两成涉矿》

在宏观调控“史上最严”的背景下，“地热矿冷”（即房地产热与矿业投资冷）格局仿佛一夜之间颠倒了过来。随着房地产调控的深入以及限购令范围的扩大，中小房企日薄西山，不少企业开始“挖矿自救”。从2011年6月至今，已有5、6家上市房企公布了涉矿事宜：6月8日，新湖中宝协议收购内蒙古四子王旗一煤矿的探矿权。6月14日，绿景地产公告拟进行矿产资源投资。6月16日，华业地产宣布拟以2 000万元在新疆塔城地区注册矿业公司。紧接着17日，鼎力股份公告以自有资金1.78亿元收购桂林恭城鑫宝矿业51%股权。同日，浙江房企莱茵置业宣布拟在贵州省贵阳成立一家矿业子公司，注册资本5 000万元。此外，西藏城投、珠江控股、中天城投以及宁波联合等上市房企也先后公布涉矿事宜。

房企为何纷纷涉矿？华业地产在公告同时道出了个中缘由：“我公司目的非常明确，随着国家对房地产宏观调控的日益紧缩，公司受到的影响较大，房产项目收益率预期将显著下降。为改变单一业务模式的风险，实现新业务拓展，增加利润增长点。”专家表示：今年以来，随着国际大宗商品价格的不断上涨，矿产品价格也逐级抬高，矿产投资成为高利润的投资项目，成为众多中小房企转行的目标。

（1）利润是如何转化为平均利润的？写出社会平均利润率的公式

（2）阅读上述材料，结合政治经济学相关理论知识，分析“家电企业搞房地产”以及“房地产企业纷纷涉矿”的原因。

2. 阅读下列关于“商业”的材料并回答问题。

材料一：据我国历史记载，商业起源于公元前2000多年的商丘。一位名叫“相土”的人发明了“马拉车”，马车的发明使得货物运输能力较之前大为提高，商（丘）地的物品贸易也随之日渐兴隆，故人们将商（丘）人所操之业称为“商业”。

材料二：丝绸之路（Silk Road），简称丝路，1877年由德国地理学家李希霍芬（F. von Richthofen）命名，是我国古代东西方贸易的主要商路。它以长安为起点，经甘肃、新疆，到中亚、西亚，并联结地中海各国的陆上通道。在这条漫漫商路上进行贸易的货物中，中国的丝绸最具代表性，“丝绸之路”因此得名。丝绸之路极大促进了东西方贸易和文化的交流。贸易的繁荣还直接促进了当时我国商品生产的发展，包括生产效率的提高和工艺的改进。14、15世纪丝绸之路的终点在意大利的水城威尼斯，香料、丝绸、瓷器等重要大宗商品都在此进行贸易并由商人们贩卖到欧洲各地。经商也成为居住在这座城市的人们谋生的主要行当。莎士比亚的《威尼斯商人》就刻画了一位正直、勇敢、仗义的商人形象——安东尼奥。他为了帮助好友巴萨尼奥成婚，向尖酸刻薄的犹太人夏洛克借了3 000金币。夏洛克早就憎恨安东尼奥经常借钱给别人不收利息从而影响自己生意，因而在借约上声明如果安东尼奥到期不还钱将在其身上割下一磅肉来抵债。安东尼奥的商船果真出事了，于是夏洛克就将安东尼奥告上了法庭……

材料三：现代商业发展经历了古代“商人资本”到近代“商业资本”的转变，即以“个人或家庭”经营为主转变为以“公司”运营为主。商业资本对商业的运营使得众多城市出现“CBD”区（中央商务区），最著名的要属日本东京的银座。银座是东京最繁华的商业区，相传从前这一带是海，后来德川家康填海造地，这一块地方成为铸造银币的“银座役所”，明治三年（公元1870年）更名为“银座”。银座大道全长1.5公里，北起京桥、南至新桥，大道两旁的百货公司和各类商店鳞次栉比，专门销售高级商品。银座大道后街有很多饭店、小吃店、酒吧、夜总会。从1970年8月起，银座大道禁止一切车辆通行，成为步行商业街，街上有许多茶座，游客可以坐在街心饮茶谈天。入夜后，路边大厦上的霓虹灯变幻多端，构成了迷人的银座夜景。银座繁华的背后是不断上涨的高昂地价，商业繁荣促进了房价的一路飙升。2007年3月24日，东京银座地价突破3 000万日元/平方米（约合200万元人民币）。甚至有人开玩笑说，银座一个脚印的土地是日本内阁高级官员一个月的工资。

（1）阅读材料一，分析促进商业产生的直接原因是什么？

（2）阅读材料二，结合所学内容，归纳丝绸之路的商业贸易的积极作用。材料引用《威尼斯商人》的部分情节说明商业繁荣促进了什么行业发展？

（3）阅读材料三，写出土地价格的决定公式，并运用级差地租理论分析东京银座地价高昂的原因。

3. 阅读下列关于股份公司的材料并回答问题。

材料一：殖民贸易时代，股份公司成立的目的是为了满足殖民贸易对于资本的需要。据计算，那个时代进行一次远赴印度的贸易航行，其所费与今天进行一次火星航行探险相当。这对于一个或几个商人，甚至国家来说，都是巨大负担。而且，海洋航行风险巨大，如果把风险集中于少数几个人，其若有损失是难以分担的。股份制的出现，面向公众发行股票募集资金，既解决了资本不足的难题，又分担了风险。

1600 年，在伊丽莎白女王获准下，大不列颠东印度公司成立。其后的 300 年，该公司垄断了英国和印度的贸易，并获取了丰厚的利润。这是人类历史上第一个成功的股份公司案例。18 世纪初，英国政府成立了经营南美洲贸易的南海股份公司。为了顺利卖出公司股票，以获取资金偿还国债，政府编织了公司盈利谎言，公众投机股票的热情引发了“南海股票泡沫”事件，南海公司的股票价格先是暴涨，而后又暴跌。很多人投资失败，血本无归，甚至倾家荡产。该事件后，民众对于股份公司的“愤恨”，使得英国立法禁止新的股份公司设立，直至 100 年后禁令才得以废除。

材料二：马克思说：“假如必须等待积累去使某些单个资本增长到能够修铁路的程度，那么恐怕直到今天世界上也没有铁路。”工业革命对于资本的巨大需求，使得股份公司不得不重新登上历史舞台。

1862 年 7 月 1 日，美国总统林肯批准通过了《太平洋铁路法案》。基于该法案而成立的“联合太平洋铁路股份有限公司”和“中央太平洋铁路股份有限公司”共同承建横贯北美大陆的太平洋铁路。1869 年，铁路建成完工，宣告了美国大陆在经济运行上开始连成一体，推动美国成为联结太平洋和大西洋的经济大国。法国著名科幻小说家凡尔纳在他的《80 天环游地球》里也提到了这段铁路的意义：如果没有它，80 天环游地球的梦想永远只是梦想而已。过去，从纽约到旧金山最快也要走 6 个月，而铁路建成后只需要 7 天。

“股份公司是资本集中的主要方式，它可以在短时间内聚集大量社会资本，有利于资本主义扩大再生产的进行。”马克思在其著作中如此评价股份公司对于社会生产的巨大作用。第二次工业革命时期，涌现出了诸如范德比尔特铁路公司、洛克菲勒美孚石油公司、卡内基钢铁公司、西门子电气公司等庞大的股份有限公司。股份公司，作为一种新兴的资本组织方式，既集中了资本又分散了风险，极大地促进了资本主义社会交通运输、石油化工、电力电气等产业的兴起和发展。

（1）什么是股份有限公司？依据材料一，谈谈你对股份公司产生的认识。

（2）股票作为证明股东身份的凭证，股东凭此可以定期获得股息。那么股票价格由什么来决定？请写出股票价格的决定公式。假设利息率为 10%，某股份公司每年派发股息 10 元，那么该公司股票的价格应该为多少？

（3）依据上述材料，结合资本集中的相关知识，分析股份公司的作用，并谈谈你对股份公司认识？

4. 阅读下列有关股票的材料并回答问题。

金融学中的“市场套利”理论认为，金融市场中，在不考虑风险和交易成本等因素的前提下，如果两类投资产品的收益率存在差异，资金就会选择卖出收益率低的产品而转向购买收益率高的产品。这会导致两类投资产品的价格和收益率变化，即原先收益率高的产品由于购买行为而价格上涨，进而导致收益率下降；原先收益率低的产品由于卖出行为而价格下跌，使得收益率上升。最终，当两类投资产品收益率相等时，套利停止了，市场达到均衡。此理论与"平均利润形成理论"近似。下面通过实例来说明此理论，并试图推导股票价格的决定公式。

假如你要进行一次投资，市场只有两种投资选择：一是把钱存进银行，利息率为5%；二是购买A公司股票，每股市场价格100元。假设购买股票和存款都没有手续费。由于A公司没有公布派发股息的数额，无法计算A公司股票的收益率，因此你在两种投资之间犹豫不决。

（1）一个月后，A公司决定今年每股派发股息10元，这时A公司股票的收益率是多少？你会怎样投资？为什么？如果市场中其他人做出和你同样的选择，A 公司股票将上涨还是下跌？你能推算出A公司股票此时的理论价格吗？

（2）又过了一年，你要进行一次新的投资。可市场情况突然发生了变化：银行将利息率上调为10%；A公司股票价格等于上年度派息后的合理价格，而由于盈利不佳，今年只派发5元股息。这时你会怎样投资？为什么？如果市场中其他人做出和你同样的选择，A 公司股票将上涨还是下跌？你能推算出A公司股票此时的理论价格吗？

（3）经过两次投资的历练，你是否明白了"市场套利"理论的精髓：在存款收益率等于股票投资收益率的时候，投资者停止套利，市场达到平衡。下面，请写出两种投资（存款和投资股票）收益率相等的公式，凭借此公式是否可以推导出股票价格的决定公式？

第六章

垄断资本主义

学习目标

学习本章主要是掌握垄断私人垄断资本主义和国家垄断资本主义这两个垄断资本主义发展的阶段。理解私人垄断资本主义的基本特征、组织形式、垄断价格和垄断利润，以及国家垄断资本主义的主要形式和发展趋势等内容。

教学重点及难点

1. 私人垄断资本主义基本特征；
2. 垄断价格与垄断利润；
3. 国家垄断资本主义的基本形式与实质。

资本主义的发展经历了两个阶段，自由资本主义时期和垄断资本主义时期。自由资本主义时期从16世纪资本主义制度确立起，到19世纪70年代末发展到了顶点，此后就逐渐向垄断资本主义过渡。垄断资本主义发展先后经历了包括私人垄断和国家垄断两个阶段。在垄断资本主义发展过程中，首先出现和发展起来的是私人垄断资本主义。本章主要是阐述资本主义怎样从自由竞争阶段发展到垄断阶段的，以及国家垄断资本主义的产生与发展有关的理论。

第一节　私人垄断资本主义

一、私人垄断资本主义的形成

1. 自由竞争引起生产集中

自由资本主义时期，自由竞争占统治地位。自由竞争的发展逐渐导致生产集中，当集中发展到一定程度，必然会形成垄断。所谓生产集中是指在资本主义社会，资本、生产资料、劳动力及商品生产越来越集中于少数大企业，使它们的生产规模及在整个社会生产中所占的份额越来越大。生产集中的出现是自由竞争和资本主义信用发展的必然结果。

（1）竞争导致了生产的集中。在自由竞争中，胜败的关键常取决于劳动生产率，而劳动生产率和企业规模有密切关系。那些生产规模比较大的企业，比中小企业具有明显的优势，它们资本雄厚，更有条件使用新机器和采用新技术来提高劳动生产率。所以，企业就会通过资本积累不断地进行资本积聚，来扩大生产规模。同时，竞争中的大企业利用自己的规模经济优势，通过价格优势不断排挤或吞并中小企业，从而联合成一个大资本。如此，生产和资本越来越集中到少数大企业手中，逐渐实现了资本集中。

（2）资本主义信用制度的发展加速了生产集中。在生产集中的过程中，信用是强有力的杠杆。银行信用的发展，使得银行等信用机构可以把吸收来的大量闲置资金，通过贷款形式提供给大资本使用，从而使大资本具有更强经济实力来扩大自身规模。另外，股份公司信用出现，也使得一些企业可以通过发行股票将众多分散的中小资本集中起来，形成一个巨额资本，在较短时间内增大企业资本规模，加速了生产与资本的集中。

（3）经济危机加剧了生产集中。相对中小企业来讲，大企业抵御经济危机能力比较强。所以，在资本主义社会经常爆发经济危机的过程中，不断有中小企业破产或者被大企业所吞并。而大企业为了保持竞争优势，不被别人打垮，纷纷联合或合并，从而使生产和资本的集中达到一个更高的程度。

（4）生产技术的革新也促进了生产集中。随着科学技术发展，资本家要提高竞争力，获得更多利润，就必须采用新技术。但是，采用新技术和扩大生产规模需要巨额投资，只靠单个资本家很难办到，为了适应技术革新对巨额资金的需求，许多企业纷纷合并，从而使生产资本高度集中。

到20世纪初，各主要资本主义国家的生产集中已达到很高的程度。以美国为例，1909年，美国产值100万美元以上的大企业仅占企业总数的1.1%，但其雇用的工人数和产值却分别占工人总数和总产值的30.5%和43.85%。可见，生产集中已经相当厉害，正如列宁所说："几万个最大的企业拥有一切，数百万个企业无足轻重。"

2. 生产集中产生垄断

生产集中发展到一定阶段，垄断就随之产生了。所谓垄断，是指若干资本主义大企业为了获取高额垄断利润，通过协议、协定或联盟的形式联合起来共同操纵某个或某几个部门的生产和流通。可见，与生产集中这种客观经济发展趋势相比，垄断带有相当强烈的主观意愿成分。或者说，垄断是一种勾结、串谋行为，目的是通过控制市场来获取高额利润。垄断产生可以从可能性和必要性两个方面进行分析。

（1）生产集中使得垄断产生具备了可能性。在自由竞争市场条件下，生产分散于大量中小企业，彼此之间很难达成限制竞争的协定，并且由于单个企业的产量和市场份额都很小，即使某些企业达成了某种协议和联合，也很难操纵和控制市场。但是，当生产资本高度集中以后，某一部门的生产份额被少数几个大企业所占据时，少数企业之间就能够比较容易地达成一些协议来操纵和控制整个部门的生产和流通。而且，由于大企业实力雄厚，也有能力去操纵和控制，这就为垄断形成提供了可能性。

（2）垄断产生还有其必要性。生产集中达到一定程度后，少数大企业掌握了最好的工人和最好的技术人员，集中了本部门大部分生产，因此就对市场具有一定的操纵和控制的能力，就必然想要试图利用这种优势来攫取高额利润，想占领市场。而且，当一个大企业还不足以控制某一部门或几个部门的生产和销售时，这些企业之间就会展开竞争，彼此之间势均力敌，增大了竞争的破坏性和危险性，竞争往往会使双方都遭受巨大损失。因此，为了避免在竞争中两败俱伤，同时也为了更好地操纵产品的生产和销售以及原料市场，获取高额利润，大企业之间有必要选择达成某种协议联合起来，共同去操纵和控制市场。

（3）生产集中使竞争变得困难，新企业进入受到限制。当一个部门的生产和资本集中到少数巨大的企业手中以后，一般的中小企业根本无法与之抗衡，不得不受它们支配，从而形成竞争困难。而且，企业的强大实力也导致了新企业进入受到限制，形成了很高的进入壁垒，这使得少数大企业自然而然地形成垄断。

自由竞争引起生产集中，生产和资本集中发展到一定程度后，就会从自由竞争中自然而然地生长出垄断，这是资本主义发展的一般规律和基本趋势，是资本主义基本矛盾，即生产社会化与生产资料资本主义私人占有之间矛盾发展的必然结果。

由于生产集中要发展到一定阶段才会引起垄断，因而垄断的形成需要经历一个过程，这个过程大体经过三个阶段：第一阶段是19世纪六七十年代，垄断组织萌芽时期。在这个时期，自由竞争达到顶点，生产集中有了相当程度发展，垄断组织首先在德国、美国等比较发达的资本主义国家出现，但垄断总体上还处于萌芽状态。第二个阶段是19世纪70年代到90年代，这一时期是垄断组织发展时期。在这个时期，生产集中加速发展，垄断组织在资本主义各国广泛发展起来，但并不很稳固。第三个阶段是19世纪末到20世纪初，垄断统治最后形成时期。在这个时期，生产高度集中，垄断组织迅速发展，并在各主要资本主义国家的经济领域里逐渐占据统治地位。垄断代替竞争，成了这些国家全部经济生活的基础。垄断统治最后形成，自由竞争资本主义过渡到垄断资本主义。

3. 垄断组织

随着垄断的形成，逐渐形成了各种垄断组织，垄断是通过垄断组织来实现的。垄断组织是指控制某个或某几个部门的生产和流通，以获取高额垄断利润的资本主义大企业或大企业的联合。常见的垄断组织有以下几种。

（1）卡特尔。

卡特尔，为法语"cartel"的音译，原意为协定或同盟。卡特尔是生产或销售某一同类商品的大企业，为垄断市场，获取高额垄断利润，通过在商品价格、产量和销售等方面订立协定而形成的同盟。卡特尔内部的各企业间的关系比较松散，仍保持法律上、生产上和商业上的独立性，只是根据协定瓜分市场、确定商品产量、规定价格标准等。卡特尔最早于1880年左右产生于德国（德语 Kartell），第一次世界大战后在各资本主义国家迅速发展。

【例6-1】 石油输出国组织——欧佩克（OPEC）

石油输出国组织，即OPEC（Organization of Petroleum Exporting Countries），中文音译为欧佩克。该组织成立于1960年9月14日，1962年11月6日欧佩克在联合国秘书处备案，成为正式的国际组织。成立宗旨是协调和统一成员国的石油政策，维护各自的和共同的利益。现有12个成员国，包括沙特阿拉伯、伊拉克、伊朗、科威特、阿拉伯联合酋长国、卡塔尔、利比亚、尼日利亚、阿尔及利亚、安哥拉、厄瓜多尔和委内瑞拉。欧佩克总部目前设在奥地利首都维也纳（见图6-1）。现在，欧佩克旨在通过消除有害的、不必要的价格波动，确保国际石油市场上石油价格稳定，保证各成员国在任何情况下都能获得稳定石油收入，并为石油消费国提供足够、经济、长期的石油供应。从实际效果来看，欧佩克对国际原油市场的价格影响是显著的。

图6-1 位于维也纳的欧佩克总部

根据《BP世界能源统计2011》的数据，2010年底该组织成员石油总储量为10 684亿桶，约占世界石油储量的77.2%。其中，排在前五位的成员分别是沙特阿拉伯（2 645亿桶）、委内瑞拉（2 112 亿桶）、伊朗（1 370 亿桶）、伊拉克（1 150 亿桶）和科威特（1 015 亿桶）。2010 年该组织成员原油产量为 16.233 亿吨，约占世界原油产量的 39%，其中排在前五位的成员分别是沙特阿拉伯（4.678 亿吨）、伊朗（2.032 亿吨）、阿联酋（1.308 亿吨）、委内瑞拉（1.266 亿吨）和科威特（1.225 亿吨）。

（2）辛迪加。

辛迪加，法语“syndicat”的音译，原意是“组合”。辛迪加是由生产同类商品的大企业，为了共同采购原材料和销售商品通过签订协定而建立起来的垄断组织。参加辛迪加的企业在法律上和生产上仍然保持独立性，但丧失了商业上的独立性，原材料采购和商品的销售都由辛迪加的总办事机构统一负责。同卡特尔相比，辛迪加较为稳定，存在时间也较持久。辛迪加的参加者虽然在生产上和法律上还保持着独立性，但在商业上则已完全受制于总办事处，不能独立行动。在各参加者不能与市场发生直接联系的情况下，它们要想随意脱离辛迪加，事实上也很困难。如果某一成员想要退出，必须花一笔资本去重新建立购销机构和重新安排与市场的联系，而且每每受到辛迪加的阻挠和排挤。辛迪加是在 19 世纪末 20 世纪初产生的，在当时的欧洲，许多国家都出现了辛迪加。

【例 6-2】 20 世纪初欧洲各国辛迪加组织的发展

德国的许多辛迪加是由卡特尔发展而来的。在 1905 年的 385 个工业卡特尔中，约有 200 个已具有辛迪加性质。辛迪加在德国经济中的垄断地位也是明显的。1893 年成立的“莱茵一威斯特法伦采煤”辛迪加，1909 年在多特蒙德地区生产了 8 500 万吨煤，而其他所有局外企业的生产量不过 420 万吨（只等于采煤辛迪加产量的 4.9%）；1913 年 1 月，采煤辛迪加的产量占鲁尔地区全部产量的 92.6%，占全德煤炭总产量的 54%。在当时，钢铁辛迪加的生产在全国钢铁总产量中所占比重已上升到 43%~44%。

在法国的冶金、制糖、玻璃、造纸、石油、化学、纺织、采煤等工业部门中，也有很多辛迪加。其中特别重要的有：隆维商行，它生产了法国几乎全部的铸铁；制糖辛迪加几乎完全控制了法国的制糖市场；圣戈班玻璃总公司也居于绝对的垄断地位。

在奥地利，一些著名辛迪加占有重要地位。例如波希米亚的采煤辛迪加，占奥地利全部煤产量的 90%；制砖辛迪加，年产值达 4 亿克朗（未参加辛迪加的企业产值不过 4000 万克朗）；石油辛迪加，占全国产量的 40%。

在俄国，辛迪加是垄断组织的一种主要形式。俄国重要工业企业大多掌握在不同国家的资本家手中，在生产上不易联合起来；但是由于政府大批订货和实行保护关税政策，国内工业品价格大大提高，资本家在争夺订货数额和瓜分国内市场方面展开了激烈的竞争，而辛迪加正是分配订货和瓜分市场的有利形式。这样，在商业上联合起来的辛迪加便得到较大的发展。1886 年俄国出现了铁钉、铁丝工业的辛迪加；20 世纪初，在钢铁、采煤、采矿、机器制造部门中，相当大一部分企业都为辛迪加所控制。1904 年建立的“煤炭公司”辛迪加，控制了顿巴斯煤区产量的 75%。橡胶辛迪加几乎控制了全部橡胶的销售。制糖辛迪加垄断了全国 90%以上的食糖生产。1912 年建立的烟草辛迪加，控制了全国 75%的烟草生产。俄国的辛迪加和其他国家的辛迪加相比，带有某些半封建的特征。例如，糖业辛迪加就是由制糖工业资本家和种植甜菜的大地主共同组成的；乌拉尔“克罗夫罗”辛迪加的成员即是一些拥有几十万俄亩土地的大领主。这样的垄断组织往往采用一些带有封建性的剥削形式和管理方法。

（3）托拉斯。

托拉斯，“trust”的音译（trust 金融含义为“信托”），是资本主义垄断组织的一种形式，生产同类商品或在生产上有密切联系的垄断资本企业，为了获取高额利润而从生产到销售全面合作组成的垄断联合。参加托拉斯的企业完全丧失了其在法律上和业务上的独立性，变成了托拉斯的股东，按照股份取得股息和红利，所有全部业务和财务事务由董事会统一负责经营和管理。与卡特尔和辛迪加相比，托拉斯是比较稳定和高级的垄断组织形式。托拉斯一方面可以保障投资者的优厚利润，提高投资者兴趣，刺激投资，促进业务扩充，有利于经济发展；另一方面会减少竞争，阻碍企业技术进步和新兴企业的发展，影响中小企业的生存，增加消费者的负担。

托拉斯于1879年首先在美国出现，如美孚石油托拉斯、威士忌托拉斯等(参见阅读材料一)。美国一直是托拉斯比较流行的国家，被称为“托拉斯帝国”。19世纪末20世纪初，美国工业生产的集中十分迅猛，在钢铁、石油、铁路、汽车、采煤、制糖、火柴、烟草等各个部门，都先后形成了规模巨大的托拉斯。1904年，美国各经济部门的托拉斯有440个，资本达204亿美元，其中1/3的资本掌握在7家大托拉斯的手中。1910年，托拉斯在美国一些工业部门的生产中所占比重是：纺织工业为50%，玻璃制造业为54%，棉布印染业为60%，食品制造业为60%，酿酒业为72%，金属工业（不包括钢铁）为77%，化学工业为81%，钢铁工业为84%。托拉斯之所以盛行于美国，主要是由于在生产高度集中的基础上，少数几个大企业在其刚建立时就采用先进的新技术，并在各自所属部门中迅速取得了统治地位。

（4）康采恩。

康采恩，德语“Konzern”（英语 Concern）的音译，原意为多种企业集团，有“相关利益共同体”的意思。康采恩是由一两个实力极为雄厚的大工业企业或大银行为核心，把不同部门、不同行业的许多大企业联合起来而组成的垄断组织。参加康采恩的企业形式上保持独立，实际上受其中占统治地位的资本家集团（一般是大银行资本家）通过“参与制”加以控制。居于统治地位的是大工业企业或大银行，通过售卖股票、人事参与和财务控制把康采恩的其他企业置于自己控制之下。康采恩的发展明显表现出帝国主义时期银行资本和工业资本融合的特点，其设立目的在于增强其经济优势，垄断销售市场，争夺原料产地和投资场所，获取高额垄断利润。

在资本主义经济发展史上，康采恩到19世纪末、20世纪初才在主要资本主义国家先后形成。第二次世界大战以后，在主要资本主义国家中，垄断组织日益向综合多样化发展，康采恩也有了诸如实力增强、对国家的控制和利用加强、家族色彩淡化等一系列的变化。在美国，康采恩又被称为“财团”。美国第一批财团是以家庭为中心组成的。由于它们位于东部地区，通常被称为东部财团。其中，除实力最大、以钢铁起家的摩根财团和以石油起家的洛克菲勒财团外，还有梅隆以及杜邦等财团。日本在第二次世界大战之前已经存在康采恩集团，被称为“财阀”，比较有名的有三井、三菱、住友、安田，等等。后来，中国和日本开始出现的各种“控股公司”以及“集团总公司”，也被认为属于康采恩垄断。

【例6-3】 摩根财团

摩根财团（Morgan Financial Group）在19世纪末20世纪初形成，是统治美国经济的十大垄断资本财团之一。摩根财团的创始人J. P. 摩根（约翰·皮尔庞特·摩根，见图6-2）在继承其父 J.S.摩根资财的基础上，1871年与人合伙创办德雷克塞尔—摩根公司，从事投资与信贷等银行业务。1894年合伙人逝世后，由摩根独资经营，1895年改名为 J.P. 摩根公司，并以该公司为大本营，向金融事业和经济各部门（诸如钢铁、铁路以及公用事业等）扩张势力，开始形成垄断财团。

1912年，摩根财团控制了13家金融机构，合计资产总额30.4亿美元，其中以摩根公司实力为最雄厚，称雄于美国金融界，华尔街的金融老板称摩根公司为“银行家的银行家”。第一次世界大战中摩根财团大发横财，战后以其雄厚的金融资本，渗入国民经济各个部门；30 年代，摩根财团所控制的大银行、大企业的资产总额占当时美国八大财团的 50%以上。

图 6-2　J.P.摩根

摩根财团在金融业方面拥有雄厚的基础，其主要支柱是 J.P.摩根银行。摩根银行是世界最大跨国银行之一，在国内有 10 个子公司和许多分支行，还有 1 000 多个通信银行。在国外，摩根公司在约 20 个大城市设有支行或代表处，在近 40 个国家的金融机构中拥有股权。摩根公司的经营特点是大量买卖股票和经营巨额信托资产，控制着外国 37 个商业银行、开发银行、投资公司和其他企业的股权。此外，还有制造商汉诺威公司、纽约银行家信托公司以及西北银行公司、谨慎人寿保险公司以及纽约人寿保障公司等。在工矿企业方面，摩根财团主要控制着国际商业机器公司（IBM）、通用电气公司（GE）、国际电话电报公司、美国钢铁公司以及通用汽车公司（GM）等；在公用事业方面，则有美国电话电报公司和南方公司。

二、垄断资本主义基本特征

垄断取代自由竞争，标志着资本主义生产关系在资本主义生产方式内的进一步调整。垄断资本主义形成，引起了资本主义经济、政治和社会生活等各方面一系列的变化。列宁根据 19 世纪末和 20 世纪初资本主义垄断阶段的实际情况，将垄断资本主义的主要经济特征归纳为五个方面："一是垄断在经济生活中起决定作用；二是在金融资本的基础上形成金融寡头的统治；三是资本输出有了特别重要的意义；四是国际垄断同盟在经济上瓜分世界；五是最大资本主义列强已把世界的领土瓜分完毕。"随着资本主义的发展，垄断资本主义的基本特征还在不断发生着变化。

1. *垄断在经济生活中占据统治地位*

垄断取代自由竞争，使资本的占有形式从股份资本发展到垄断资本；企业的经营方式从一般股份公司发展到垄断集团经营；资本主义生产的目的也从获取平均利润和超额利润发展到追逐高额垄断利润。这表明垄断已经成为资本主义经济生活的基础，在主要资本主义国家里处于统治地位。

这一时期，资本主义国家通过几次大范围的兼并浪潮，出现了一些超大规模的企业。如美国至今已发生了 5 次大的兼并浪潮。

第一次兼并浪潮是以大公司横向兼并为特征的规模重组。从 1893—1904 年，共发生了 2 864 起兼并。

第二次兼并浪潮是以大集团纵向组合为主导的产业重组。发生于 20 世纪 20 年代，被兼并企业 12 000 家，涉及公司、银行、制造业和矿业。

第三次兼并浪潮是以跨国公司多角产业扩张和品牌重组为主的兼并。发生在 20 世纪五六十年代，兼并规模之大是空前的。1960—1970 年，发生了 25 598 起兼并。

第四次兼并浪潮是以金融运作为主的资本重组。开始于 20 世纪 70 年代，延续到 80 年代末。这次兼并规模大大超过前三次。

第五次兼并浪潮以"强强联合"为特征。它始于 1994 年，当年兼并交易额达 3 419 亿美元，兼并数量、涉及金额均创历史记录。通过这些兼并，巨型公司数目剧增，主要产业部门大都已形成寡头垄断格局。

第二次世界大战以后，由于科学技术革命的发展和竞争的进一步加剧，垄断在经济生活中的统治地位进一步增强，主要表现在：企业规模不断扩大；垄断组织的生产和经营多样化；混合联合公司迅猛发展；垄断组织向国际化方向发展，跨国公司迅速增加，成为战后国际垄断组织的主要形式。

2. 金融资本统治进一步增强

工业资本形成垄断的同时，银行资本也在不断集中。在竞争中，中小银行竞争不过大银行，纷纷倒闭或被大银行所吞并。大银行为了增强竞争实力，又纷纷联合成更大规模银行，这样就使得银行资本不断集中。当银行资本集中达到一定程度时，银行垄断就自然而然产生了。银行垄断的形成，使垄断资本主义从工业资本占统治地位过渡到了金融资本占统治地位。正如列宁所指出的那样，垄断资本主义的特点“恰恰不在于工业资本的统治，而在于银行资本的统治”。

银行垄断资本形成后，银行的作用发生了根本性变化，由普通的借贷中介人变成万能的垄断者。因为拥有巨额资本的大银行，当然不会满足于仅仅对大企业提供资金，必然试图从内部进一步控制企业，将银行资本与工业资本融合起来，形成金融资本。所谓金融资本，就是银行垄断资本与工业垄断资本混合成的一种资本形式。银行资本主要通过 3 种形式控制工业资本。

（1）垄断银行通过贷款影响和控制工商业资本。发达国家的企业一般采取负债经营，借入资金的比重约占 50%～70%。商业银行和人寿保险公司是工商企业资金的主要提供者。它们通过规定贷款规模、期限和利率高低，以及贷款合同的具体条款，来制约和控制工商企业的发展。

（2）银行财团通过收购企业股份，成为企业控股者，从而控制和操纵大工业企业经营活动，这种方式以日本和西欧最为显著。例如，日本 6 家最大的都市银行控制着全国 1/4 的工业公司的股份。

（3）银行通过“人事结合”加强对工商企业的控制。人事结合指银行直接向工商企业派出人员兼任大工业企业的董事或经理，从而在更大程度上控制和掌握工商企业的行政领导权。

（4）大银行直接参与创办工商企业。一些新兴的工商企业，所涉行业资本规模庞大，单靠工商企业投入资本是不够的，于是这些新兴企业纷纷引入银行资本。

【例 6-4】 洛克菲勒财团——金融资本的典型

洛克菲勒财团，美国十大财团之一，创始人 J.D.洛克菲勒（见图 6-3）。该财团是一家以洛克菲勒家族的石油垄断为基础，通过不断控制金融机构，将势力范围伸向国民经济各部门的美国最大的垄断集团。创始人约翰·洛克菲勒以石油起家，1863 年在克利夫兰开办炼油厂，1870 年以该厂为基础，扩大组成俄亥俄标准（原译“美孚”）石油公司，又很快垄断美国石油工业，并以其获得的巨额利润，投资于金融业和制造业，经济实力发展迅猛。该财团的资产总额在 1935 年仅 66 亿美元，至 1960 年增至 826 亿美元，25 年中增长了 11.5 倍。其后，该财团又继续发展，1974 年资产总额增达 3 305 亿美元，超过了摩根财团，跃居美国十大财团的首位。

图 6-3 J.D.洛克菲勒

洛克菲勒财团是以银行资本与工业资本混合融合增长的典型。该财团以石油起家，目前拥有埃克森（Exxon）及美孚（Mobil）以及雪佛龙（Chevron）三家核心石油企业。同时，美国最大的 16 家石油公司中有 8 家属于洛克菲勒财团。该财团还拥有一个庞大的金融网，以大通曼哈顿银行为核心，下有纽约化学银行、都会人寿保险公司以及公平人寿保险公司等百余家金融机构。通过这些金融机构，直接或间接控制了许多工矿企业，在冶金、化学、橡胶、汽车、食品、航空运输、电讯事业等各个经济部门以及军火工业中占有重要地位。在该财团控制下的军火公司有：麦克唐纳·道格拉斯公司、马丁·马里埃塔公司（与梅隆财团共同控制）、斯佩里·兰德公司和威斯汀豪斯电气公司（与梅隆财团共同控制）等。洛克菲勒财团还单独或与其他财团共同控制着联合航空公司、泛美航空公司、美国航空公司、环球航空公司和东方航空公司等5家美国最大的航空公司。

在金融资本形成的同时，金融寡头也出现了。所谓金融寡头，是指掌握金融资本、操纵国民经济命脉，并在实际上控制国家政权的少数最大的垄断资本家或垄断资本家集团。金融寡头在经济上的统治是通过"参与制"来实现的。"参与制"是指金融寡头通过收买和持有一定数量股票的办法，对众多企业实现层层控制，支配更多企业的一种方式和制度。通过"参与制"，金融寡头控制、支配着比自有资本大几十倍甚至上百倍的资本量。另外，他们还通过创办企业、发行有价证券、从事各种金融投机和房地产买卖来谋取暴利。

经济是政治和其他社会生活的基础，金融寡头必然利用经济上的统治在政治上和社会生活的各个方面建立自己的统治。金融寡头在政治上的统治主要是通过"个人联合"的方式来实现的，即将自己的"代理人"打进政府机关担任要职，或者是把退休的军政要员请到自己的企业担任董事或经理，借以实现对国家政府机构的直接影响和控制。此外，寡头还通过建立各种咨询机构和政策研究机构，对政府决策施加影响。他们还通过自己强大的经济实力，来控制报纸、出版、通讯、广播、电视等各种机构和企业，从而在上层建筑层面建立自己全面的统治。

【例6-5】美国外交关系协会

美国外交协会，全称美国外交关系协会（Council on Foreign Relations），是美国政府重要智囊团。该协会成立于1918年，是美国东部权势集团对外政策宣传与研究机构，历史悠久，对美国对外政策及战略实施影响颇深。协会现有会员3 300名，现任主席是理查德·哈斯。

1891年2月5日，罗斯柴尔德家族和英国的其他一些银行家成立了秘密组织"圆桌会议集团"，美国也建立了相应组织，牵头的就是摩根家族。第一次世界大战以后，美国"圆桌会议集团"更名为"外交协会"（Council on Foreign Relation），英国分支则改名为"皇家国际事务协会"（Royal Institute of International Affairs）。自那以后，美、英两国政府的许多重要官员均是从这两个协会中被挑选出来的。

美国外交协会的任务主要是广泛宣传美国的外交政策，并根据权势集团的意图，对重大国际问题组织公众进行讨论，搜集"民意"，发表研究报告，以影响政策的制定。从协会的重要领导成员、经费来源及其政策主张来看，主要受洛克菲勒、摩根等东部财团控制。协会成立后，与美国东部权势集团的对外关系委员会关系十分密切，互兼领导成员，都得到卡内基国际和平捐助基金和洛克菲勒基金会的资助，观点、主张都相同，美国的学者称协会为"对外关系委员会的宣传分支机构"。一位对外关系委员会的理事在20世纪30年代就说，在美国对外政策方面，对外关系委员会具有影响的"深度"，而外交政策协会却具有影响的"广度"。外交协会对美国政治具有绝对的影响力。第二次世界大战以来，除了三人例外，几乎所有总统候选人都是该协会会员。

3. 资本输出占据重要地位

金融资本和金融寡头不仅在国内实行垄断统治，而且还利用资本输出对其他国家进行剥削和控制。所谓资本输出，是指资本主义国家的政府、资本家或垄断组织，为了获取高额利润和利息或取得其他经济利益而对国外进行投资或贷款。资本输出在自由竞争阶段就已经存在了，但没有成为一种普遍的经济现象，并且数量也较小，在经济生活中并不占重要地位。进入垄断阶段以后，资本输出才在各主要资本主义国家普遍发展起来，成为垄断资本主义一个重要特征。

对垄断资本主义来说，大量资本输出有其必要性。垄断资本家通过垄断价格和其他手段获得高额垄断利润，使垄断组织手中积累了大量货币资本。这些资本由于本部门垄断的形成，而不利于继续大量追加投资，而国内一切能够获取高额利润的投资场所又都被垄断了，新资本难以进入；对国内有投资需求但不能保证高额垄断利润的经济部门，垄断资本家又缺乏投资兴趣，这就使得国内出现大量的过剩资本，需要向国外尤其是经济落后的国家输出。因为经济落后国家进行经济发展需要引进大量资本，而且劳动力价格低廉，销售市场广阔，是过剩资本输出的最佳场所。另外，为了适应国际竞争的需求，垄断资本为加强自己在国际竞争中的地位，也对资本输出提出了要求。

垄断资本主义阶段，资本输出不仅是必要的，也是可行的。因为在这个时期，资本主义经历了数百年的发展，资本主义的商品已经敲开了许多落后国家的大门，促使这些落后国家的自然经济逐渐瓦解，卷入了资本主义的世界市场。同时，生产国际化的发展，国际分工的深化，为货币资本在国际间的转移和流动提出了要求、提供了条件；生产和科技方面的进步，也为资本主义生产向世界范围扩大创造了交通运输、邮电通讯等方面必要的物质条件；而垄断资本主义国家经济机构的日益完善、信用制度的发展，也为大量资本输出提供了诸多的便利条件。

资本输出有三种形式：一是货币资本输出，即垄断资本主义国家的政府或企业和私人银行业直接把货币资本贷给国外政府，企业或银行；二是生产资本输出，即垄断资本主义国家的政府或企业在国外直接投资开办工厂、矿山或银行等企业；三是商品资本输出，即垄断资本主义国家企业把商品直接输出到国外。资本输出不论是哪一种形式，其实质都是垄断资本主义国家的金融资本掠夺、剥削和奴役其他国家人民的重要手段，是垄断资本主义国家确立和巩固金融资本对世界统治的重要工具，是国际垄断的基础。

“二战”以后，垄断资本主义国家资本输出量剧增，而且资本输出也出现了新的特点。一是资本输出的流向发生了变化，“二战”前主要向经济落后国家和殖民地附属国输出，“二战”后则转变为发达国家之间互相输出资本为主；二是在私人资本输出增长很快的同时，国家资本输出增长更快，并成为日益占重要地位的资本输出形式；三是向发展中国家的资本输出的主要形式往往采用所谓对外“援助”的方式。

资本输出对输入国和输出国所造成的结果不同。对经济落后的国家来说，资本输入一方面会刺激当地的资本主义经济发展；另一方面会增加对垄断资本主义国家的依赖性，最终导致在政治上从属于垄断资本主义国家。对输出国来讲，首先，资本输出可以使其获取高额利润；其次，由于资本的大量外流，资本输出在一定程度上引起输出国经济发展的停滞趋势；最后，资本输出使各垄断资本主义国家都拼命争夺投资场所，必然导致垄断资本主义国家之间矛盾的加剧。

4. 国际垄断同盟在经济上瓜分世界

国际垄断同盟的产生，是金融资本在国内建立垄断统治的基础上向外扩张的必然结果。所谓国际垄断同盟，是指资本主义各国最大的垄断组织，为了瓜分世界市场、制定垄断价格、控制生产规模、垄断原料来源、分割投资场所、以获取高额利润为目的通过订立协定而结成的国际性垄断同盟。国际垄断同盟是在激烈的国际竞争中产生的。随着资本输出的不断增长，各国垄断资本在世界市场上争夺商品销售市场和投资场所的斗争日益激烈，当某种商品的生产和销售高度集中在少数几个国家大垄断组织手中时，势均力敌的大企业为了避免在竞争中两败俱伤，造成双方巨大的损失，只有暂时妥协，通过签订各种国际性的协定或条件，联合起来建立国际垄断同盟，在经济上瓜分世界。

第二次世界大战以前，国际垄断同盟的主要形式有：国际卡特尔、国际辛迪加和国际托拉斯。“二战”以后，国际垄断同盟又有了很大发展，一是产生了跨国公司这种新形式；二是产生了国家垄断资本主义国际垄断同盟。

5. 帝国主义列强瓜分世界领土和新殖民主义

随着列强在经济上对世界的分割，主要发达资本主义国家都不同程度地参与了瓜分殖民地、建立殖民体系的肮脏交易。垄断资本力图在领土上瓜分世界，是为了巩固它们在经济上对世界的瓜分，扩大和加深对世界范围内的剥削和掠夺。

垄断资本主义国家对世界领土的瓜分，集中表现为对殖民地的抢占。他们之所以要大量争夺殖民地，主要原因在于落后的殖民地可以作为垄断资本的廉价原料产地、商品销售市场和过剩资本有利的投资场所。在资本主义过渡到垄断阶段的 19 世纪末 20 世纪初，垄断资本主义国家都卷入争夺殖民地、掠夺殖民地的狂潮中。在这一时期，英、俄、法、德、美、日 6 个最大的垄断资本主义国家把殖民地的领土面积扩大了一半以上。垄断列强共掠夺了近 2 500 万公里的领土，全世界 2/3 的土地面积、56%的人口都成为殖民掠夺的对象。到第一次世界大战前夕，世界领土已经被垄断资本主义国家列强瓜分完毕。

世界领土瓜分完毕并不是抢占殖民地过程的结束。既然垄断资本主义国家是按各自的资本、实力来瓜分世界的，当垄断资本主义国家的资本和实力对比发生变化后，互相争夺他方的殖民地、按新的实力重新瓜分世界就不可避免。正如列宁所说：“所谓完毕，并不是说不可能重新分割了。——恰巧相反，重新分割是可能的、不可避免的。”重新分割世界往往导致垄断资本主义国家之间的战争，历史上爆发的两次世界大战，都是由垄断资本主义国家争夺世界霸权和重新瓜分世界领土而引起的。

“二战”以后，殖民地纷纷摆脱了原来的殖民统治，走向民族民主解放的道路。在这种情况下，对世界领土的分割已经成为历史。但垄断资本主义国家和垄断资本又采用了新的控制和掠夺方法继续对殖民地实施掠夺和控制，即新殖民主义。新殖民主义是指垄断资本主义国家和垄断企业通过贸易、投资、借款、技术合作、人员交流等形式，力图从经济、政治和军事上继续间接控制这些国家。新殖民主义只不过把剥削手法由直接变成隐蔽，其实质同旧殖民主义是一样的。

三、垄断价格与垄断利润

1. 垄断价格

在垄断资本主义阶段，大企业垄断市场的目的在于获取高额垄断利润，而制定和维持产品的垄断价格则是获得垄断利润的主要手段。

垄断价格是垄断企业为获取高额垄断利润而制定的价格。垄断企业之所以能够制定垄断价格，是以它在市场中的垄断地位为基础的。由于少数大垄断企业集中了产品生产和销售的大部分，控制了市场，从而使产品能够按照垄断价格来销售。所以，垄断价格能够存在的根本原因在于大企业的垄断地位。

垄断价格包括垄断高价和垄断低价两种形式。垄断高价是指垄断组织在销售自己商品时所规定的高于商品价值或生产价格的价格；垄断低价是指垄断组织在收购原材料和其他初级产品时所规定的低于商品价值或生产价格的价格。垄断资本正是利用垄断高价销售商品，垄断低价收购商品，把工人劳动力价值的一部分、小生产者创造的价值的一部分、非垄断企业的一部分利润掠为已有。垄断价格与生产价格不同，生产价格是由成本价格加上平均利润构成，而垄断价格包括三个构成部分：成本价格、平均利润和垄断利润。垄断价格的形成，是垄断经济关系在市场活动中的一个主要反映。

垄断价格形成以后，市场价格在供求关系影响下，以垄断价格为中心上下波动。这是不是意味着价值规律就不再起作用了呢？其实，垄断价格的形成并没有否定价值规律。垄断组织定价也不能随心所欲，仍然受着价值规律的支配。首先，它要考虑商品本身价值，同时也要考虑供求关系，因而不可能使垄断价格背离价值太远。其次，它要考虑商品替代关系，若垄断价格太高，人们就会购买替代品。再次，它要考虑竞争，市场竞争包括包括垄断组织之间的竞争、非垄断组织之间的竞争、垄断组织和非垄断组织之间的竞争等。这些都使得垄断组织定价不可能随心所欲。最后，垄断价格并不能增加社会财富，也不能增加社会价值总量。垄断价格不过是再分配一种形式，垄断组织多得到的垄断利润，实际上是其他人失去的那部分。从整个社会来看，全社会商品总价格与全社会商品总价值仍然是相等的。而且，垄断价格及其变化归根到底取决于生产该商品所耗费的社会必要劳动时间及其变动。这些都表明了，价值规律仍然在起作用。所以，垄断价格的出现并不是对价值规律的否定，相反，它是继生产价格之后的价值规律一种新的表现形式。

2. 垄断利润

垄断组织制定垄断价格的根本目的是为了获取垄断利润。垄断利润是指垄断资本凭借其在生产和流通中的垄断地位而获得的超过平均利润的高额利润。垄断利润本质上是垄断在经济上的实现。垄断组织除了通过制定垄断价格来获取垄断利润以外，还通过其他一些途径来攫取高额利润。

（1）垄断企业内部劳动者创造的剩余价值是垄断利润的主要来源。垄断企业规模巨大、技术设备先进、劳动者具有较高的劳动生产率，这意味着在垄断企业可以获取更多的剩余价值。这是垄断企业获取高额垄断利润的基本保证。

（2）垄断组织通过资本输出等形式，将其他国家劳动人民创造的一部分财富转化为本企业的高额利润。

（3）通过垄断资本主义国家对国民收入的再分配将国民收入的一部分转化为垄断企业的高额利润。如国家通过对垄断企业的减税、科研资助、优惠贷款、军事订货等，把社会上已经形成的一部分价值和剩余价值转移到垄断企业手中。

从垄断利润来源中可以看出，无论是通过什么途径，垄断利润的源泉都是劳动者创造的价值和剩余价值。这说明，垄断资本剥削的不仅仅是垄断企业内部的劳动者，而且还把剥削的范围扩大到企业外部，并借助国家力量，通过再分配等途径，进一步实现在全社会范围的剥削。

四、垄断与竞争

垄断是作为自由竞争的对立物而产生的，但垄断并没有也不可能消除竞争。这是因为，垄断并没有消除以私有制为基础的商品经济。竞争是商品经济的必然产物，只要存在着商品经济，就必然存在商品生产者之间的竞争。同时，垄断也不可能形成囊括一切部门的绝对的、纯粹的垄断。垄断形成后，社会经济活动中还存在着大量非垄断企业，整个社会也不可能形成一个垄断组织。

（1）垄断阶段，自由竞争虽然存在，但已不占主要地位，占主要地位的是由垄断产生的竞争，主要表现在以下几个方面。

① 垄断组织内部的竞争。在垄断组织内部，大企业为了操纵市场，保持垄断价格，有相互妥协的一面。但在瓜分利润，争夺领导权方面，又无时不在进行着尖锐斗争。

② 垄断组织之间的斗争。在同一部门内部的垄断组织之间，主要是为了控制本部门的生产、销售和原材料来源等展开激烈的斗争；在不同部门的垄断组织之间，则主要是进行渗透和反渗透以及争夺全国经济领导权的斗争。

③ 垄断组织和非垄断组织之间的斗争。垄断组织采用一切暴力手段扼杀那些不屈服于自己的非垄断企业，用剥夺原料、劳动力、信贷和运输工具，倾销、收买等手段对付那些中小企业。

④ 非垄断组织之间的斗争。虽然垄断占据统治地位，但仍然存在着众多的非垄断企业，他们之间也会为了争夺原料、劳动力和商品的销售市场展开竞争。

（2）垄断资本主义阶段虽然也存在着竞争，但与自由资本主义时期相比较，竞争的特征发生了明显的变化。

① 竞争目的发生了变化。自由资本主义时期，企业之间竞争的目的在于获取平均利润和超额利润。在垄断时期，垄断企业之间竞争的目的是为了占领市场和获取高额垄断利润。

② 竞争手段发生了变化。在自由竞争时期，竞争的手段主要是通过改进技术、改善经营管理、提高劳动生产率、降低商业成本，以物美价廉的商品来战胜对手；垄断时期的竞争手段更加多样化，除了继续使用上述手段以外，更重要的是凭借垄断组织的经济实力和政治上的统治力量，采取各种强制手段，甚至不惜采取暴力来打垮竞争对手。

③ 竞争范围不同。在自由竞争时期，竞争的场所主要是国内市场，甚至在范围更小的地区进行；垄断时期的竞争范围已由国内扩展到国外，除了在经济领域的竞争外，在政治、军事、文化领域也展开了激烈的竞争。

④ 竞争激烈程度和后果不同。自由竞争时期，由于企业规模较小，而且力量单薄，彼此分散，这就限制了竞争激烈程度。垄断时期，竞争双方都是实力雄厚、势均力敌的垄断组织，而且这些垄断组织都有强大政治力量，这就使竞争特别激烈，更具有持久性、破坏性。

第二节 国家垄断资本主义

一、国家垄断资本主义的产生和发展

1. 国家垄断资本主义产生与发展

国家垄断资本主义是资产阶级国家政权与私人垄断资本相结合的一种垄断资本主义，基本特征是国家对经济生活进行广泛、直接的干预和调节。从历史发展看，私人垄断资本主义向国家垄断资本主义的过渡经历了一个漫长的过程。在这个过程中，第一次世界大战、1929～1933年资本主义大危机成了这一过渡的催化剂。而“凯恩斯主义”的兴起，则为国家垄断资本主义的最终确立奠定了理论基础。

（1）“一战”时期萌芽。

国家垄断资本主义是国家政权与垄断资本融为一体的垄断资本主义。国家垄断作为垄断的一种形式，早在垄断资本主义形成初期就已经产生。其最初形式是国有铁路、国有兵工厂、国有土地基金等，但当时国家垄断资本主义在整个垄断资本主义经济中的作用还很有限。在第一次世界大战期间，受战争形势所迫，几个垄断资本主义国家空前加强了国家对经济的干预，对生产和分配普遍实行监管，对贸易、金融、物价、工资等各个方面实行直接控制和强制性的调节。国家还对生产各种军用品的私人垄断组织给予优惠贷款和补贴。有的国家还对一些重要企业实行国有化，或由政府拨款兴建一些急需的工厂，然后交给私人垄断资本经营。不过，总的来说，第一次世界大战期间国家垄断资本主义的普遍发展，主要不是经济发展的内在规律决定的，而是由于战争需要所促成的，因此带有军事性质，是一种“军事国家垄断资本主义”。所以，战争结束后，随着战时经济向和平经济的转变，国家对经济的干预也就削弱了。

（2）大危机时期确立。

20世纪30年代初，世界经济危机爆发。这一危机的爆发充分说明，私人垄断资本主义的狭隘占有已不能适应生产力社会化大发展的要求，私人垄断资本的力量和自由竞争的资本主义市场机制已无法保证资本主义经济的正常运转。在这种情况下，为了维持资本主义经济的运行，各国政府都加强了国家对经济活动的调节和干预，国家垄断资本主义再度得到了迅速的发展。其中，最为典型的是美国时任总统罗斯福实施的“罗斯福新政”（见图6-4）。

图6-4 新政期间罗斯福通过“炉边谈话”向公众宣言政策

“罗斯福新政”的实质就是国家通过制定一系列的经济政策，运用各种经济手段，对社会经济进行全面的调节和干预，以解决当时严重的有效需求不足及事业的问题，使国家经济走出危机。所以在这一时期，经济危机成了推动国家垄断资本主义发展的催化剂。

【例6-6】 罗斯福新政

罗斯福针对当时的实际，顺应广大人民群众的意志，大刀阔斧地实施了一系列旨在克服危机的政策措施，历史上被称为“新政”，新政的主要内容可以用“三R”来概括，即复兴（Recovery）、救济（Relief）和改革（Reform），具体包括以下几点。

① 整顿银行与金融系，下令银行休业整顿，逐步恢复银行信用；放弃金本位制，使美元贬值以刺激出口。

② 复兴工业：通过《国家工业复兴法》与“蓝鹰行动”来防止盲目竞争引起的生产过剩；根据《国家工业复兴法》，各工业企业制定本行业的公平经营规章，确定各企业的生产规模、价格水平、市场分配、工资标准和工作日时数等，以防止出现盲目竞争引起的生产过剩，从而加强了政府对资本主义工业生产的控制与调节。

③ 调整农业政策：给减耕减产的农户发放经济补贴（农民缩减大片耕地，屠宰大批牲畜，由政府付款补贴），提高并稳定农产品价格。

④ 推行“以工代赈”，通过雇佣失业人员劳动来发放赡家费。

⑤ 大力兴建公共工程，缓和社会危机和阶级矛盾，增加就业、刺激消费和生产。

⑥ 政府还建立社会保障体系，使退休工人可以得到养老金和保险，失业者可以得到保险金，子女年幼的母亲、残疾人可以得到补助。

⑦ 建立急救救济署，为人民发放救济金。

在此期间，西方经济学也发生了一场深刻的革命——“凯恩斯革命”。英国经济学家凯恩斯针对大危机出现的种种现象，从理论上论证了传统资本主义市场机制已不能保证经济的正常运行，仅靠市场机制调节将不可避免地导致经济危机。因而，必须通过国家对经济的调节和干预，才能解决经济运行中的各种问题。凯恩斯主义的兴起，为国家垄断资本主义的发展提供了理论上的依据。20 世纪 30 年代以后，尤其是第二次世界大战以后，各资本主义国家都以凯恩斯经济理论为依据，对社会经济活动实行日益广泛、深刻、全面的调节和干预。

【例 6-7】 凯恩斯经济理论的革命

凯恩斯出生于萨伊法则被奉为神灵的时代，认同借助于市场供求力量自动地达到充分就业的状态就能维持资本主义的观点，因此他一直致力于研究货币理论。他发表于 1936 年的主要作品《就业、利息和货币通论》引起了经济学的革命。这部作品对人们对经济学和政权在社会生活中作用的看法产生了深远的影响，凯恩斯革命由此产生。在《通论》中，凯恩斯发展了关于生产和就业水平的一般理论。

凯恩斯主义的理论体系是以解决就业问题为中心，而就业理论的逻辑起点是有效需求原理。其基本观点是：社会就业量取决于有效需求。所谓有效需求，是指商品的总供给价格和总需求价格达到均衡时的总需求。当总需求价格大于总供给价格时，社会对商品的需求超过商品的供给，资本家就会增雇工人，扩大生产；反之，总需求价格小于总供给价格时，就会出现供过于求的状况，资本家或者被迫降价出售商品，或让一部分商品滞销，因无法实现其最低利润而裁减雇员，收缩生产。因此，就业量取决于总供给与总需求的均衡点。由于在短期内，生产成本和正常利润波动不大，因而资本家愿意供给的产量不会有很大变动，总供给基本是稳定的。这样，就业量实际上取决于总需求，这个与总供给相均衡的总需求就是有效需求。

凯恩斯进一步认为，由消费需求和投资需求构成的有效需求，其大小主要取决于消费倾向、资本边际效率、流动偏好三大基本心理因素以及货币数量。消费倾向是指消费在收入中所占的比例，它决定消费需求。一般来说，随着收入的增加，消费的增加往往赶不上收入的增加，呈现出“边际消费倾向递减”的规律，于是引起消费需求不足。投资需求是由资本边际效率和利息率这两个因素的对比关系所决定。资本边际效率，是指增加一笔投资所预期可得到的利润率，它会随着投资的增加而降低，从长期看，呈现“资本边际效率递减”的规律，从而减少投资的诱惑力。由于人们投资与否的前提条件是资本边际效率大于利息率（此时才有利可图），当资本边际效率递减时，若利息率能同比下降，才能保证投资不减，因此，利息率就成为决定投资需求的关键因素。凯恩斯认为，利息率取决于流动偏好和货币数量，流动偏好是指人们愿意用货币形式保持自己的收入或财富这样一种心理因素，它决定了货币需求。在一定的货币供应量下，人们对货币的流动偏好越强，利息率就越高，而高利息率将阻碍投资。这样在资本边际效率递减和存在流动偏好两个因素的作用下，使得投资需求不足。消费需求不足和投资需求不足将产生大量的失业，形成生产过剩的经济危机。因此解决失业和复兴经济的最好办法是政府干预经济，采取赤字财政政策和膨胀性的货币政策来扩大政府开支，降低利息率，从而刺激消费，增加投资，以提高有效需求，实现充分就业。

总之，凯恩斯认为，由于存在“三大基本心理规律”，从而既引起消费需求不足，又引起投资需求不足，使得总需求小于总供给，形成有效需求不足，导致了生产过剩的经济危机和失业，这是无法通过市场价格机制调节的。他进一步否定了通过利息率的自动调节必然使储蓄全部转化为投资的理论，认为利息率并不是取决于储蓄与投资，而是取决于流动偏好（货币的需求）和货币数量（货币的供给），储蓄与投资只能通过总收入的变化来达到平衡。不仅如此，他还否定了传统经济学认为可以保证充分就业的工资理论，认为传统理论忽视了实际工资与货币工资的区别，货币工资具有刚性，仅靠伸缩性的工资政策是不可能维持充分就业的。他承认资本主义社会除了自愿失业和摩擦性失业外，还存在着"非自愿失业"，原因就是有效需求不足，所以资本主义经济经常出现小于充分就业状态下的均衡。这样，凯恩斯在背叛传统经济理论的同时，开创了总量分析的宏观经济学。因此，在凯恩斯经济理论中，金融理论占有十分重要的位置。甚至可以说，凯恩斯的经济理论是建立在他的货币金融理论基础之上的。

（3）"二战"后发展。

从20世纪50年代开始，国家垄断资本主义进入迅猛发展阶段，而且具有新的特点。此时，不仅主要资本主义国家财政开支占国民生产总值的比重迅速增加，一般已达到40%左右，而且国家对经济的干预已不再是作为一种短时期的"战时状态"或"反危机措施"，已经发展成为社会资本再生产过程的经常性需要。国家与垄断资本的结合，已经发展到整个社会资本再生产过程的所有环节，涵盖了资本主义社会经济的各个方面，从而使垄断资本主义具有国家垄断资本主义的显著特征。

2. 国家垄断资本主义产生与发展的原因

国家垄断资本主义的产生和发展，从根本上说，是资本主义基本矛盾运动，即生产社会化和生产资料资本主义私有制的矛盾不断深化与发展的必然结果。第二次世界大战以后，随着科技革命的发展，生产和资本的社会化程度日益提高，产生了一系列新的矛盾和摩擦，这些矛盾是私人垄断资本所不能解决和缓和的，这就迫使垄断资本与国家政权相结合，国家直接参与社会再生产过程，全面干预和调节经济运行。具体来说，这表现在以下几个方面。

（1）社会生产力飞速发展与市场容量相对狭小之间的矛盾日益突出。第二次世界大战以后，由于生产社会化程度不断提高和现代科学技术迅速发展，使社会产品供给大幅度增加，而有效需求增长却显著落后于供给增长，产品相对过剩的矛盾越来越严重，日益突出的市场问题要求利用国家力量扩充国内外市场，刺激有效需求，对过度膨胀的生产加以控制。

（2）新兴产业发展所需巨额投资与私人垄断资本数量相对不足之间的矛盾日益突出。随着科学技术的深入发展，新兴产业兴起、大批老工业的技术改造和技术更新、现代化公共基础设施的建设、生态平衡的保护、环境的污染防治等，这些都需要巨额资本投入。解决这些问题，私人垄断资本是无能为力的，因为其资本数量毕竟有限。这就要去在客观上由国家出面来解决这些问题，为高度社会化的生产力发展创造条件。

（3）社会化大生产的比例性与私人垄断竞争盲目性之间的矛盾日益突出。社会化大生产使社会分工越来越细，客观上要求整个社会要协调发展，各部门、各地区、各行业的经济都要保持一定的比例性。但私人垄断资本总是从自身利益出发，盲目竞争，经常使得再生产的比例性遭到破坏，引发经济衰退，为此，要求资本主义国家从整个国家利益出发，担负起对社会经济的组织和调节职能。由于国家凌驾于私人垄断资本及其私利之上，并且直接掌握着巨大经济力量和各种经济杠杆，因而有可能根据垄断资本总体利益的需要在一定程度上实现这种调节。

（4）科技研究的高度社会化与私人垄断资本狭隘性之间的矛盾日益突出。当今世界科技竞争是国际竞争的焦点，因此抢先开发新技术、新领域、发展新产业是各国经济发展的制高点，然而一项高科技研究所需资金大、风险高、协作性强，还需要多学科、多部门乃至多国共同参与，但是私人垄断利益的狭隘性决定了它不可能从社会整体的、全局的利益出发来开展科学研究，实际上私人垄断资本也无力承担，因此只能由垄断资本主义国家出面来承担这些任务。

此外，社会主义国家的建立和发展，民族解放运动蓬勃兴起和帝国主义旧殖民体系的瓦解，资本和生产国际化的发展，以及各国垄断资本之间的激烈斗争，也促使私人垄断资本和资产阶级国家紧密结合起来，发展国家垄断资本主义，维护资本主义制度，保证私人垄断资本获取更多的高额垄断利润。

综上所述，第二次世界大战后国家垄断资本主义的迅速发展，是现代科学技术革命和生产力迅速发展的结果，是资本主义基本矛盾尖锐化的产物，是资本主义生产关系的进一步重大调整。

二、国家垄断资本主义的基本形式

国家垄断资本主义在不同的国家不同的具体形式。从资产阶级国家和私人垄断资本相结合的不同方式进行考察，国家垄断资本主义可分为以下几种形式。

1. 国家直接掌握垄断资本

这是国家以垄断资本家总代表的身份成为企业的完全所有者，这种国有垄断资本的组织形式为国有企业。国家直接掌握垄断资本是国家垄断资本的最高形式，也是发达资本主义国家调节经济的物质基础。这种形式的产生有两种途径：一是通过“国有化”政策，用高价收购或者其他补贴方式，把某些私人企业收归国有。第二次世界大战以后，西欧曾掀起“国有化”热潮，国家通过财政拨款，以高额补偿金的方式，把那些设备陈旧、利润率低甚至亏损的基础工业，如煤炭、钢铁、电力、铁路等部门或企业收归国有。西欧各主要资本主义国家的国有企业不仅控制了很大一部分基础工业部门，而且在整个国民经济中也占有相当高的比重。到了20世纪70年代末，在采煤、石油、钢铁、汽车、造船、电力、煤气、铁路运输、航空、邮政、电讯等11个部门的生产中，国有企业比重达到50%～100%，金融业也是西欧国有化的重点。20世纪70年代初，国家在金融业资产中的比重，奥地利为82%，意大利为75%，法国为60%，联邦德国为54%，英国为20%。二是通过国家财政拨款，直接投资兴建新企业。这类企业主要是一些投资数量大、资本周转时间长、赢利少、风险大，甚至亏损的企业，私人不愿意在这些企业投资。但这些企业又是社会再生产必不可缺少的，因此只能由国家兴办。

国有垄断资本的性质是由国家性质决定。资本主义条件下的国有制经济仍然是资本主义所有制。所谓国有制，实际上是全体资本家，特别是垄断资本家的共同的所有制。因为从实质上看，它是由资产阶级占有，归资产阶级支配，并为资产阶级的利益服务的。国有企业工人，仍然是为资产阶级创造剩余价值的雇佣劳动者。

2. 国有垄断资本和私人垄断资本在企业范围内的结合

国家垄断资本主义的第二种显著形式是国有垄断资本和私人垄断资本在企业范围内的结合，即国私共有垄断资本。“二战”后特别是自20世纪60年代以来，国私共有垄断资本得到很大的发展，成为国家垄断资本主义的一种基本形式。

资本主义国私共有企业主要有三个产生途径：一是国家向私人企业投资购买私人企业的股

票，建立国私共有企业；二是私人垄断资本向国有企业投资，购买国有企业的股票，建立国私共有企业；三是国家和私人垄断资本共同投资兴办的国私共有企业。

3. 国家对经济活动的调节和干预

国家调节和干预经济运行，是国家垄断资本主义的主要特征。资本主义国家对经济的调节和干预，一方面是通过国有经济为资本主义整体生产过程创造必要条件，支持私人垄断资本的发展并获得垄断利润。另一方面是国家制定并实施各种政策措施调节经济运行。这些政策措施包括财政政策、货币政策、经济计划调节、社会福利政策及立法行政措施等，其中财政政策和货币政策是主要政策手段。

（1）财政政策。

政府财政主要包括财政支出和财政收入两个方面。财政支出主要用于政府开支（包括行政开支、人员工资等），公共工程支出及转移支付（对某些地区、社会阶层、社会保险或特殊行业实行津贴和补助等）三个主要方面。财政收入主要来源于税收和国债。

财政政策基本原则是"逆经济周期而动"。简单来说，在经济衰退时期，社会总需求不足，为了刺激总需求，政府应实行扩张性财政政策，包括增发国债，增加财政开支、转移性支出及公共工程支出，同时减免税收。这些措施有利于刺激社会总需求，恢复市场价格，调整企业预期，降低失业率水平。在经济高涨时期，政府实行紧缩性财政政策，即减少国债规模及各项财政支出，同时增加税收。这些政策所示有利于抑制社会总需求，抑制通货膨胀率，保持总需求与总供给的基本平衡，实现经济稳定增长。

（2）货币政策。

货币政策工具主要有法定存款准备金率、再贴现率和公开市场业务等。货币政策主要通过调节货币流通数量来调节市场利率水平，进而达到调节社会总需求和总供给的目的。简单来说，在经济衰退时期，应实行扩张性货币政策，增加市场货币供应量，降低市场利率水平，从而刺激社会信贷规模，增加社会总需求；在经济高涨期，应实行紧缩货币政策，减少货币供应量，提高市场利率水平，从而抑制社会信贷规模，降低社会总需求水平。货币政策的实施主要依靠三大货币工具，现以三大工具为例说明货币政策的实施。

① 法定存款准备金率。这个比率越低，商业银行吸收的全部存款中，存放于中央银行的准备金就越少，用于信贷的资金规模就越大。例如，在经济衰退期降低法定存款准备金，实际上是增加了商业银行可贷资金的规模，间接增加了货币市场的资金供给，有利于降低市场利率水平，从而刺激企业贷款，增加商品市场货币供应，有利于增加社会总需求。

② 再贴现率。再贴现率是商业银行向中央银行申请贴现票据业务时执行的利率。例如，经济衰退时，降低再贴现率，商业银行将持有票据进行贴现的动机就会增加。而再贴现后，中央银行向商业银行释放基础货币，增加了商业银行信贷资金规模，也增加了货币市场供给；另外，再贴现利率降低有利于引导市场利率水平下跌。两种效应结合在一起，增加了市场货币资金的供给，有利于增加社会总需求。

③ 公开市场业务。公开市场业务是指中央银行在证券市场买卖国债的业务行为。在经济衰退时，中央银行在证券市场以较高价格买入国债，一方面增加了商业银行和其他金融机构的资金流动性，增加了市场货币供给；另一方面，国债价格的上涨在其票面利率不变情况下，还会引起国债实际利率水平下跌，从而有利于引导市场利率水平下降。这两种效应最终会增加市场货币供给，刺激社会总需求，稳定商品价格水平。

（3）经济计划调节。

经济计划调节是战后西欧和日本等发达资本主义国家实行干预的重要措施之一。资本主义国家实施计划管理的途径、方法主要有财政投资拨款、财政税收杠杆、签订合同、债券发行和利用国有经济直接实施计划等。在计划调节的具体作法上各国有所不同，但是各国都具有以下共同特点：①计划调节主要对象是私人企业，在生产资料私有制的基础上，调节其利益关系和经济活动。②计划管理调节实施，主要通过市场机制来实现。③计划本身是预测性、指导性的，其主要作用在于向企业传递信息，并借助一整套经济杠杆和严密的法律体系，配合、引导企业适应国家计划。

（4）社会福利政策。

当代发达资本主义国家实行的社会福利政策，主要包括社会保障、福利补贴和社会救济等。具体内容是：①社会保障，是政府按就业雇员工资额征收一定比例的社会保障税，形成社会保障基金，用于员工退休、失业、伤残时向他们提供一定数额的补偿收入，如老年退休金、失业津贴、伤残保障金等。②福利补助，是普遍性公共福利补贴，公民无论是否参加社会保险，家庭收入状况如何，均可按规定条件获取，如医疗补助、未成年子女家庭补助、职业培训等。③社会救济，是国家向低收入的穷人提供的救济，对贫穷老人、伤残人提供医疗救济，向低收入者提供医疗津贴，房屋补贴等。

（5）立法、行政措施。

当代资本主义国家采取行政、立法手段干预经济，如普遍实行反垄断法，限制某些垄断组织的过分膨胀，限制垄断对竞争的过度限制、对中小资本的过分损害，以维护垄断资本主义经济总体发展的利益。收入政策，主要包括收入指数化、非强制性“指导线”方式、强制性收入政策等。此外，政府还运用立法、行政措施干预调节经济生活的其他方面，如对商品销售、证券交易、劳资关系、行业经营实行立法、行政干预。

国家与垄断资本的结合，使资本社会化的发展达到了一个新的高度。但是，这种资本社会化的高度发展并没有改变资本主义经济关系的本质，即生产资料资本主义私有制的性质。无论资产阶级国家以什么形式与私人垄断资本结合，这种结合都是在资本主义所有制范围内的结合。在这种结合中，资产阶级不可能改变它的阶级本质。

三、国家垄断资本主义作用与局限性

国家垄断资本相对地适应生产社会化的要求，从而有利于资本主义的发展和某些矛盾的缓和，但同时也带来了一些负面影响。

1. 国家垄断资本对社会经济发展的促进作用

“二战”以后，主要资本主义国家都经历了一个快速平稳增长时期，社会生产力不仅在量上有了极大的发展，而且也发生了质的飞跃，这些与国家垄断资本主义的积极作用是分不开的。国家垄断资本主义超越私人垄断资本的界限，运用国家掌握的巨额资本投入社会资本再生产过程和组织开发新技术、新产业，较好地解决了基础产业、公共设施、环境保护等问题，满足了社会生产力发展对现代化基础设施的需要，也较好地推动了科学技术的进步和产业结构的优化。垄断资本主义国家在市场机制自发调节的基础上，对国民经济有意识地进行干预和调节，刺激了有效需求，扩大了国内外市场，缓和了生产过程的固有矛盾，这使资本主义社会生产无政府状态在一定程度和一定范围内得到缓解。垄断资本主义国家通过福利政策和收入政策对劳资关系的直接干预，缓和了劳资矛盾；通过对垄断资本与中小资本的矛盾协调，使它们的局部的暂时的利益服从于资产阶级整体的长期的利益；通过对外关系的调整和国际间的协调，减少了贸易摩擦，使得这些资本主义国家能有一个宽松和良好的经济发展国际环境，这些都对经济持续快速的发展产生了积极的作用。

2. 国家垄断资本主义的历史局限性

国家垄断资本主义只是在资本主义生产方式范围内对生产关系进行有限的和局部的调整，因而不可能从根本上克服资本主义的基本矛盾，只能使矛盾被掩盖起来或向深处潜伏而已。首先，它不能解决由资本主义制度决定的生产无限扩张和有效需求不足的固有矛盾；不能根本解决经济结构失调问题；不能彻底解决失业问题、贫富悬殊问题；不能彻底解决经济发展的周期性问题。国家垄断资本主义的发展过程表明，它正越来越对资本主义的经济发展产生着阻碍作用，加深和恶化着资本主义的基本矛盾。因为在它的发展过程中，带来了一系列新的矛盾和问题。例如，随着国家调节的加强造成财政开支日益扩大，加剧了财政赤字和通货膨胀；国家通过发行公债来增加财政收入，并且支持私人信贷扩张来刺激投资和消费需求等措施，加剧了财政金融危机。第二次世界大战后发达资本主义国家的经济经过一段时间的较快增长后进入 20 世纪 70 年代的滞涨，就充分说明了国家垄断资本主义的历史局限性。

阅读材料

材料一　信托与托拉斯

信托制度作为一种法律制度，最早是在英国“用益制”基础上发展起来的。但是作为一种财产管理行为，信托思想的起源可以追溯到古代埃及和罗马。18 世纪末至 19 世纪初，美国从英国引入了民事信托制度，将其转换应用为商事信托，并产生了托拉斯垄断组织，最终发展为今天的我们熟知的金融信托。

1. 古代埃及和罗马的遗产信托

最原始的信托行为可以追溯到古埃及的“遗嘱托孤”。古埃及人为确保自己的财产死后不流失到外人手上，常常以一种遗嘱方式委托可靠之人处理自己的财产，并规定自己子女享受由此带来的收益。考古发现，最早的遗嘱是公元前 2548 年由一个埃及人立下的，其中指定其妻继承财产并为其子指定了监护人。这表明遗嘱用于继承和分配遗产的文字记载可上溯到公元前两千年前，其中蕴涵着信托的萌芽。

“遗产信托”(Fidei Commissum) 在古罗马时期成为一种规范的信托形式。根据《罗马法教科书》[1]解释，遗产信托是出于对他人的信任而实行的托付，是一种临终处置，财产被委托给继承人（遗嘱继承人或法定继承人）执行。罗马帝国的法学家盖尤斯（Gaius，约 130—约 180）认为，遗产信托行为源于罗马异邦人继承。依据罗马市民法，异邦人一般无财产权，既无遗嘱能力，也无继承能力。随着罗马商品经济发展，异邦人的财富越来越多，有的甚至积累了大量财富，可依据市民法他们不能立遗嘱给自己的家人，在这种情况下，有人将财产转移给一定的有资格的继承人或受遗赠人（多半是罗马市民充当的保护人），然后再由他们将财产移交给自己事先与他们说明的受益人。

2. 民事信托起源——英国用益制

确切地说，近代信托制度发端于 12、13 世纪的英格兰用益制（又称“尤斯制”，USE）。梅

[1] 彼德罗・彭梵得，《罗马法教科书》，黄风译，pp.499，中国政法大学出版社，1992。

特兰（Maitland，1968）认为[1]，英语“用益（Use）”一词源于拉丁语“opus”，这个词在古日耳曼法律文件中使用较多，这说明“用益制”源于古日耳曼法，而非罗马法，并最终由英国完成设计。梅特兰还详细谈到英国最初在 13 世纪普遍使用用益的原因是因为“圣方济各修士”。梅特兰写道[2]：“最后，在 13 世纪早期，圣方济各修士来到此处，他们的律规禁止其拥有任何东西；但他们至少需要一些可怜的栖息之所，信徒们不久给他们提供了足够的房屋。一个非凡的计划产生了。他们是作为教士来到城镇，那些惦记着给他们一所房子的恩人将房子转让给自治城市团体，为了修士们的用益或作为修士的栖身之处。伦敦的一块土地因此被转让给政府。初期的市政府成为一个受托人。如果我们说，第一批在英国大量使用用益的人不是教士也不是僧侣，而是圣方济各修士就更接近事实一些。”实际的情况可以通过 13 世纪英国历史学家托马斯·伊克莱斯顿（Thomas de Eccleston）所著的《英国的圣方济各修士》来了解：1224 年弗朗西斯率领一支由 8 名托钵僧组成的布道团在英国的多佛尔登陆。由于圣方济各修士严守安贫乐道的誓约，因而在到达后的第一个世纪很受欢迎。很多人参加了修会。修士们需要一个栖息之所，但他们不能违背 1223 年《会规》的规定和精神。1226 年弗朗西斯去世，死时立下遗嘱，要求修士们只能是料理和使用信徒为他们建造的教堂、宿舍等，而不能据为己有。后来，英国民众为达到各种民事目的，开始大量使用“用益制”来规避法律，这些目的包括以下几点。[3]

① 规避长子继承制的财产安排。

中世纪的英国固守长子继承，且禁止遗赠土地。人们为了遗赠给其他子女土地来保证其日后生活，便只有通过用益制来实现。于是，生前将土地转让给他人经营管理，所生利益最初由本人享有，在本人死后，该利益转由长子以外的其他继承人继续享有。因为土地一经转让，就不再属于转让人所有，不会列入财产范围，从而利用用益制设计避免了长子继承对其他子女的不公平。

② 虔诚信徒向教会转移土地。

中世纪的英国人们笃信宗教，为了死后能升入天堂，往往将一部分土地遗赠给教会所有。教会的土地是免除封建义务的，一旦教会土地增加，不仅不利于封建领主收租，还使得领主们对教会经济实力的增强感到担忧。于是，1279 年英国国会通过了《死手律》（The Statute of Mortmain），禁止向教会捐赠土地。但拯救灵魂的愿望仍然存在于信徒中，于是教俗双方合谋使用用益制来逃脱相关法律的限制，即信徒先将土地转让他人，但受让人实际是为了教会的利益而经营土地，并将土地收益交付给教会。用益制的使用规避的《死手律》的限制，实现了教徒们的初衷，一时流行于英国。

③ 参加十字军东征土地需要照料。

英国在 13 世纪发动了数次十字军东征，领主离开领地去参加东征，需要有人代替他管理土地，同时负责收取地租，缴纳国王税贡。为此，领主通常会将土地所有权转给他的一位朋友，并希望归来时将土地所有权收回。但是，东征的领主们经常发现，当返回家乡时，他们的朋友经常拒绝交付土地财产。更不幸的是，当时英国的普通法律不承认领主们的主张合法，认为土地属于受托人（Trustee），受托人没有义务归还受托的土地财产。大约 14 世纪时，不满的领主们将请愿书递交给了国王，国王将该事务移交给了土地大法官（The Lord Chancellor）。大法官依据“良心”认为受托人拒绝归还原领主土地是不公平的，然后行使权力强行帮助许多东征归来

[1] Pollock F. and Maitland F. W., “The English History of Law(2)”, Cambridge University Press, 1968, pp. 229

[2] 见注 1

[3] 余辉·《英国信徒法：起源、发展及其影响》，清华大学出版社，2007，pp. 48-51

的领主重新收回了自己的领地，这种判例依据的是“衡平法”。[1]由此平等原则产生了：受托人管理土地，并且获取属于原领主的权益，但当原领主主张土地所有权时，受托人必须将土地所有权归还。此后，用益制因得到衡平法的承认而确立。

东征领主就是今天所谓的“受益人”（Beneficiary），而他们的朋友则是“受托人”（Trustee）。“Use of Land”一词被创造出来并发展为今天熟悉的“信托”（Trust）一词。16世纪初，英王亨利八世与罗马教会矛盾激化，加上王室经济困难，为讨好国会，亨利八世最终于1536年批准通过了《用益法》。《用益法》的颁布规范了英国本土的消极用益，即上述土地被不公平占有的案例，而对于有期地产、动产的用益及用益之上的用益（双重用益）这三种情况，《用益法》是不承认的，这部分用益逐渐发展为信托。

3. 现代商事信托模式——信托公司及托拉斯（Trust）

美国信托制度继承自英国，18世纪末19世纪初美国人将英国的民事信托制度引入新大陆。但在这片新大陆上开花结果的不是传统的民事信托，而是美国人不断创新的商事信托。南北战争后，急需资金用于战后建设的美国人将信托作为了筹资的主要手段，由此信托业步入快速发展期。此后，第二次工业革命在新大陆如火如荼地展开，铁路建设、石油开采、钢铁冶炼等新兴产业发展迫切需要新的资本组织方式和融资方式，股份公司重新登上了历史舞台。股份公司为社会创造大量财富的同时，一些问题也出现了：如何管理多余闲置的财富？如何更好地管理庞大的企业？而此时信托业的繁荣帮助人们在一定程度上解决了上述问题。

财富积累使得股份公司越来越需要专业的理财人士，信托公司正好提供了此类服务。1853年，一家专营信托的“美国信托公司”（United States Trust Company）在纽约成立。从此信托业务和保险业务开始分离，专业信托理财服务立刻受到了社会公众和股份公司的欢迎。1865年内战结束后，政府放松了对设立信托公司的限制，使得信托公司数量迅速增加，管理资产迅速壮大。

这一时期，信托制度的优势不仅体现在管理财富方面，还体现在庞大企业的管理上。19世纪末的美国，一种新兴的企业垄断组织形式“托拉斯”出现了，而“托拉斯”的原意“Trust”即为“信托”。提起托拉斯产生，还要从“石油大亨”洛克菲勒和其御用律师卡尔文·多德（Calvin T. Dodd）谈起。当时，洛克菲勒广泛兼并全国的炼油厂。截至1879年底，洛克菲勒的标准公司已控制了全美炼油业的90%产能。到1880年，全美生产出的石油，95%都是由标准石油公司提炼的，标准石油完全彻底地独霸了市场。但随着石油帝国扩张，公司本身庞大而导致的管理危险也越来越大，洛克菲勒清醒地认识到这一弊病。正在这时，洛克菲勒发现了多德发表的一篇文章，里面写道：“小商人时代结束，大企业时代来临。”他感到这与自己的垄断思想不谋而合，于是高薪聘请多德为标准石油的法律顾问。当时美国公司法规定，投资设立公司的主体必须是自然人，这就意味着标准石油通过设立控股公司（Holding Company）模式管理旗下众多企业是无法实现的。多德在仔细研读英国信托制度时，产生灵感，提出“托拉斯”这个垄断组织的概念。所谓“托拉斯”，就是生产同类产品的多家企业以信托方式高度联合成一个综合性企业集团。在多德“托拉斯”理论指导下，洛克菲勒于1882年1月20日召开“标准石油公司”的股东大会，组成9人的“受托委员会”，掌管所有标准石油公司的股票和附属公司的股票。洛克菲勒理所当然地成为该委员会的委员长。随后，受托委员会发行了70万张信托证书，仅洛克菲勒

[1] 衡平法（equity），是英国自14世纪末开始与普通法平行发展的、适用于民事案件的一种法律。以“正义、良心和公正”为基本原则，以实现和体现自然正义为主要任务。同时，衡平法也是为了弥补普通法的一些不足之处而产生的。因此，衡平法也只能象普通法一样，主要是判例法是大法官的判例形成的调整商品经济下财产关系的规范，但衡平法的形式更加灵活，在审判中更加注重实际，而不固守僵化的形式。

等 4 人就拥有 46 万多张，占总数的 2/3。就这样，洛克菲勒如愿以偿地创建了一个史无前例的联合企业——托拉斯。在托拉斯结构下，洛克菲勒合并了 40 多家厂商，垄断了全国 80%的炼油工业和 90%的油管生意。托拉斯模式迅速在全美各地、各行业蔓延开来，在很短时间内，这种垄断组织形式就占了美国经济的 90%，美国经济也进入了历史上一个新的时代——垄断资本主义时期。

材料二　富兰克林・罗斯福

富兰克林・罗斯福（Franklin Roosevelt），1882 年 1 月 30 日出生于美国纽约（见图 6-5）。1900—1904 年就读于哈佛大学，1905 年转入哥伦比亚大学法学院，参加了纽约律师考试合格后即辍学。1910 年任纽约市参议员，1912 年连任。1913 年任海军副部长（见图 6-6）。1921 年 8 月休假期间患脊髓灰质炎症。罗斯福努力促进民主党内城、乡两派的团结。1920 年作为詹姆斯・米德尔顿・考克斯的竞选伙伴参加总统竞选失败。1920—1928 年在纽约任律师。1928 年任纽约州州长；由于对农民实行减税，大得人心，1930 年连任。

图 6-5　富兰克林・D・罗斯福

图 6-6　任海军部长的罗斯福

1932 年竞选总统，提出“新政”计划，以压倒多数选票获胜。1933 年就职时，美国大多数银行纷纷倒闭，工业生产水平比 1929 年下降了 56%，失业人数达 1 300 万，农民极为贫困。罗斯福在就职演说中表达了他对复兴国家经济的决心。因而怀抱各种不同政见的人都成为他的同盟者，其“新政”得以顺利实施，具体措施包括建立农业调整总署，提高农产品价格，恢复农业繁荣；向大中企业贷款，刺激商业；建立专门机构，对失业工人提供救济和就业机会。1936 年二次竞选总统时，罗斯福得到农民、工人和一般下层社会人民支持。第二届执政期间，尽管小有挫折，其新政中许多改革仍然受到大多数人欢迎。

1939 年 9 月，第二次世界大战爆发，罗斯福请国会召开特别会议，修改中立法，允许交战国在“现购自运”的条例下从美国购买武器。1940 年法国战败，罗斯福积极作防御准备，决定用参战以外的一切方式援助英国。1940 年第三次竞选总统时，罗斯福和另一位候选人均表示美国不介入国外战争。但主张对希特勒采取强硬手段者均支持罗斯福，结果罗斯福获胜连任第三任总统。1941 年 8 月，他和英首相丘吉尔会于军舰上，并发表联合新闻公报，宣布《大西洋宪章》，包括民族自决、扩大经济机会、消除恐惧与匮乏、海上自由、裁军等内容。

1941 年 12 月 7 日，日本突然偷袭珍珠港。美国国会应罗斯福之请求，于 12 月 08 日开会，4 小时内通过对日宣战的决议。12 月 11 日，德、意对美宣战。参战后，罗斯福动员了全部工业积极从事军事生产。此时美国的军工生产约为德、日之总和；1944 年则达到轴心国生产的两倍。战争期间，他将精力专注于战略问题，与盟国磋商未来的和平规划。1943 年 1 月宣布轴心国必须无条件投降这一原则。他认为战争与和平的维护有赖于与苏联保持友好关系。1943 年罗斯福、丘吉尔与斯大林在德黑兰会晤。罗斯福与斯大林相处颇为融洽。1945 年 2 月三巨头再度在克里米亚的雅尔塔会晤（见图 6-7），那时欧洲战场战争已近尾声。美国预计日本能再战一年半左右。原子弹虽在制造，但美未曾预计其威力能达到后来实际发生的巨大程度。罗斯福及其军事顾问急欲争取苏联在亚洲出一臂之力。斯大林许诺了对日作战。罗斯福、丘吉尔也在远东向苏联作出让步。罗斯福希望建立一个有效的国际组织，即联合国，以维护战后和平。他原拟参加预定于 1945 年 4 月 27 日在旧金山开幕的联合国成立大会。但自 1944 年以来健康情况每况愈下。1944 年在总统竞选中，罗斯福曾发挥其最后活力，战胜杜威州长，第四次连任总统。任职后不久即赴温泉休养，1945 年 4 月 12 日因脑溢血逝世。

图 6-7 雅尔塔会议时的罗斯福（中）

作为政治家，他在美国历史上既最受人尊敬，也最被人憎恨。他的政敌认为他浅薄、无能、狡猾、独裁；而其拥护者则称他是美国经济的救星，认为他是全世界民主政治的保卫者。一般人都承认：作为政治领袖，他是获得广大人民的支持，在他的政府中容纳了各种观点的领袖人物。许多专家认为：尽管偶尔有混乱现象，但总的来说，罗斯福政府的行政效率毕竟是很高的。

材料三 约翰·梅纳德·凯恩斯

约翰·梅纳德·凯恩斯（John Maynard Keynes1883-1946，见图 6-8），现代西方经济学最有影响的经济学家之一。凯恩斯因开创了经济学的“凯恩斯革命”而称著于世，被后人称为“宏观经济学之父”、“资本主义的救世主”。

图 6-8 约翰·梅纳德·凯恩斯

凯恩斯 1883 年 6 月 5 日生于英格兰的剑桥，14 岁以奖学金入伊顿公学（Eton College）主修数学，曾获托姆林奖金。毕业后，以数学及古典文学奖学金入剑桥大学国王学院。1905 年毕业，获剑桥文学硕士学位。之后又滞留剑桥一年，从师马歇尔和庇古攻读经济学，以准备英国文官考试。1906 年以第二名成绩通过文官考试，入选印度事务部。任职期间，为其第一部经济著作《印度通货与金融》做了大量研究准备工作。1908 年辞去印度事务部职务，回剑桥任经济学讲师至 1915 年。其间 1909 年以一篇概率论论文入选剑桥大学国王学院院士，另以一篇关于指数的论文获亚当·斯密奖。概率论论文后稍经补充，于 1921 年以《概率论》为书名出版。

第一次世界大战爆发不久，即应征入英国财政部，主管外汇管制等对外财务工作。1919 年初作为英国财政部首席代表出席巴黎和会。同年 6 月，因对赔偿委员会有关德国战败赔偿及其疆界方面的建议愤然不平，辞去和会代表职务，复归剑桥大学任教。不久表明其对德国赔偿问题所持看法的《和平的经济后果》（1919）一书出版，引起欧洲、英国及美国各界人士的大争论，使其一时成为欧洲经济复兴问题的核心人物。在任教同时，不仅撰写了大量经济学文章，还在 1921～1938 年任“全国互助人寿保险公司”董事长。期间其对股东的年度报告一直为金融界人士必读而且是抢先收听的新闻。1936 年，凯恩斯发表了其人生中最重要的一部著作《就业、利息和货币通论》（The General Theory of Employment，Interest and Money，简称《通论》）。1940 年，凯恩斯出任财政部顾问，参与战时各项财政金融问题的决策，并在他倡议下，英国政府开始编制国民收入统计，使国家经济政策拟订有了必要的工具。1944 年 7 月率英国政府代表团出席布雷顿森林会议，并成为国际货币基金组织和国际复兴与开发银行（世界银行）的英国理事，在 1946 年 3 月召开的这两个组织的第一次会议上，当选为世界银行第一任总裁。返回英国不久，因心脏病突发于 1946 年 4 月 21 日在索塞克斯（Sussex）家中逝世。因其深厚学术造诣，曾长期担任《经济学杂志》主编和英国皇家经济学会会长，1929 年被选为英国科学院院士，1942 年晋封为勋爵，1946 年剑桥大学授予其科学博士学位。

本章小结

（1）自由竞争引起生产集中，生产集中导致垄断。垄断是指少数大企业联合起来，通过协议、协定或同盟的方式控制市场供给或市场价格，以期获得高额垄断利润的行为。垄断组织包括卡特尔、辛迪加、托拉斯和康采恩。列宁将垄断的基本特征总结为五个方面。垄断企业控制市场的手段是制定垄断价格，最终目的是获取垄断利润，即超过平均利润的高额利润。垄断并不能排斥竞争。

（2）国家垄断资本主义萌芽于“一战”时期，1929 大危机及罗斯福新政的实施使得国家垄断资本主义发展并最终确立。国家垄断资本主义主要表现在国家直接掌握垄断资本，与私人垄断资本结合及国家政策调节三个方面。从历史看，国家垄断资本主义的产生和发展，在一定程度上缓和了资本主义社会基本矛盾，但并未从根本上改变这一矛盾，因而具有一定历史局限性。

习题

一、单选题

1. 金融资本在经济上统治的主要手段是________。
   A. 个人联合　B. 参与制　C. 国民收入再分配　D. 垄断价格
2. 垄断资本主义的发展大体上可分为________。
   A. 私人垄断资本主义和国家垄断资本主义两个阶段
   B. 私人垄断资本主义和一般垄断资本主义两个阶段
   C. 资本主义国内垄断和资本主义国际垄断两个阶段
   D. 资本主义商品经济和资本主义市场经济两个阶段
3. 垄断利润的获得，主要是通过________。

A. 垄断价格实现的 B. 自由竞争实现的 C. 市场调节实现的 D. 行政干预实现的

4. 资本主义国家宏观经济管理与调节的总任务是________。

A. 促进市场总供给与总需求的平衡 B. 维持高就业率

C. 保证财政的收入大于支出 D. 对国民收入进行再分配

5. 第二次世界大战后，国家垄断资本主义迅速发展的根本原因是________。

A. 资本主义基本矛盾的深化与发展 B. 危机频繁爆发，要求国家干预经济

C. 经济全球化趋势，要求政策的国际协调 D. 国内劳资矛盾尖锐化的结果

二、多选题

1. 垄断价格是________。

A. 垄断资本取得垄断利润的主要手段

B. 垄断资本凭借垄断地位规定的商品价格

C. 成本价格加平均利润

D. 成本价格加垄断利润

E. 不受价值规律制约

2. 垄断利润是________。

A. 垄断资本凭借垄断地位获得的利润 B. 超过平均利润的高额利润

C. 通过资本自由转移而形成的一种利润 D. 来源于垄断企业应用的先进技术

E. 垄断资本经济权力的一种体现

3. 垄断利润的来源途径有________。

A. 垄断企业工人创造的剩余价值

B. 通过制定垄断高价将消费者一部分收入转化为垄断利润

C. 通过制定垄断低价占有非垄断企业的一部分利润

D. 通过国民收入再分配将一部分国民收入转化为垄断利润

E. 通过对外扩张资本输出占有其他国家一部分财富

三、简述题

1. 简述私人垄断资本主义的产生。

2. 简述垄断利润的来源。

3. 试述国家垄断资本主义产生和发展的原因。

四、材料题

阅读下列关于“垄断”的材料并回答问题。

材料一：汉语中的“垄断”一词源于孟子，孟子曰：“必求垄断而登之，以左右望而网市利。”

材料二：19世纪末美国，一种新兴的垄断组织形式“托拉斯”出现。“托拉斯”拼写为“Trust”，意为“信托”。追溯它的诞生，要从“石油大亨”洛克菲勒及其御用律师多德（Dodd）说起。当时，洛克菲勒广泛兼并全国炼油厂。截至1880年，全美95%的原油都是由标准石油公司提炼的，标准石油完全独霸市场。但石油帝国的扩张，使得标准石油庞大的公司管理越发混乱，洛克菲勒也认识到这一弊病。正在这时，洛克菲勒发现了多德的一篇文章，里面写道：“小商人时代结束，大企业时代来临。”他感到这与自己的垄断思想不谋而合，于是高薪聘请多德为公司法律顾问。当时《公司法》规定，投资设立公司的主体须是自然人，这意味着标准石油通过设立控股

公司（Holding Company）的模式管理旗下众多企业是无法实现的。多德在仔细研读英国信托制度时，产生灵感，提出“托拉斯”这个垄断组织概念。所谓“托拉斯”，就是生产同类产品的多家企业以信托方式高度联合成一个综合性企业集团。在多德“托拉斯”理论指导下，洛克菲勒于1882年1月20日召开“标准石油公司”股东大会，组成9人的“受托委员会”，掌管所有标准石油公司及附属公司的股票。洛克菲勒理当选该委员会委员长。随后，受托委员会发行70万张信托证书，仅洛克菲勒等4人就拥有46万多张，占总数的2/3。就这样，洛克菲勒如愿以偿地创建了一个史无前例的联合企业——托拉斯。在托拉斯结构下，洛克菲勒合并了40多家厂商，垄断了全国80%炼油工业和90%油管生意。托拉斯模式后来迅速在全美各地、各行业蔓延开来，在很短时间内，这种垄断组织形式就占了美国经济的90%，美国经济也进入了历史上一个新的时代——垄断资本主义时期。

材料三：摩根（Morgan）财团诞生于1835年，由美国商人乔治·皮博迪创立，后发展为与洛克菲勒财团齐名的垄断企业。摩根财团以摩根公司为核心实现董事部连锁领导，超过20万主力金融机构互相连结，构成结构庞大、组织严密的“摩根体系”。摩根金融集团占有全美金融资本的33%，总值近200亿美元，另有125亿美元保险资产，占全美保险业65%。在生产事业方面，全美35家主力企业中有47名摩根委派的董事，这些公司包括美国钢铁、通用汽车、肯尼格特制铜、德州海湾硫黄、大陆石油、通用电气等。同时，在当时的新兴产业——通信业中，摩根还拥有ITT（国际电话电报公司）、全美电缆及AT&T（美国电话电报公司）等。上述所有相加，摩根财团及同盟企业合计拥有的总资产，扣掉重复部分，达740亿美元之巨，相当于当时全美所有企业资本的1/4。

（1）结合材料一中孟子的话，谈谈什么是“垄断”。

（2）阅读材料二，分析“托拉斯”这种垄断组织形式产生和发展的原因。除了托拉斯以外，还有哪几种垄断组织形式？

（3）结合材料三内容，回答：“摩根财团”属于何种垄断资本？该种垄断资本在经济上是通过什么方式来广泛控制下属及附属企业的？

参考文献

[1] 田素霞、董建文.《政治经济学》. 济南：山东人民出版社，2009.

[2] 逄秀贞、于良春.《政治经济学新编》（第三版）. 济南：山东大学出版社，1997. 第1版.

[3] 纪惠楼等.《马克思主义政治经济学原理》. 济南：山东大学出版社，2002.

[4] 梁爱丽、王秋华.《政治经济学原理》. 北京：对外经贸大学出版社，2005.

[5] 于良春.《政治经济学》（第三版）. 北京：经济科学出版社，2006.

[6] 卡尔.马克思.《资本论》（第一卷）. 北京：人民出版社，2004年1月第2版.

[7] 卡尔.马克思.《资本论》（第二卷）. 北京：人民出版社，2004年1月第2版.

[8] 卡尔.马克思.《资本论》（第三卷）. 北京：人民出版社，2004年1月第2版.

[9] 洪远朋,《新编<资本论>教程》（第一卷）. 上海：复旦大学出版社，1988年1月第1版.

[10] 尹伯成.《西方经济学说史》. 上海：复旦大学出版社，2006.

[11] 汪丁丁.《经济思想史讲义》（第二版）. 上海：世纪出版集团上海人民出版社，2012.

[12] 保罗·A.萨缪尔森、威廉.D.诺德豪斯.《经济学：第十四版》（胡代光等译）. 北京：首都经贸大学出版社，1996.

[13] 亚当·斯密.《国民财富的性质和原因的研究》（上、下卷，郭大力、王亚南译）. 北京：商务印书馆，1972.

[14] 约翰·梅纳德·凯恩斯.《就业、利息和货币通论》（重译本）. 北京：商务印书馆，2009.

[15] 鲁道夫·希法亭.《金融资本》. 北京：商务印书馆，1997.

[16] R.F.哈罗德.《凯恩斯传》. 北京：商务印书馆，1993年8月第1版.

[17] 罗伯特·斯基德尔斯基.《凯恩斯传》. 北京：生活·读书·新知三联书店，2006.

[18] 辛西娅·克罗森.《财富千年》. 上海：中信出版社，2004.

[19] 邓生庆、任晓明.《归纳逻辑百年历程》. 北京：中央编译出版社，2006.

[20] 《美国第三十二任总统罗斯福》，新华网.

[21] 彻诺著，金立群校译.《摩根财团》. 亚特兰大月刊出版社，1990.